基金项目：
江西省社会科学"十四五"（2024年）基金项目（24JY22）
铜仁学院2018年博士科研启动基金项目（trxyDH1802）

大学人文教育
与人的全面发展

曾维华◎著

吉林大学出版社
·长春·

图书在版编目（CIP）数据

大学人文教育与人的全面发展 / 曾维华著. -- 长春：吉林大学出版社，2024.10. -- ISBN 978-7-5768-3972-2

Ⅰ. C41-53

中国国家版本馆 CIP 数据核字第 2024FU4831 号

书　　名　大学人文教育与人的全面发展
　　　　　DAXUE RENWEN JIAOYU YUREN DE QUANMIAN FAZHAN
作　　者　曾维华 著
策划编辑　李潇潇
责任编辑　李潇潇
责任校对　王亭懿
装帧设计　中联华文
出版发行　吉林大学出版社
社　　址　长春市人民大街 4059 号
邮政编码　130021
发行电话　0431-89580036/58
网　　址　http://press.jlu.edu.cn
电子邮箱　jldxcbs@sina.com
印　　刷　三河市华东印刷有限公司
开　　本　787mm×1092mm　1/16
印　　张　15.5
字　　数　256 千字
版　　次　2025 年 8 月第 1 版
印　　次　2025 年 8 月第 1 次
书　　号　ISBN 978-7-5768-3972-2
定　　价　68.00 元

版权所有　翻印必究

序言：马克思主义人学不可回避的基本命题
——从高等教育哲学层面审思大学人文教育与人的全面发展

大学人文教育对当下来说并不陌生，只要生活在大学里的大学人都熟悉这个话题，它是一个常谈常新的话题，更是一个永恒的话题。在大学里审思高等教育哲学的重要议题"大学人文教育与人的全面发展"是必要的，也是必需的。

然而，在当下，在人文社会科学研究领域，有不少人喜欢追着热点走，今天研究这个热点，明天研究那个热点，确实热点需要研究，但毕竟人文社会科学更需要基础性研究，尤其是原理性的研究，离开原理、离开理论所做的研究也许能够收到立竿见影的效果，但难以具有长远价值。在大学里，离不开基础性与原理性的研究来支撑其学科研究与人才培养，特别是对于大学精神的张扬更需要基础性与原理性的理论研究，自然科学研究同样也不例外，因为原创性的发现都是源于基础性理论、源于原理性理论的。

曾维华博士的这部书稿就属于基础性、原理性研究。他能够安心、静心扎根研究这个主题，愿意在基础性理论、原理性理论上花心思、下功夫，是值得肯定的。他近年的研究主题主要聚焦于原理性理论、基础性理论，聚焦于用理论来观照当下实践，本书恰好也是用高等教育理论来观照当下的高等教育实践，我想他出版此书也是一种必然了。我为在现代的大学校园里依然有这样一群年轻教师、青年博士能够扎根基础性理论和原理性理论研究而感到欣慰。

现代大学的快速发展，与近代科学的进步、工业革命所提出的广泛社会需求密不可分。但与此同时，不少人认为，产生于中世纪的大学组织在精神层面日益受到科学主义、工业主义（专业化、技术至上等）的影响甚至伤害。如何看待大学发展与科学、工业之间的关系？是让前者迎合后者，还是让后者呵护前者并使之回归中世纪的传统？抑或是两种观点的折中？诸种选择都值得深思，且也引起了学者长期的争论和犹疑不决的反思。从这个角度看，本书来思考大学人文教育的价值，从高等教育哲学层面，来审思大学人文教育与人的全面发展，这对于校正大学人文教育误区具有一定参考价值，既具历史感，也具现实性，并且对高等教育通识教育改革及人才培养目标定位具有明显的现实意义。

大学的根本使命在于培养人，大学教育事业原本是一项"成人"的事业，让人成为更智慧、更通达与健全的人，达成人的全面发展的旨归。这一目的的达成需要大学人文教育，需要大力加强大学人文教育，重启人文教育在大学的价值。因为大学人文教育的旨归在于人的全面发展，使人不断地走向自由，并不断维护和发展自由。人的全面发展是一个过程，是人的自由度不断跃升的过程，也是为了维护与发展自由，从而促进人全面充分而自由地发展。大学教育的根本任务在于落实立德树人，而立德树人导向的也是促成人的全面发展，这就需要依托于大学人文教育。

然而，随着现代科学技术与科学教育在大学的不断引入并得到加强，使得人文教育受到了科学教育的挤压，专业主义、职业主义、实用主义、功利主义等也浸染着整个大学教育，大学人文教育遭遇着诸如功利主义的排斥、人文学科边缘化、人文课程的地位下降、工具理性、狭隘的功利教育观念、人文教育与科学教育的失衡、大学人的自由的遮蔽等困境，导致人文教育在大学式微，进而给大学教育发现人、成全人与发展人的目标带来了阻力，加强大学人文教育就成了人的全面发展的解决之道。人文教育能够使人摆脱无知与无能，超越功利与欲望，促成人走向灵性智慧，进而促进人不断地走向全面发展。

马克思主义人学既是马克思主义哲学的精华，又是马克思主义教育学的重要组成部分。而人的全面发展理论又是马克思主义人学理论中最为合理的内核。因此，以马克思主义人学理论为指导，从高等教育哲学层面审思大学人文教育与人的全面发展，具有特殊的价值。人的全面发展就意味着要摆脱束缚，摆脱压制，超越功利，超越欲望，从各种旧有的束缚中解脱出来，防止唯科学主义的侵蚀，防止各种限制或压抑人的枷锁，阻止人的过于功利性与物质主义的倾向，使人的发展具有人文性，促进人的潜能得到充分显现和发展，促进人不但获得物质的解放、肢体的解放等外在的解放，更为重要的，也是更为深层次的是促进人走向思想的解放、心灵的解放与精神的解放，这是人的全面发展的本真意义所在。

本书恰好也从学理层面与实践落实层面对以上这些问题予以学术回应。

为了更好地彰显大学教育的神圣，凸显大学教育的灵性与智慧，让大学这一生命体更具活力，大学这一学术组织则必然需要彰显大学人文教育，以求得人的全面发展。因此，对大学人文教育与人的全面发展进行审思是必要的，这也是本书的价值之所在。本书的论述既具有历史感，又具有现实性，同时具有较强的理论意义与实际价值，能给大学人文教育注入一定的新思想，对于大学人文教育的改革具有观照性与可鉴性，适应了当代大学人文教育改革的现实要求。

希望曾维华博士在学术研究道路上能够坚守初心，抱定目标，深耕学术，以学术为志业，让学术之花结出更多的果实。

是为序。

2024年10月16日

目 录
CONTENTS

绪　论 ··· 1

第一章　基本概念解析 ·· 28
　第一节　人文的概念 ·· 28
　第二节　人文教育的概念 ·· 31

第二章　当代大学人文教育的困境 ·· 39
　第一节　大学人文教育的式微：现代大学教育的困境之一 ········ 39
　第二节　大学人文精神的失落：现代大学教育的困境之二 ········ 63
　第三节　大学人的自由的遮蔽：现代大学教育的困境之三 ········ 87

第三章　大学人文教育的价值诉求 ·· 101
　第一节　人文教育能使人摆脱无知与无能 ···························· 102
　第二节　人文教育能使人超越功利与欲望 ···························· 122
　第三节　人文教育能拓展人的灵性而走向灵性智慧 ················ 141

第四章　走向人的全面发展的大学人文教育的路径 ···················· 152
　第一节　体制：保障大学的自由 ······································· 152
　第二节　观念：认识人文教育的重要性 ······························ 168
　第三节　理念：复兴人文教育 ··· 188

第四节　教育：落实人文课程与教学 …………………………… 204

结语　人的全面发展：大学人文教育的旨归 …………………………… 212

参考文献 ………………………………………………………………… 214

后　记　在学习、学问、学术"三学"的林中路感恩相遇的人和事 ……
………………………………………………………………………… 228

绪　论

一、研究的缘起、理论意义与实际意义

（一）研究的缘起

1. 理论兴趣使然

笔者近些年主要围绕人文教育、古典教育、道德教育、伦理教育等主题阅读了相关著作文献。围绕本书主题集中大量阅读了美国高等教育学者约翰·S.布鲁贝克的《高等教育哲学》、英国教育家约翰·亨利·纽曼的《大学的理想》等浙江教育出版社出版的12本经典高等教育名著，阅读了美国高等教育学者克拉克·克尔的《大学之用》、加拿大高等教育学者比尔·雷丁斯的《废墟中的大学》、英国高等教育学者罗纳德·巴尼特的《高等教育理念》等北大高等教育文库的系列丛书，以及阅读了维柯的《论人文教育》《维柯论人文教育——大学开学典礼演讲集》等有关人文教育的书，同时还经常阅读《高等教育研究》《教育研究》《教育发展研究》《中国高教研究》《人大复印资料·高等教育》《人大复印资料·教育学》等系列重要期刊文献，这些阅读工作也为本论题的研究打下了相关的理论功底，同样对于这些著作和期刊的研究与阅读也进一步激发了笔者对大学人文教育价值进行再研究、再探讨的深厚理论兴趣。

大学人文教育与人的全面发展是属于高等教育哲学的范畴，也是高等教育哲学的基本命题。研究大学人文教育与人的全面发展需要有深厚的哲学与教育学、高等教育学的功底，还要有相关学科与跨学科的理论视野与眼界，这是因为人文教育是一个常谈的话题，对之探讨的学位论文多，论

著也多，期刊论文更是汗牛充栋，要谈出新意有些许困难，加之从人文教育与人的全面发展来谈大学教育则更增加了难度，要有突破性确实是富有挑战性，研究此主题，对于重新思考大学人文教育的价值，确立大学人文教育在大学的不可撼动的地位是至关重要的。也是基于这样的理论使命，促使笔者对这个主题进行深入研究，让更多的人关注大学的人文教育，关注大学的人的全面发展。

人的全面发展是马克思主义人学的一个基本命题，同时也是我国高等教育的重要使命，大学人文教育的旨归是促进人的全面发展，而人的全面发展也必然是教育的落脚点。

大学人文教育与人的全面发展关注人性的完整，关注健全人与整全人的培育，关注人的自由与通达，二者为的都是人性的整全、人格的独立与个性的张扬，以及人的自由、充分而全面的发展。如英国教育家怀特海所说教育本来就是一项"成人"的事业，① 毋庸置疑，大学人文教育与人的全面发展最终是为了大学教育的"成人"目标的达成，是对人与大学的发展性与超越性的一种哲学思考，更是对大学教育的一种实践形态。

为了更好地彰显大学教育的神圣，凸显大学教育的灵性，施展好大学教育的智慧，让大学这一生命体更具有活力，大学这一学术组织则必然需要彰显大学人文教育，以求得人的全面发展。因此，对大学人文教育与人的全面发展进行深层次的思考是必要的，这也是本书的理论与实践价值之所在。

2. 现实问题使然

（1）大学人文教育的式微、人文精神的失落。大学生生命意识的淡漠、价值观的困惑，凸显大学教育的某种缺失，尤其是人文教育的式微、人文精神的失落进一步印证了大学需要重建人文精神与倚重人文教育，以开启人性的通达，达致人的全面发展。近些年来，大学生的杀伤性事件频频发生，屡见报端或新闻媒体。如云南大学马加爵事件、复旦大学投毒案等，这些事件的发生无不凸显出现代大学需要人文关怀、需要心灵的明朗与通达，也需要人性的健全，而人性的通达与健全则要求大学重视人文教

---

① ［英］怀特海. 教育的目的 [M]. 庄莲平，王立中，译. 上海：文汇出版社，2012.

育，因为人文教育是倚重人的教育，更是彰显人性的教育。因而，大学需要重建人文精神与人文教育，以期使所培养的人是完整或整全的人，并非单向度的人，而整全人的培养又有利于人的全面发展。

（2）大学"文理工"三科关系的失衡。一流的大学既离不开一流的文科，也离不开一流的理科，同样也离不开一流的工科，可以说一所大学的一流是"文理工"三科共同发展的一流，偏颇一方都不行。走向优秀、走向卓越的大学也必然是"文理工"三科都优秀与卓越的大学。然而，现代大学更注重的是科学与技术，使得现代大学教育重理工、轻人文，加强大学人文教育有利于厘清"文理工"三科之间的关系，从而使大学的"文理工"教育失衡现象得到改善。因此，有必要在大学里真正厘定并彰显大学人文教育的地位与价值。

（3）大学教育被功利主义、实用主义、工具主义所束缚。随着现代科学技术与科学教育在大学的不断引入并得到加强，人文教育受到了科学教育的挤压，专业主义、职业主义、实用主义、功利主义等也浸染着整个大学教育，大学人文教育遭遇着诸如功利主义的排斥、人文学科边缘化、人文课程的地位旁落、工具理性、狭隘的功利教育观念、人文教育与科学教育的失衡、大学人的自由的遮蔽等困境，致使人文教育在大学旁落、式微，进而给大学教育发现人、成全人与发展人的目标带来了阻力。大学教育为了摆脱职业主义、专业主义、功利主义与实用主义的束缚，就必然需要呼唤大学人文教育与人的全面发展，加强大学人文教育就成了人的全面发展的解决之道。

（二）研究的理论意义与实际意义

大学人文教育与人的全面发展指涉人的自由而充分的全面的发展，这种发展是每个人的全面发展，也是每个人从发展不断走向全面。大学人文教育与人的全面发展关注人格的独立、思想的独立、精神的豁达，关注人的整全性发展，关注健全人的培育，关注人的自由与通达，让人从"成才"走向"成人"，而促成大学生从"成才"走向"成人"也正是大学教育理念所要倡导的，更是大学教育理念要遵循的。大学人文教育与人的全面发展是对大学教育本身的一种理论超越，也是一种实践超越，是对人与大学的超越性的一种高等教育哲学思考，因而研究大学人文教育与人的全面发展具有重要的理论意义与实际价值。

1. 大学人文教育的旨归在于人的全面发展

大学人文教育最终的旨归是"成人"，成教师之"人"，也成学生之"人"，即促成人的全面发展。大学教育事业原本是一项"成人"的事业，因为大学的根本使命在于培养人，而培养人是要将人培养成为更为智慧、更为通达与健全的人，而智慧、通达与健全之人的达成需要大学人文教育，这也便是大学人文教育的目的之所在，即让人成"人"，成为"自由人"。

2. 人文教育与大学相伴相随，但逐渐遭遇旁落的困境

纵观整个大学发展的历史，无论是在古希腊时期柏拉图创办了学园（Academy）时代的高等教育，还是到诞生于欧洲中世纪的真正意义上的大学，都始终将人文教育（古典时期的大学教育以自由教育为主）贯穿整个大学的人才培养体系当中，教师与学生不受外界的干预或干涉而自由地进行学问探讨与研究，但到了现当代大学，功利主义、专业主义、职业主义、实用主义等在大学教育中盛行起来，教师的教学与科研工作更青睐于市场需要与社会需要，难以关注与人文研究相关的教学科研工作，导致如人文社科与原理性的研究遭遇弱化，学生的专业学习也是迎合市场与社会的需要。功利主义、实用主义等也伴随着大学生的专业学习，造成人文精神的式微与大学人的自由的遮蔽以及人文教育的边缘化。

为了更好地彰显大学教育的神圣，凸显大学教育的灵性，施展好大学教育的智慧，让大学这一生命体更具有活力，大学这一学术组织则必然需要彰显大学人文教育，以促成人得到自由而全面的发展。

3. 大学人文教育与人的全面发展的相关理论与实践问题值得研究

大学人文教育的内涵是什么？大学人文教育包括哪些内容？大学要怎样做才能实现人的全面发展？随着大学的演进发展到现在的多元化巨型大学，我们对大学人文教育与人的全面发展的理解应不应该常变常新？我们要怎样去理解好大学人文教育与人的全面发展？需要怎样方可将大学的人文教育真正运用到大学，以更好地实现人的全面发展？等等。这些问题是

需要并且值得我们去探讨与深入研究的。

关注这些问题的人很多,对大学人文教育与人的全面发展进行集中探讨并着力进行系统研究的却很少。因此,我们有必要作进一步的深入挖掘、分析和探究,这样才能更好地明晰大学人文教育与人的全面发展何以可能。同时,对这些理论与实践问题的探究也有助于大学教育理论体系的建构。

二、国内外研究综述

（一）关于人文教育的研究

1. 关于人文教育的相关研究

真正意义上的大学诞生至今已有近千年的历史,而高等教育的历史要比大学的历史长得多。高等教育源起于古希腊柏拉图创办的学园（Academy）,其先于大学而产生。人文教育不管是在我国还是在西方都有着悠久的历史。

（1）西方教育思想家对人文教育的相关研究——关于自由教育、通识教育的相关性研究。

①关于自由教育的相关研究。西方的人文教育最早可以溯源至古希腊时期的苏格拉底、柏拉图、亚里士多德,虽然古希腊"三贤"并未直接论及人文教育,但其思想是关于自由教育的,自由教育也可以说是与人文教育相关联的。古希腊"七艺"中的文法、修辞就成了人文教育的重要内容。

布鲁贝克认为自由教育的目的也在于培育人的理性、发展人的理智美德。即大学教育在于把学生培养成为有教养、有教化的人,培养成为有理智的人。[①]人文教育的目的之一就在于提升人的美德,涵养人的德性,使人更理智、更理性。在布鲁贝克的眼中,自由教育便是发展人的德性、培育人的理性,这与人文教育的德性教化思想就有着异曲同工之妙。同时,布鲁贝克还指出,大学教育的目标就是使人达致智慧的目标,使人具有真善

---

① [美]约翰·S.布鲁贝克.高等教育哲学[M].王承绪,等译.杭州:浙江教育出版社,2001:83.

美的品质，而人文教育就能实现这一目的。布鲁贝克坚信大学教育也是能够将人获取的知识与学问转化成智慧的。"按克尔的说法，大学作为真、善、美的保护人，它提出了一种毫不动摇的忠诚于探索精神的宗教。"①

针对当时英国新大学运动对英国古典人文主义教育的冲击，英国教育家纽曼认为大学教育的目的在于理智训练，发展人的理性，提升人的教养，培养学生的理智能力。"大学的光荣就在于培养完全有教养的人。"②纽曼主张大学应为自由教育而设。自由教育的有用性与受用性是远远大于职业教育的。自由教育的目的也是提高人的智育水平，提升人的教养，这也是人文教育所蕴含的目的所在。纽曼同时认为自由教育为着人的理性的培养，这就需要借助理智教育，而理智的培育可以通过学习古典学科，尤其是通过文学来实现。"如果借助文字我们可以……，可以……，那么我们就不会去轻视文学或忽略文学研究。"③ 文学尤其是古典文学作为人文学科的主要内容之一，也是纽曼理想的大学时期的自由教育的主要内容，对于发展人的理性与培育人的智育起着十分重要的作用，古典文学的学习被纽曼纳入了自由教育重要的学习内容。

②关于普通教育（通识教育）/永恒主义教育的相关研究。"我所描述的大学是理智性的。"④ 美国高等教育学者赫钦斯出任芝加哥大学校长，针对20世纪出现的职业教育及职业主义浪潮的出现，他极力反对大学过于功利主义的教育，反对大学的专业主义教育、职业主义教育的过于渲染，而忽视了人的自由、理性与理智的培育，他大力捍卫自由教育，主张通过永恒主义教育来捍卫大学的自由教育，力倡通过阅读经典来守护人类的人文精神家园。赫钦斯反对大学专业主义与职业主义的大肆盛行，强调大学的名著与经典的学习，通过名著与经典的学习来培育学生的心智，提升学

---

① [美]约翰·S.布鲁贝克.高等教育哲学[M].王承绪,等译.杭州：浙江教育出版社,2001：143.
② [英]约翰·亨利·纽曼.大学的理想[M].徐辉,等译.杭州：浙江教育出版社,2001：序言23-24.
③ [英]约翰·亨利·纽曼.大学的理想[M].徐辉,等译.杭州：浙江教育出版社,2001：152-153.
④ [美]罗伯特·M.赫钦斯.美国高等教育[M].汪利兵,译.杭州：浙江教育出版社,2001：68.

生的人文涵养。"我们的国家必须将真正进步的希望寄托在教育身上，……一种具有合理秩序的社会。"① 在这里，赫钦斯强调大学教育对于一个民族与国家的重要性，指出大学教育应守护自由教育，因为自由教育能够使人更加通达，能够提升人的灵魂，即大学教育可以灵魂化育。

赫钦斯十分重视大学的通识教育，他在《美国高等教育》一书中，就专门谈论普通教育（现在学界所公认的通识教育），强调普通教育（通识教育）就是为了人的理智训练。赫钦斯认为，大学教育就是要实行通识教育。"我们永远不会有一所没有普通教育的大学。"② 同时，赫钦斯指出，大学里所传授的知识是处于各自分割的状态，很难有彼此相互联系地去教授，因为普通教育（通识教育）的核心要义就在于各学科之间是相互联系与通达的，它们有着自己共同的思想与观念基础，这样所导致的专家也只能是相互独立与隔离而无法建立起相应的联系，从而致使学科之间的关联、知识之间的通达难以达成，这是远离普通教育（通识教育）的核心要义的。那么要如何进行普通教育（通识教育），赫钦斯强调大学要进行永恒主义教育，永恒学习是大学的普通教育（通识教育）的核心。"我坚持认为，永恒的学习应该是普通教育的核心。"③大学要进行永恒学习，永恒学习就意味着所学的学科、课程等知识内容体系是对于人类具有永恒价值与永恒意义的东西，对于人类的生存与发展是具有永久性指导意义的，不管时代的何种变迁与发展，永恒学习将是人们所需要坚守的，那自然就要学习那些对人类有共同性的东西，也就是赫钦斯所强调的"永恒学科"。他倡导经典学科的学习与经典名著的阅读，作者在书中反复论述了名著学习的重要性，并就什么是"永恒学习"进行了阐释，分析了哪些学科与知识属于"永恒学科"。

美国高等教育学者亚伯拉罕·弗莱克斯纳同样也十分重视大学的普通

---

① [美]罗伯特·M.赫钦斯.美国高等教育[M].汪利兵，译.杭州：浙江教育出版社，2001：68.
② [美]罗伯特·M.赫钦斯.美国高等教育[M].汪利兵，译.杭州：浙江教育出版社，2001：35.
③ [美]罗伯特·M.赫钦斯.美国高等教育[M].汪利兵，译.杭州：浙江教育出版社，2001：43-44.

教育（通识教育），他反对大学的研究过于专门化，主张大学教育与研究要注重广博性。"大学的广博性极大地增加了其潜在的丰富性。……研究如果太专门化，特别是又比较注重实用，则可能一事无成。"① 赫钦斯主张大学教育具有自由教育的目的所在，即培养人的智性美德，或曰理智、教养。"教育（高等教育、自由教育，不管怎么称呼）的主要任务是使青少年的能力和智力得以开发、组织和引导，是培养情趣和教养。"②

"教育是在于培养专才还是通才"，这是教育界争论的热点话题，"教育是进行专才教育还是通才教育"，也是教育界的热点话题。而通识教育似乎为专才教育与通才教育、通才与专才的培养架构了一道桥梁。英国著名教育家怀特海就教育的目的作了独到的见解，他认为教育要博专相结合，推行通识教育。"我们的目标是，要塑造既有广泛的文化修养……，……，又有艺术般高雅。"③ 怀特海强调我们现代的人要多与古代的人交流，与古代圣贤对话，以期获得更多的智慧，这就要求我们阅读古代圣哲的著作，因为这些著作具有人文价值。"与先贤们的交流是一种伟大且激情迸发的集会。"④ 作者也十分重视自由教育，自由教育的目的是使人习得广博的知识面，获得智慧，使人更加自由，从而更加智慧。"在古代的学校里，哲学家们渴望传授智慧。"⑤ 怀特海在《教育的目的》一书中阐述了知识与智慧的关联，即智慧需要广博的知识作为基础，获取知识并非简单的事情，只有牢靠地掌握了广博的知识，具有广泛的知识面，才有可能获得聪明、变得智慧。自由教育的目的之一就在于发展人的个性，提升人的个性，让人的个性得到完满，因而要达到个性的发展，就必然要学习人文科学与艺术等门类的科学知识，这就是我们所说的通识教育，即去

---

① [美] 亚伯拉罕·弗莱克斯纳. 现代大学论——美英德大学研究 [M]. 徐辉，陈晓菲，译. 杭州：浙江教育出版社，2001：27.
② [美] 亚伯拉罕·弗莱克斯纳. 现代大学论——美英德大学研究 [M]. 徐辉，陈晓菲，译. 杭州：浙江教育出版社，2001：42.
③ [英] 怀特海. 教育的目的 [M]. 庄莲平，王立中，译. 上海：文汇出版社，2002：1.
④ [英] 怀特海. 教育的目的 [M]. 庄莲平，王立中，译. 上海：文汇出版社，2002：5-6.
⑤ [英] 怀特海. 教育的目的 [M]. 庄莲平，王立中，译. 上海：文汇出版社，2002：41.

了解共识性与具有普世性价值的东西,从而让人更加通达与健全,这也恰是怀特海所宣扬的。"我们还需要尽最大努力,利用我们的学校培养出新人:他们热爱音乐,喜欢戏剧,醉心于造型和色彩的美。"① 在这里,怀特海反对过于专业化的教育,而没有在艺术教育上下一定的功夫,因为艺术与人文的教育可以使人更加文明、富有修养。为此,怀特海呼吁我们要大力加强艺术通识教育,以便人们更加有文明、有修养。

自由教育是使人获得思维、理性、审美能力的一种教育,技术教育只会使人只掌握技术,而不懂技术的人文性,所以,只有技术而缺乏人文的技术教育是不完整的教育。怀特海在其《教育的目的》一书中就专章论述了技术教育与科学、文学,技术教育与自由教育的关系。他认为我们不能将自由教育与技术教育二者对立起来,技术教育在某些方面具有它的自由性,同样自由教育也可能在某些方面具有它的技术性。② 古典文化如罗马文学、拉丁文学、希腊文学在教育中占据重要的位置,古典文学也是经典的学问,是人们永恒学习的学问,这与美国学者赫钦斯所倡导的"永恒学科"的学习是相契合的,虽然他们不处在同一个时代里。古典文学以及古典文化的学习在怀特海心中是有着十分重要的位置的,他说"以古典文学和古典哲学为主要基础的教育,使受教育者得到快乐和品质的锤炼,已经为几个世纪以来的经验所证明"③。"当古典文化是通向成功的必经之路时,它就成为最受欢迎的学科。"④ 在多元化巨型大学的今天,大学教育被专业主义、职业主义、实用主义等所侵蚀着,这与中世纪大学所秉承的教育理念是不相容的,那么大学教育到底应该培养什么样的人?美国学者芝加哥大学教授玛莎·纳斯鲍姆在《培养人性:从古典学角度为通识教育改

---

① [英]怀特海.教育的目的[M].庄莲平,王立中,译.上海:文汇出版社,2002:55-56.
② [英]怀特海.教育的目的[M].庄莲平,王立中,译.上海:文汇出版社,2002:65.
③ [英]怀特海.教育的目的[M].庄莲平,王立中,译.上海:文汇出版社,2002:81.
④ [英]怀特海.教育的目的[M].庄莲平,王立中,译.上海:文汇出版社,2002:83.

革辩护》① 中给予了很好的论证与阐释。纳斯鲍姆认为，大学教育所要培养的人不是单向度的人，不是单面人，而是需要培养成为整全的人，即成为各领域、各专业的人员由专而博，既专又博，使人在广博的知识领域基础之上达到整全，使人更加健全与通达。要实现大学教育培养整全人的目标则需要开展通识教育。通识教育虽不可完全取代职业教育，但将通识教育在大学得到实施，可以缓解大学的专业化教育与职业化教育的单面性与片面化取向，通识教育的开展离不开课程的设置，这就要求大学要开设具有永恒的人文价值的"永恒学科"，使一些经典名著成为"核心课程"。这与芝加哥大学赫钦斯学者所倡导的永恒主义教育有共通之处。纳斯鲍姆一针见血地指出了当代大学实施通识教育的弊病，假借通识教育的名义做的却不是通识教育的事情，而是过于倾注于职业教育、专业教育，为此纳斯鲍姆在前言部分专门强调通识教育在于培养世界性的公民，其所培养的人性在三个方面，即对传统的批判性审视、对他者的认可与关心以及叙事想象的能力，纳斯鲍姆所提出的通识教育所要培养的人要达成的三种能力与我们大学教育理念是一脉相承的，是共通的。

通识教育在美国实施得比较完好，也成了世界各国效仿的标杆，通识教育的目的是培养整全的人，即培养既专又博通的"全人"的教育，正如科南特所言："通识教育的核心在于自由教育和人文传统的传递。"② 哈佛委员会的《哈佛通识教育红皮书》对通识教育、专业教育、自由教育等教育领域相关联的问题进行了深刻而全面的阐述。关于如何更好地区分通识教育、专业教育二者的区别与差异之所在，该书如是说：通识教育"指学生整个教育中的一部分，该部分旨在培养学生成为一个负责任的人和公民"③。"而专业教育指的是旨在培养学生将来从事某种职业所需的能力的

---

① [美] 玛莎·纳斯鲍姆. 培养人性：从古典学角度为通识教育改革辩护 [M]. 李艳，译. 上海：上海三联书店，2013.
② [美] 哈佛委员会. 哈佛通识教育红皮书 [M]. 李曼丽，译. 北京：北京大学出版社，2010，柯南特导言：4.
③ [美] 哈佛委员会. 哈佛通识教育红皮书 [M]. 李曼丽，译. 北京：北京大学出版社，2010：40.

教育。此二者同为人的生活的两个方面，是不能完全分离的。"① 就通识教育与自由教育二者之间的关联，该书认为"通识教育具有自由教育的某些含义，……自由教育可以看作通识教育的早期阶段，它们本质相同但程度有所差别"②。在这里，该书指出了在某种意义上讲，通识教育与自由教育是相通的，即它们是为了共同的目标与旨趣，其教育理念在于培养有人性的人，培养自由的人，培养整全与通达的人。

哈佛大学哈佛学院前院长哈瑞·刘易斯也是通识教育、人文教育的极力倡导者。他的颇具影响力的巨著《失去灵魂的卓越：哈佛是如何忘记教育宗旨的》③通过通识教育、人文教育、通识课程、人文课程等方面来描述与解读了哈佛大学如何为了追求卓越而忘记了教育使命的。通过通读全书让我们明白大学教育的本真所在即守住灵魂的卓越，教育是"育人"而非"制器"，是以"文"化人而非以"识"造物，因为大学教育是"成人"的事业，"成人"即要成为通达、完整的人。作者强调了大学通识教育、大学人文教育的目标所在。同时作者对通识教育与知识教育以及人文教育的关联进行了独到的阐释。他认为通识教育不同于知识教育，通识教育具有其自身意义的特殊使命之所在，他说"通识教育肩负了特殊的使命。它需要将学生塑造成有责任感的成人和公民，同时培养学生完善的人格和认识自我及世界的方法"④。刘易斯认为通识教育的使命在于"成人"，通识教育要秉承自由与人文的核心理念，让人成为更加高大、智慧，更加自由与健全的人。"通识教育的核心是继承'自由'和'人文'的传统，……，否则通识教育的理想就是一句空话。"⑤

---

① [美]哈佛委员会. 哈佛通识教育红皮书 [M]. 李曼丽, 译. 北京：北京大学出版社, 2010：40.
② [美]哈佛委员会. 哈佛通识教育红皮书 [M]. 李曼丽, 译. 北京：北京大学出版社, 2010：40.
③ [美]哈瑞·刘易斯. 失去灵魂的卓越：哈佛是如何忘记教育宗旨的 [M]. 侯定凯, 等译. 上海：华东师范大学出版社, 2012：44.
④ [美]哈瑞·刘易斯. 失去灵魂的卓越：哈佛是如何忘记教育宗旨的 [M]. 侯定凯, 等译. 上海：华东师范大学出版社, 2012：44.
⑤ [美]哈瑞·刘易斯. 失去灵魂的卓越：哈佛是如何忘记教育宗旨的 [M]. 侯定凯, 等译. 上海：华东师范大学出版社, 2012：44.

(2) 西方教育思想家述及人文教育的相关研究——关于人文科学的相关性研究。

恩斯特·卡西尔的《人文科学的逻辑》是西方著作中比较早论及人文科学与自然科学等相关关系的著作。卡西尔认为"自然科学不过是人类创造的符号形式系统的一个部分或一个要素,构成这个系统的还有神话、语言、艺术、宗教、历史等人文科学"①。关于人文科学、自然科学二者在感知方式、功能与人文传承的独特性的相异性上,卡西尔指出"一切感知都是以双重面目表现出来的。……而只能于物理现象中被体现出来"②。"人文科学教育使我们去诠释符号以揭示其中隐藏的意义,使产生这种符号的那种生活得以重现。"③ 其实这就道明了自然科学所表征的是"事物的感知",而人文科学表征的是"表达的感知"。这是二者的相异性所在。卡西尔的《人文科学的逻辑》目的在于分析人文科学的相关概念,指明了人类在获取人性知识的领域里,人文科学起着十分重要的作用,且是具有其相当的价值意义的,揭示了人文科学能够彰显人性,使得人性的价值得以提升,也促进人性增值,希望人文学科可以科学化,昭示着人文学科具有现代形态的科学特征。卡西尔在书中进一步指出了人文科学能将人类关于世界的认识与方向实现耦合与统一的目的,人文科学能够通过其特有的方式去感知人类世界以及人类的心灵,并且以此来彰显人的人文世界,提升人的人文精神以及提高人类对世界的认知水平与人类对人的精神世界的通达能力。

美国学者艾伦·布鲁姆的论著《走向封闭的美国精神》④ 对人文教育、通识教育、人文科学等问题进行了分析与阐述,并论及了人文科学与人文教育的关系。指出了人文科学在功利主义、专业主义的蔓延下,使得

---

① [德] 恩斯特·卡西尔. 人文科学的逻辑 [M]. 沉晖, 海平, 叶舟, 译. 北京: 中国人民大学出版社, 1991: 中译本序 3-4.
② [德] 恩斯特·卡西尔. 人文科学的逻辑 [M]. 沉晖, 海平, 叶舟, 译. 北京: 中国人民大学出版社, 1991: 中译本序 4-5.
③ [德] 恩斯特·卡西尔. 人文科学的逻辑 [M]. 沉晖, 海平, 叶舟, 译. 北京: 中国人民大学出版社, 1991: 中译本序 6.
④ [美] 艾伦·布鲁姆. 走向封闭的美国精神 [M]. 缪青, 等译. 北京: 中国社会科学出版社, 1994.

人文科学处于旁落的处境，人文科学受到科学发展的影响，尤其是自然科学越来越发达，科学的地位也越来越得以在社会中的地位占据重要的位置，就意味着专业化与科学化在大学学术的发展中占据其显要的位置，这就会给人文科学带来极大的冲击与挑战，人文科学自然而然会被科学化与专业化的强势给打压，而处于十分边缘化或者旁落的境地。"由于自然科学的节节胜利，人文学科已经没有力量去抵制专业化思想的发展，而且也想要充任这样的角色，人文学术本身似乎也是一门专业。"① 在该书中，布卢姆针对美国专业主义、职业主义的大肆盛行，批判狭隘的职业教育与专业教育，倡导大学要进行人文教育与人文学科的学习，主张大学要进行博雅教育，开展阅读经典名著的通识课程的通识教育。

美国高等教育学者亚伯拉罕·弗莱克斯纳的《现代大学论——美英德大学研究》一书问世于1930年，至今已有90多年的历史了，这部书对世界各国大学关于大学本质、关于大学建设问题的探讨具有很强的指导与借鉴意义。亚伯拉罕·弗莱克斯纳就专门在其著作中论及了大学里的人文学科与科学研究、科学探索之间的关系。其认为，人文学科中所蕴含的科学知识是具有极强的人文价值的，它与科学并不相悖，而是促进科学的发现与探究的，人文精神、科学研究二者之间并不相互抵触，而是相得益彰、相互促进的，人文学科所蕴含的人文精神能为科学研究指明方向，现代大学不应该忽视人文学科的重要地位，应强化大学的人文学科研究工作，但是在功利主义、实用主义、职业主义等蔓延的现代大学里，人文学科的发展被旁落，弗莱克斯纳关于人文学科的论述为我们现代大学发展人文学科提供了一剂良药。"所谓人文学科，我不仅是指传统的人文学科，还包括深奥的科学知识本身所固有的人文价值。"② "和科学家一样，人文主义者既解决问题，也产生问题。"③ 伴随着科学技术的迅猛发展，人们的生活方

---

① [美]艾伦·布鲁姆. 走向封闭的美国精神[M]. 缪青，等译. 北京：中国社会科学出版社，1994：401.
② [美]亚伯拉罕·弗莱克斯纳. 现代大学论——美英德大学研究[M]. 徐辉，陈晓菲，译. 杭州：浙江教育出版社，2001：15.
③ [美]亚伯拉罕·弗莱克斯纳. 现代大学论——美英德大学研究[M]. 徐辉，陈晓菲，译. 杭州：浙江教育出版社，2001：16.

式也随之发生了改变,现代人类更崇尚的是技术理性,尊崇技术至上的理念,而使得大力发展科学技术所带来的人文情怀失落、人性式微,导致缺乏了所应有的哲学理性与人文情怀。如果高校与科研院所一味地为技术而技术,不加强人文科学与哲学方面的建设的话,科学技术所带来的负面影响将会成为人类发展的一大障蔽。

关于人文学科的要义,美国高等教育学者克拉克·克尔曾专门撰书表明了自己对高等教育的目的的看法与见解,并论及了人文学科与科学之间的关系。"高等教育有一个基本的义务,从事保存、传播和阐明过去的智慧;……这里我们包括科学和社会科学的基础研究、人文主义的学问、创造性的艺术活动和思辨的社会思想。"①

学界现在所公认的知识或学科的三大领域,即自然科学、社会科学与人文学科,对于三大领域是什么样的关系,它们三者各自的目的与旨趣是什么,《哈佛通识教育红皮书》进行了恰如其分的见解与剖析。"自然科学旨在对自然环境有所理解,这样我们可以与之保持适当的关系。……人文学科的目的是促使人们理解人类与其自身的关系,也就是说,理解人类的内在期望与理想。"②

人文科学在现代社会处于边缘化的状态,遭到人们的旁落,因为人文科学不能立马产生经济价值,也不具有生产性价值,与实用主义、功利主义思潮有些许脱节,但是人文科学是为了人能更好地认识自己的学问,达到如柏拉图所言说的过一种"审视的生活"。正如《学会生存——教育世界的今天和明天》③ 指出了人文科学对于人的不管是认知世界还是领悟世界的能力与水平上的要义所在,该书指出人文科学能给予人学会如何生活,如何更好地生活,如何过有品位与有价值的生活,这是人文科学所要解决的,即除了物质的富足外,人文科学给人以心灵的明朗、个性的健

---

① [美]克拉克·克尔.高等教育不能回避历史——21世纪的问题[M].王承绪,译.杭州:浙江教育出版社,2001:242.
② [美]哈佛委员会.哈佛通识教育红皮书[M].李曼丽,译.北京:北京大学出版社,2010:45.
③ 联合国教科文组织国际教育发展委员会.学会生存——教育世界的今天和明天[M].北京:教育科学出版社,1999.

全、精神的高贵以及个体成人的自信,最终教会人学会生活、学会认知、学会生存,这也是人文科学的功能所在。这也给大学教育带来了很好的启示与启发意义,告诉我们人文科学在大学教育中同样也可以赋予这样的作用与价值意义,告知了世人,我们的大学教育中不能让人文科学被边缘化,必须重视大学人文科学在大学教育中的价值,否则人类将难以更有精神性地存在于世界的可能了。

安东尼·克龙曼在《教育的终结:大学何以放弃了对人生意义的追求》[①]一书中认为,大学不仅是传播知识、探索知识、发现知识的殿堂,也是探索与追寻生命意义的机构。在整本书中,克龙曼通过论述人文学科、社会科学、自然科学三大领域之间的关系,通过论述人文教育、专业教育、通识教育等要素之间的关系,特别指出在当今教育中,人们忽视了人文学科,把人文学科置于边缘化的地位。"半个世纪以前,人文学科领域中的许多教师依然相信有组织地研究生活的奥秘和价值。但是今天他们面临着压力。……即便在人文学科中也是如此"[②],致使很多人缺乏应有的人文素养,使得大学教育所培养的人成了"器",而非成"人",因此克龙曼疾呼要复兴大学教育中失去的人文学科传统,大学教育要通过精细而批判性地阅读文学和哲学巨著来探寻生命意义、守护生命精神、追寻人生的意义与价值所在。"人文学科可以为我们生活景观的界标,并帮助作为个体的我们一个一个地去架构对此问题答案的探索。它们不能提供答案本身,但它们可以使对这个问题的探索变得容易一些,这种帮助的价值是不小的。"[③]

(3) 西方教育思想家关于人文教育研究的文献综述的小结。

综合上述关于西方学者对自由教育、通识教育、人文科学等人文教育的相关性研究,我们可以得出以下几点相关性的结论。首先,自由教育是

[①] [美] 安东尼·克龙曼. 教育的终结:大学何以放弃了对人生意义的追求 [M]. 诸惠芳,译. 北京:北京大学出版社,2013.

[②] [美] 安东尼·克龙曼. 教育的终结:大学何以放弃了对人生意义的追求 [M]. 诸惠芳,译. 北京:北京大学出版社,2013:30.

[③] [美] 安东尼·克龙曼. 教育的终结:大学何以放弃了对人生意义的追求 [M]. 诸惠芳,译. 北京:北京大学出版社,2013:58.

以探究自由学术为己任的教育，它以自由知识为基点来开展对学术的探究与探讨，是反对职业主义、专业主义的一种教育；其次，自由教育是一种张扬人性的教育，以人的心灵自由为依托，达到人性精神的自由、通达，彰显人的理智与理性，反对功利性、实用性，倡明教育的人文性、全面性；再次，纵观西方自由教育的发展轨迹，凡述及自由教育的学者，都强调自由教育要以人文科学的学习或研究为重，都主张要重视古典教育、经典名著教育的"永恒学科"的学习与研究，以复兴古典人文学科教育为主，因为人文科学更注重人，张扬人性精神；从次，自由教育是反对过于专业主义、功利主义、职业主义的教育，当自由教育遭遇专业主义、职业主义、功利主义、实用主义教育的挑战之时，通识教育开始出来调和，通识教育与自由教育都应与科学教育、职业教育以及专业教育同时并行不悖，但是更要加强的是大学的通识教育与人文科学教育，以免大学所培养的人成为单向度的人，通过通识教育、人文科学教育与科学教育的有机融合，达致人的整全，使大学教育所培养的人更加全面、更加通达；最后，从西方学者所论及的自由教育与通识教育来看，凡主张大学的通识教育、自由教育的学者都重视大学的人文科学教育，都强调以人文学科为基点来进行大学人文教育，因为人文学科的旨归就在于培养人的人性、发展人的理智、注重人的智性美德。

（4）我国教育思想家纵论人文教育。

①关于大学人文精神的研究。

我国学者最早对人文精神进行系统而专门研究的是张楚廷教授，张楚廷教授的《大学人文精神构架》[①]一书对素质是什么、文化素质、复合型与复合性、心理素质、德育结构、素质与人力、素质教育与隐形文化、自信的学校、素质教育与人文科学、学校的价值十个部分对人文精神所涵括的方方面面进行了系统而专门的研究。关于人文精神在大学的作用，张楚廷教授认为是任何东西所无法取代的。"最能表明这种不可替代性的要素就是大学自身的文化，尤其是一所历史悠久的大学，尤其是一所有着自己独特文化氛围的大学，历史的积淀，文化的砌构，在大学形成的人文精神

---

① 张楚廷. 大学人文精神构架［M］. 长沙：湖南师范大学出版社，1996.

是不可替代的。"① 大学人文精神贯穿于大学的人才培养、科学研究、社会服务以及文化传承与创新的各项职能活动过程中，大学教育孕育着大学人文精神，大学因为有人文精神的信仰而使大学教育更加焕发其生命力，因而大学彰显着人文精神。正如在《大学人文精神构架》的序言中所言"忽视人文社会科学、忽视人的精神塑造的教育是不完全的教育"②。

许苏民的《人文精神论》③ 从文化哲学的层面，以哲学的"真、善、美"为基点探寻了人文精神。该书梳理了古代、近代、现代的人文精神历史发展脉络，并就中西方的人文精神进行了历史比较，强调大学的人文精神在于追求"真、善、美"，在于达成"真、善、美"的统一。正如许苏民所言"人文精神之所以为人文精神，就在于真善美的评判标准有其绝对性，这一绝对性就在于那高于一切、不可动摇的人道主义原则，在于是否把作为真善美之追求的人当人看。是真善美，还是假恶丑，都必须在人道主义原则面前来接受检验。而之所以必须以人道主义为最高原则，就在于人文精神是以人为终极关怀为对象的"④。

华中科技大学教育科学研究院刘亚敏的《大学精神探论》⑤ 对大学精神内涵进行了分析与界定，指出大学精神反映的是一所大学的精神风貌，是一所大学的精神秉性，也是一所大学的特质，表征着一所大学不同于其他组织机构的质的特性与质的规定性。该学位论文通过对知识分子与大学精神的相互关联的探讨来揭示大学精神的核心质素，考察大学的精神源流史，分析了大学精神的"守"与"变"的关系，探究了大学精神所遭遇的时代境遇及其如何培育大学精神的问题，为我们明晰了应有的自由、自治等的大学精神。

东北师范大学常艳芳的《大学精神的人文视界》⑥ 以人文主义为视角，对大学精神进行探索与研究，给我们描述了大学应有的精神世界。全

---

① 张楚廷. 大学人文精神构架 [M]. 长沙：湖南师范大学出版社，1996：3.
② 张楚廷. 大学人文精神构架 [M]. 长沙：湖南师范大学出版社，1996：2.
③ 许苏民. 人文精神论 [M]. 北京：人民出版社，2011.
④ 许苏民. 人文精神论 [M]. 北京：人民出版社，2011：533.
⑤ 刘亚敏. 大学精神探论 [D]. 武汉：华中科技大学，2004.
⑥ 常艳芳. 大学精神的人文视界 [D]. 长春：东北师范大学，2004.

文通过对大学精神内涵的梳理探究,对西方和我国大学精神的历史变迁进行了探索,分析大学精神的时代特征,挖掘大学精神的存在价值与意义所在,探究了大学精神失落的根源,强调大学精神的塑造与重建的意义与价值。

还有很多硕士、以及期刊论文对大学精神或大学人文精神从不同视角或以不同理论为切入点对大学精神进行了研究,在此便不一一赘述了。

②关于人文教育重要性的研究。

人文教育原本是大学发展所不可轻视的,但随着现代科学技术与科学教育在大学的不断引入与得到加强,使得人文教育受到了科学教育的挤压,致使人文教育在大学旁落、式微,针对人文教育在大学的旁落,我国众多学者疾呼要加强大学人文教育,要在大学中彰显以人文科学为主的人文教育,重视人文教育在大学的价值,并恢复其应有的位置。

人文教育在大学的位置边缘化,是因为其不能带来当下的功效与实际利益价值,是要在长远处才能预见其真正的效用所在,所以张楚廷教授指出我们不能急功近利地去看待人文教育,"人文教育没有'立竿见影'的物质利益、经济利益,用急功近利的眼光难以理解人文教育的意义"①。张楚廷教授十分重视并着力倡导大学要进行文理工相互促进与融合的教育,大学不但要进行科学技术教育,同时也要大力加强人文教育,他认为人文科学能够激发学生独有的创造性思维,能够发展学生的创造力,使其具有创造性,因为创造而产生出创新的思想与创新的成果,这也是人文科学的独特性所在,即提升人的创造性思维并运营好其创造力;人如果离开了人文科学的学习,是无法形成其逻辑思维能力与缜密的推演判断力的,自然科学固然重要,但如若自然科学与人文科学携手并肩,会给人的各种能力的提升带来极大的功效与价值及其作用。关于人文知识与人文教育的重要性意义,张楚廷教授认为,"人文知识及相应的人文教育是使人之成为人的教育,是使人更理性、更智慧的教育;人文教育是形成学校高尚而深邃的文化的基本成分;人文教育是促成社会健康与活力的活水源头"②。人文

---

① 张楚廷. 文理渗透与教学改革[J]. 高等教育研究,1998(5):4.
② 张楚廷. 高等教育学导论[M]. 北京:人民教育出版社,2010:91.

教育要以人文科学、人文知识方面的教育为基础，而人文知识与之相应的人文教育的共同指向是教化人，使人更得以高大、智慧与自由及人性的通达。

杨叔子院士在《现代大学与人文教育》[1]一文中指出现代大学教育出现了"五精五荒"的现象并分析了其原因，同时分析了理工科院校出现的"五重五轻"现象及危害所在，全文强调加强大学人文教育的必要性与重要性所在。杨叔子院士指出加强大学人文教育已经刻不容缓，并呼吁大学迫切地需要实施并开展好人文教育。因为人文教育是大学的根基，失去人文教育，大学教育将会是不完整的，失去人文教育，大学将无法有其精神气脉与精神气质，大学人文教育是大学精神得以张扬的重要"武器"。大学人文教育可以让人的精神得以提升，更能让整个大学更加富有生机与活力，以彰显大学的生命力所在。

人文教育对于人类追求真善美具有不可估量的作用，有利于人类对社会的责任与担当。顾明远教授认为，"人文科学教育之所以重要，是因为它告诉人们，人类的文明是怎样产生的；……总之，人文科学可以使人们了解世界，了解自己，了解人对社会的责任"[2]。在当今时代，科学教育挤兑着人文教育，导致人文教育处于十分不利的处境，人文教育遭遇着边缘化的境地是不争的事实，为了更好地让大学教育能够得到完美与有效的彰显，就必然需要科学教育与人文教育的融通与融合，人文教育与科学教育相得益彰才能真正为社会谋福祉。杨德广教授认为人文教育给人以感知和体悟生活与世界的本领，让人更好地生活与生存，而不是生活得没有生机。"如果仅仅有科学教育，而没有人文教育，人们只有'如何而生'的本领，而没有'为何而生'的觉悟，将会给人类自身、给大自然带来负面效应。"[3]

---

[1] 杨叔子. 现代大学与人文教育[J]. 高等教育研究，1999（4）：4-9.
[2] 顾明远. 人文教育在高等学校中的地位和作用[J]. 高等教育研究，1995（4）：1.
[3] 杨德广. 人文教育就是做人的教育[J]. 江苏高教，2003（3）：2.

③关于人文教育的相关性研究。

张楚廷教授的《高等教育学导论》[①]有专门的章节论述了人文教育的内涵、作用、目标，素质教育与人文教育的关系，以及人文教育与科学教育的关系。张楚廷教授的《高等教育哲学通论》[②]专门论述了大学提供什么。指出了大学不仅仅给人以知识，还给人以科学精神，同时大学还进行着人文教育，通过人文教育来提升人的思想世界与精神世界，让人的思想与精神得到升华。通过人文教育来培养学生独立的个性与健全的人格，进而提升人的人性与涵养人的人格特质，同样，培养人文精神、锻造人性也是人文教育的旨归所在。张楚廷教授的专著《教育哲学》[③]在第八章自由教育中就专门论述了人文知识的命运，分析了人文教育的命运，阐述了人文知识、人文科学与人文教育之间的密切关系。华中科技大学刘献君教授在《文化素质教育论》[④]中除了探讨文化素质教育的意义、作用与实施文化素质教育的措施等方面的内容外，还谈及了人文教育的目标、意义、价值以及做好人文教育的举措等内容，同时还全面深入地分析了在专业教学中如何进行人文教育。华中师范大学杜时忠教授在《人文教育论》[⑤]中对人文教育进行了全面的阐述、分析。该书探究了人文教育的内涵，中西方人文教育发展的历史轨迹，人文教育衰弱的理路，复兴人文教育的必要性等方面。杜时忠教授的《人文教育与制度德育》[⑥]中的第一编汇集了作者近些年对教育人文意义的失落与追寻，对与人文教育的相关性概念发表了见解，进行了剖析，对人文精神的解读，对人文教育所具有的价值的审思，对有关人文教育的理念的认知，对人文教育与人文教育学的关系辩证等有关人文教育进行了思考与研究，表达了作者对人文教育的深切关注与情怀。深圳大学张祥云教授在《大学教育回归人文之蕴》[⑦]中探讨了人文

---

① 张楚廷. 高等教育学导论［M］. 北京：人民教育出版社，2010.
② 张楚廷. 高等教育哲学通论［M］. 北京：高等教育出版社，2010.
③ 张楚廷. 教育哲学［M］. 北京：教育科学出版社，2006.
④ 刘献君. 文化素质教育论［M］. 北京：高等教育出版社，2009.
⑤ 杜时忠. 人文教育论［M］. 武汉：江苏教育出版社，1999.
⑥ 杜时忠. 人文教育与制度德育［M］. 合肥：安徽教育出版社，2012.
⑦ 张祥云. 大学教育回归人文之蕴［M］. 广州：中山大学出版社，2004.

教育的内涵，人文教育的特性，人文教育的困境与出路以及大学教育发展的人文意蕴等内容。华中科技大学李金奇的《被学科规训限制的大学人文教育———一种学科规训制度的视角》① 以学科规训制度为视角对大学人文教育进行了研究。该学位论文从学科规训与现代大学制度的关系，大学人文教育是如何被规训的，大学人文教育又是怎样被学科制度规训的等方面进行探讨，得出了大学人文教育要回归实践本性，走向实践体验的结论。

笔者以"大学人文教育"为主题词进行搜索，截至2025年就有近1 800篇论文，以"大学人文教育"为全文的就有近3 500篇论文，其中探讨了大学人文教育相关概念、内涵、特征以及如何实施大学人文教育等有关大学人文教育的问题。

④关于人文教育与科学教育相结合的研究。有很多学位论文结合人文教育与科学教育进行了研究。主要有华东师范大学张金福的《论大学人文教育与科学教育的结合》②，该论文考察了大学科学教育与人文教育在中西方大学教育的历史发展谱系，从人的主体结构与知识形态入手分析大学人文教育与科学教育的结合，阐述了人文教育与科学教育的理路以及对我国大学人文教育与科学教育结合的思考。华中科技大学谭伟平的《大学人文教育与人文课程》③ 分析了人文与科学二者所存在的紧密关系，分析了人文教育与科学教育之间的关联所在，分析了素质教育、通识教育之间的辩证关系，阐述了人文教育在教育中的作用，研究了大学教育中人文课程的内涵、作用、特征、结构方式以及与其他课程的关系，探讨了人文课程的隐性特质，人文课程的设置以及借鉴国外人文课程发展趋势对我国人文课程的相关启示意义。华中科技大学王建平的《中国现代语境下的科学教育与人文教育融合问题研究》④ 分析了中西方语境下科学教育与人文教育的历史脉络，探讨了近现代以来我国科学教育与人文教育发展的文化反思，

---

① 李金奇. 被学科规训限制的大学人文教育———一种学科规训制度的视角［D］. 武汉：华中科技大学，2005.
② 张金福. 论大学人文教育与科学教育的结合［D］. 上海：华东师范大学，2003.
③ 谭伟平. 大学人文教育与人文课程［D］. 武汉：华中科技大学，2005.
④ 王建平. 中国现代语境下的科学教育与人文教育融合问题研究［D］. 武汉：华中科技大学，2008.

反思人文精神是如何被遮蔽的，如何遭遇失落的困境与处境的，指出教育发展的必然要求是必须要加强二者的融通与融合，同时该论文探究了二者相融合的路径。

笔者以"大学人文教育与科学教育"为主题词进行搜索，截至2025年就有近200篇论文，以"大学人文教育与科学教育"为全文内容形式搜索就有近300篇论文探讨了大学人文教育与科学教育融合或结合的问题。

(5) 关于人文科学的研究。

人文知识、社会知识与自然知识构成了知识的三大类别，其所对应的学科分类也是三大类，即自然科学、社会科学以及人文科学。当人们在考察大学人文教育时必然回避不了人文知识、人文学科、人文精神等相关领域的探讨，自然而然会论及大学的人文科学。

人文科学在大学教育，特别是在大学人文教育中的作用是社会科学、自然科学所不能取代的，人文科学给予大学人文精神营养，人文精神又为大学人文科学的发展奠定根基。张楚廷教授认为"人文科学是人文精神浇灌出来的，而人文精神是一代人和几代人才能培植起来的。因而，人文科学的昌盛绝非一日之功，而它在人文教育中的作用亦非唾手可得"[①]。张楚廷教授认为大学的科学活动蕴含着其特有的人文精神，大学的教育活动也有其人文精神的体现，自然世界、社会世界及其相对应的自然科学活动与社会科学活动领域里都孕育着人文精神，可以说人文精神的确是具有普遍性与普适性的价值意义，且存在于人文、社会与自然的科学活动领域中的。而人文精神必然以人文教育为依托，这就更加印证了人文教育的普遍性意义与价值所在了。什么是人文科学，张楚廷教授给予了答复，他说"人文科学乃直接以人为对象，着重是以人的文化面、精神面为对象的科学"[②]。从这个定义中我们可以推断出，人文科学是以人为中心，目的在于培养人的德性，开启人的智性美德，使人更加像人，使人更加高大、智慧。

---

① 张楚廷. 人文科学与大学教育 [J]. 现代大学教育，2011 (2)：37.
② 张楚廷. 教育学属于人文科学 [J]. 教育研究，2011 (8)：3.

朱红文的《人文精神与人文科学——人文科学方法导论》[①]以人文学科为研究对象展开对人文科学的本质、人文科学的历史发展脉络、人文学与人文精神的关系等方面的探讨，推演出人文科学的发展趋势、人文科学的学科归属等问题，以期建构人文科学的方法论体系。朱红文认为人文科学自近代以来没有得到很好的研究，致使人文科学无法真正体现其所本有的人文精神，人文科学的人文精神不能得以彰显，而使得人文科学的位置被搁置一边，因此有必要重振人文科学的人文精神，以彰显人文科学与人文精神的价值与意义，来助推人文科学的发展并提升人文科学的生命力，给人的世界认知提供人文精神的向度，从而提升人性的价值，彰显人性的光辉。

（二）关于大学人文教育与人的全面发展的研究

1. 西方教育思想家的论述

教育即解放，也就是促进人获得全面的发展。西方学者通过教育即解放的角度来解读人的全面发展。《学会生存——教育世界的今天和明天》[②]一书提出了"教育即解放"的重要论题。此书提出"教育即解放"主要包括两个内容：一是说作为培养人的教育事业本身，教育要主动融入社会生活，参与人类的社会生活，并由此来改造社会、引领社会，促进社会的进步与发展，教育要全面地担负起历史使命与责任，通过提升人的素养、提高人的素质来解放社会发展历程中的人；二是说教育要从原有的旧的束缚与限制中解脱出来，实现"自我解放"。

"教育的目的在于使人成为他自己，'变成他自己'。而这个教育的目的，就它同就业和经济进展的关系而言，不应培养青年人和成人从事一种特定的、终身不变的职业，而应培养他们有能力在各种专业中尽可能多地流动并永远刺激他们自我学习和培训自己的欲望。"[③] 在这里，该书指出教育的目的就是为了解放受教育者，也就是说教育在于把受教育者视为独立

[①] 朱红文.人文精神与人文科学——人文科学方法导论[D].北京：中央党校，1994.
[②] 联合国教科文组织国际教育发展委员会.学会生存——教育世界的今天和明天[M].北京：教育科学出版社，1999.
[③] 联合国教科文组织国际教育发展委员会.学会生存——教育世界的今天和明天[M].北京：教育科学出版社，1999：14.

的个体，每个受教育者都是自主的人，促进受教育者通过教育活动发掘自我、挖掘自我，从而实现自我人生价值，做自己的主人，让受教育者成为"自己"，更加高大、智慧、自由的自己。而其中最重要的教育活动莫过于教育中的人文活动，人文教育对于人性的养成、塑造与锻造具有强大的作用。

巴西教育学者保罗·弗莱雷的《被压迫者教育学》①（Pedagogy of Oppressed）认为教育的目的就在于使人摆脱束缚与限制，教育就是要培养人的主体意识和批判精神，不是让受教育者一味地遵从权威、服从权威，使得受教育者像似被压迫而无法摆脱权威的桎梏，教育的旨归就在于人的解放，求得人的解放，培养人性，培养健全的人，从而促进人的全面发展。弗莱雷认为，"从价值论的观点看，人性化问题一直是人类的中心问题"②。人性化意味着人是不完善的存在的生命体，即人是未完成的生命体，为了达到完善的状态，人就要通过对话式教育、提问式教育来获得思想的通达，而思想的通达需要通过人文文化的学习。人文文化也是人文教育的坦途，通过人文教育而使人从各种束缚、压抑、压迫中解放出来，凡是阻碍或束缚人性自由发展的东西都需要解放，从而达到人性的完善与完满，以求得人的解放，而人的解放就是为了达到人性的自由发展和不断完善的目的，最终朝向人的全面发展。

西方关于大学人文教育与人的全面发展的相关性研究现状在前部分关于人文教育的有关人性的自由、通达、整全的论述中已有述及，在此便不一一赘述了。

2. 我国教育思想家的论述

人的全面发展就是人要从各种旧有的束缚中解脱出来，防止唯科学主义的侵蚀，防止各种限制或压抑人的枷锁，阻止人的过于功利性与物质主义的倾向，使人的发展具有人文性，促进人的潜能得到充分的显现和发

---

① [巴西] 保罗·弗莱雷. 被压迫者教育学 [M]. 顾建新，等译. 上海：华东师范大学出版社，2001.
② [巴西] 保罗·弗莱雷. 被压迫者教育学 [M]. 顾建新，等译. 上海：华东师范大学出版社，2001：1.

展,这便是人的全面发展的要义之所在。

华东师范大学李其龙教授从解放教育的角度来阐述人文教育与人文主义的关系,从而引出人文教育与人的全面发展的关联所在,他认为,"人文主义思想的核心是以人为本,强调人的自由和解放。而解放教育思想则从另一种角度出发,主张人的解放,强调要把人从宗教迷信和唯科学主义的束缚中解放出来;当前主要强调摆脱被物化、被异化的困境,使人所具有的潜能得到充分的发展。因此以人文主义思想为基础的教育理念和解放教育思想完全可以说两者殊途同归,目标是一致的"①。李其龙教授在这里指出人文教育的旨归都指向于人的发展、人的全面而自由的发展。

在我国,关于大学人文教育与人的全面发展的论述最多的要数我国著名教育家张楚廷教授了。张楚廷教授从人之解放的视角来解读大学人文教育与人的全面发展的关联所在。他指出"思想只属于人,人因为思想而成为人,所以,思想解放即人的解放。与此话同义的是:思想自由即人的自由"②。大学思想的解放就是为了达到人的解放,人需要解放,固然需要思想解放,只有思想解放了,人才能真正地获得自由,人达到自由了才有可能真正地解放,进而真正走向人的全面发展。大学思想最主要体现在人文学科、人文课程之中,也就是人文教育才能体现出人文学科、人文课程的独特性。故而人文教育成了由大学思想的解放而达致人的全面发展的一座桥梁。针对当今的高等教育被各种科学主义、科技主义、技术主义占据主导位置,而大学人文科学、人文知识的教育被科学、科技所挤占的情形,张楚廷教授认为"唯有高扬人文旗帜,唯有切实看重人文教育,科学才会在它的孕育之下自然繁茂起来"③。因为"人的解放是科学解放的根本,思想解放是人的解放的根本"④。

张楚廷教授独到地阐述了人的全面发展的九大核心要义,他认为,"全面发展就是要防止畸形发展,全面发展就是要避免片面发展,全面发

---

① 李其龙. 解放教育 [J]. 全球教育展望, 2001 (9): 19.
② 张楚廷. 大学思想的独特性 [J]. 高等教育研究, 2010 (12): 10.
③ 张楚廷. 高等教育学导论 [M]. 北京:人民教育出版社, 2010: 94.
④ 张楚廷. 高等教育学导论 [M]. 北京:人民教育出版社, 2010: 94.

展就是要使人不受压抑和限制，就是人的解放。而教育，促进人的全面发展的教育，则正是使人摆脱片面性、获得解放的教育。全面发展的根本，教育的根本使命，原来就是求得人的解放"①。全面发展的根本就在于获得人的解放，这种解放是思想的解放、心灵的解放，能够促成人自由而全面的发展。全面发展就需要受教育者接受相关的人文教育，全面发展的坦途便是人文教育的实施，这就需要大学开展自由教育、通识教育，即需要大力普及自由知识的学习与通识课程的学习。

人文教育就是人的教育，就是为了人获得全面发展的教育，就是人发展自由的教育，而人的全面发展、自由发展便是为了人的思想解放、个性解放与精神的解放，进而塑造人的健全人格与灵魂，因而人文教育的旨归就在于人的全面发展，从这种意义上讲人文教育就是人获得人的全面发展的教育。关于人文教育意味着是人的全面发展的教育，张楚廷教授毫不夸张地指出"人文教育是赋予人以精神的教育，人文教育是维护和发展人的自由的教育，人文教育是使人更像人的教育，而不是别的"②。"人文教育即人的教育。正常的教育以人本身为目的，人文教育以人本身为直接目的。人文教育是赋予人以人的精神的教育，是使人维护和发展自由的教育，是使人成为自由人的教育，是使人更智慧的教育，是使人更像人的教育，是使人获得解放的教育，因而，人文教育具有引领大学教育的作用。"③

三、研究方法

文献分析法。本书搜集整理有关大学人文教育与人的全面发展的著作、期刊论文等文献，根据文献来分析、梳理与整合，得出大学人文教育与人的全面发展的相关性结论与研究成果。

发生学方法。对考证、梳理、整合研究主题的相关文献，并对研究对象的起源进行回溯，论证大学人文教育存在的根源以及对人的全面发展的

---

① 张楚廷. 全面发展的九要义 [J]. 高等教育研究, 2006 (10): 2.
② 张楚廷. 大学人文教育与人的解放 [J]. 高等教育研究, 2011 (2): 7.
③ 张楚廷. 大学人文教育与人的解放 [J]. 高等教育研究, 2011 (2): 摘要.

意义与价值何在，为大学人文教育与人的全面发展的关联与结合做铺垫。

历史比较研究法。本书将对大学人文教育相关知识的历史进行演绎梳理，同时对几对字面意义相关的概念进行比较，如人文教育、人文科学等核心命题概念，通过对这些核心概念进行梳理，进一步阐明本书对大学人文教育的理解，阐明本书的研究主旨在于人文教育是可以达致人的全面发展的，在深入分析与理论探讨上使用比较分析法，从比较中获得启示，更好地探讨大学人文教育与人的全面发展。

第一章

基本概念解析

第一节 人文的概念

一、知识的类型

人类有各种各样的知识，知识的类型也多种多样。石中英教授在《教育哲学》[①] 一书中论及了知识的类型。他对西方学者关于知识类型的划分进行了归纳，认为知识可以包括显性知识与缄默知识两大知识体系。该书谈到了当代知识界形成的共识，将知识划分为人文知识、社会知识与自然知识。张楚廷教授在《人文科学与大学教育》[②] 一文中，将知识分为人文知识、社会知识、自然知识，与之相对应的是人文科学、社会科学以及自然科学。本书所论及的知识的分类就采用将知识分为人文知识、自然知识与社会知识三大类的方法。与之相对应的学科同样分为人文科学、自然科学与社会科学三大类别。

二、人文的外延

不管是在中国还是西方国家，"人文"是一个被长期使用的语词，而

[①] 石中英. 教育哲学 [M]. 北京：北京师范大学出版社，2007.
[②] 张楚廷. 人文科学与大学教育 [J]. 现代大学教育，2011（2）：34-37.

且还是一个语义模糊的语词概念,从这个意义上说,有必要对"人文"这一语词的概念进行界定。任何一个事物都有着它的内涵与外延,"人文"一词也不例外。

人文是一个多义性的概念,并且与不同的学科结合会衍生出新的概念术语,如在社会学与哲学学科中,与人文的结合就衍生出了人文主义、人本主义、人性主义、人道主义等。在教育学学科中,与教育的结合便衍生出了人文教育、人文精神等。鉴于此,有必要对人文的概念作一简要的梳理。

在西方,英语语境中的"humanities"是从拉丁文"humanitas"中演化而来的,"humanitas"具有希腊文的"paideia"的语词意义,也就是说"人文"一词的希腊语具有培养人性的意思,这种人性是理想的人性,同时又是通过高雅的艺术与艺术文化来培养人、训练人并塑造人,从而提升其人性、形塑其人性。在西方语境中,与"人文"一词相关的语词主要有人文主义(humanism)、人文主义者(humanist)、人文性(humanity)、人文学(humanities)等。

"人文主义"这一术语源起于西方。西方学者阿伦·布洛克在《西方人文主义传统》中指出,"它是迟至1808年才由一个德国教育家F. J. 尼特哈麦在一次关于古代经典在中等教育中的地位的辩论中,……那么在十五世纪末意大利的学生就使用了一个词叫 umanista,……英文即 humanist,我们译为'the humanities'(人文学),在十九世纪指的是语法、修辞、历史、文学、道德哲学这一套科目"[1]。人文主义与人文学的学科如修辞、文学、历史、道德哲学联系起来,它更注重人,强调人性,张扬着人的至高无上,这从一定意义上体现了教育学意义上的人,作为专有名词的人文主义在布洛克书中的第一次出现,恰恰与人文教育相互耦合在一起了。

"人文"一词的使用,在我国最早见于《易经·贲卦·象传》中,该文指出刚柔交错是人文的秉性,文明彰显着文明与开化,天文是用于观察时令变化的,而人文是用于达济天下的。《易经·贲卦·象传》的人文思

---

[1] [英]阿伦·布洛克. 西方人文主义传统[M]. 董乐山,译. 北京:生活·读书·新知三联书店,1997:137.

想体现了我国古代"天人合一"的哲学思想。这里的"天文"主要是指天道运行遵循的法则所形成的纹理、位序、秩序、规律，以及天体运行所要显明的迹象特征。而"人文"就是一种纲常规范和秩序条理，这种纲常规范与秩序条理是人类社会运行所形成与达成的，并且因此而形塑了人类需要普遍遵循的伦理规范、伦理纲常以及道德操守与道德规则。"文明以止"说的是要人们按照"人文"与"天文"所显明的人类社会的条理秩序、伦理道德、纲常规范的要求，去内化自己的行为操守，达成心的通明与通达，并且按照社会规律来践行道德伦理，让自己明晰符合社会规范与伦理纲常；外在的行为需要人们自觉自为地遵守社会法律法规与伦理纲常，用好的法律法规与伦理纲常来约束并规范自己的行为与操守；以达致行有所"止"，以恪守礼法制度，真正地实现行有所"止"之目的。因此，从《易经·贲卦·彖传》中可以推断出我国古代的"人文"，体现的是人的伦理秩序、人的伦理纲常以及人们必须遵守的社会规约并要遵循的礼法制度，文中将体现自然现象的天文与体现社会文明现象的人文进行比照，"天人合一"性的古代哲学思想在文中得到了很好的映衬。因而，"人文"与"天文"是紧密相关联在一起的，体现了人文的两大核心要义在于倚重人与倚重文化。

三、人文的内涵

从上述中西方关于"人文"一词的词源产生来看，中西方文化中的"人文"都倚重人和倚重文化，即"重视人"和"重视文化"是中西方语境中"人文"的共同内涵。

从以上分析中，我们可以知道人文是用关于人格、人性、人品等方面的知识素养与涵养来教育人的。人文就是通过人文化育，教育人成为人，培养人的人性，砥砺人的品性，塑造人的人格，让人摆脱愚昧与无知，使人成为完满的人、完整的人，使人成为有修养和教养的人，使人成为懂伦理纲常、有道德、有知识的文明人。简而言之，所谓人文，就是人的精神面，就是人的精神性。也就是说，人文是通过以文史哲为基础的教育、教养、教化来提升人的精、气、神，促进人成为有修为与修养并富有精、气、神的人，使人成为人，成为更高大、更高尚、更智慧、更富有的人，从而提升人类的文化与文明素质，推动人类社会的和谐、有序、健康发展。

第二节 人文教育的概念

20世纪以来，伴随着人类物质生活与物质文明的极大丰富与极速发展，人们越来越依赖于物质生活与物质文明所带来的科技与物质，由此导致了人类价值的偏离、道德的滑坡、功利主义的盛行，人们的精神生活与精神文明出现了令人感到忧患的境地。思考着的人们开始反思人生存的意义与价值何在，人的教育的价值与意义何在等系列问题，因而教育界开始关注"人文教育"，提出了"人文教育"的概念，倡导要大力发展与施行"人文教育"，以彰显人的精神境界，提升人的涵养，达致人性的通达。"人文教育"是一个在教育理论界频频使用的词汇，作为教育理论界的高频词汇，它的概念十分广泛，我们可以从多个角度、多个方面对其加以理解与界定。它既可以释义为一种诸如人文主义教育思潮、人本主义教育思潮之类的教育思潮，也可以被释义为一种学科分类学意义上的文学教育、史学教育、哲学教育等诸如此类的学科意义上的教育内容，同时又可以被释义成人文素质教育、通识教育、通才教育、博雅教育等诸如此类的一种教育改革举措。针对"人文教育"概念的多义性，有必要对其概念的外延与内涵的相关性作一梳理。

一、人文教育的外延

大学作为以人才培养、科学研究、社会服务、国际交流与合作、文化传承与创新为己任的学术性组织机构，这五大职能的实现，有待于大学人文教育的实行，才能更好地得以实现。因为"凡一流大学必拥有一流人文教育,凡没有一流人文教育的大学成不了一流大学"①。不管是在理工科类院校,还是在师范类院校,抑或是在综合性大学,都离不开人文教育。与人文教育相关的外延术语有人文素质、人文精神、人文知识、人文学科等。

(一)人文素质

"人文素质"这一术语是教育学名词当中的最为基本的概念,"人文素质"是"人文"与"素质"二者的结合,二者是紧密相连的,这种结合并非两者的拼凑或简单相加而成"人文素质",只有将"人文"与"素质"二者很好地结合在一起,并在这一基础之上才能显明"人文素质"本身所具有的基本特质及其核心特征所在。因而,本书先对"素质"这个语词进行界定,再对"人文素质"进行界定。

何谓"素质"?按照字面意义,可以将"素质"拆作"素"与"质"来进行理解。"素",是事物本来、向来就有的元素、要素;"质",就是事物所具有的性质、特质、特点;"素质"也就是事物所构成的元素或要素本来就有的特质、特性。"素质"的概念主要有生理学与教育学经典意义上的内涵解析。作为生理学意义上的"素质",是指人的神经系统、脑、感知器官、运动器官所具备的先天生理的解剖特点,同时这种先天的生理特点是通过遗传而获取的,因此我们也把它称为遗传素质。作为教育学意义上的"素质"的经典性内涵定义,主要有三点。(1)杨叔子、姚启和在《对知识、能力、素质三者关系的探讨》② 一文中认为素质是人的个性心理品质,对人的发展具有基础性作用,也是人获得发展的先天性条件。(2)柳斌先生在《关于素质教育问题的思考》③ 一文中认为素质是后天习得所形成的长期的、稳定的思想、知识、身体等的心理品质结构。(3)顾明远先生在《教育大辞典》④ 中认为素质是后天形成的基本品质,诸如国民素质、民族素质等。

---

① 张楚廷.大学人文教育与人的解放 [J].高等教育研究,2011 (2):摘要.
② 杨叔子,姚启和.对知识、能力、素质三者关系的探讨 [J].煤炭高等教育,1998 (3).
③ 柳斌.关于素质教育问题的思考 [J].人民教育,1995 (Z1):4.
④ 顾明远.教育大辞典 [M].上海:上海教育出版社,1998:1494.

从生理学与教育学意义上的经典性界定我们可以看出，素质是由人的先天的、天生的生理机能所决定的，与生俱来所秉承的能力与品质，经过后天的学习、训练与社会实践活动对人的与生俱来的禀赋所施加影响而达到的特质、品性与能力。所以素质是由先天遗传和后天教育环境等的共同作用的结果，反映的是个体生理的稳定性，体现着人的稳定的生理品质结构，同时又是后天习得的心理品质结构，是人的身体生理的稳定性与后天教育的变化发展性的统一的体现。那么何谓"人文素质"？"人文素质"是"人文"与"素质"的结合，二者并非简单的叠加，而是富有深层意义的叠加与结合。杨叔子院士、余东升教授[①]认为，人文素质就是要继承我国的传统文化知识，并且要发扬这些传统文化知识所具备的精神。人文素质包括人文知识与人文精神两大体系内容。钱源伟在《社会素质教育论》[②]一书中认为素质是一个人的内在品质，外化着一个人的人格特质，人文素质则包括人文思想、人文信念、人文知识、人文道德等人文内容体系，是人们在人文科学方面所具备的素养与涵养。从这些学者的观点中，我们发现人文素质所指涉的是人文知识、人文精神、人文道德、人文情操、人文文化修养以及人文思想与人文行为、人文信念等方面的人文体系内容。

综合以上有代表性的观点对人文素质的概念的界说，我们可以知道，人文素质主要包括人文知识、人文精神、人文道德、人文情操、人文文化修养以及人文思想与人文行为、人文信念等方面的人文体系内容。也就是说，人文素质就是以人文科学为依托，以人文知识、人文思想、人文信念等内容为基础，以人文精神作为中间核心力量，用人文精神作为桥梁来联通人文知识与人文思想，从而助推人的人文行为的外化来促进人形成稳定的个性心理品质、文化修养、道德操守、理想信念与思维品格，提升人的综合素养与品质。

（二）人文精神

人文精神是人文思想的集中体现，也是人文思想的结晶，因为只有在

[①] 杨叔子，余东升. 坚持"以人为本"，走素质教育之路 [J]. 中国高等教育，2010 (7)：4-6.

[②] 钱源伟. 社会素质教育论 [M]. 广州：广东教育出版社，2011：184.

人文思想中人文精神才能得以真正地展现出来，人文精神是"精神"与"思想"的共契。许苏民教授认为人文精神的本质主要体现在自由的精神、自觉的精神以及超越的精神三种精神秉性上。① 人文精神是对人性的思考，对人性真、善、美精神的追求，是对人的生存价值与人生意义以及生命意义的追寻，是对人的价值的理性寻思。"人与人、民族与民族、文化与文化相接相处的精神，或以人的群体为本位的精神。"② 这是钱穆先生从文化的视角对人文精神的界说，这里强调的是人文精神在于以人为本的精神。在学者高瑞泉、袁进、张汝伦、李天纲关于"人文精神寻踪"的对话中，探讨了人文精神的遮蔽、失落与寻获路径并对之进行了解读，其中袁进从哲学的层面对人文精神进行了界说，他指出人文精神是对人的生命意义与生存意义的关注，是对人的价值的显明。③ 这里折射的人文精神是对人的价值的尊重，对人本精神的彰显。张楚廷先生认为在大学教育中，人文精神具有不可替代性，它是任何先进的科学技术、生产设备等是无法比拟的。"如果把人文精神也视为'信息'的话，那么恐怕任何先进的信息技术也不能将一所大学悠久而独具特色的那种人文精神整个地'搬'到一间电脑房里去。"④ 从这里我们可以知道，大学人文精神贯穿于大学的人才培养、科学研究、社会服务、国际交流合作以及文化传承与创新的各项职能活动过程中，大学教育孕育着大学人文精神，大学因为有人文精神的信仰更加使大学教育焕发生命力，因而大学彰显着人文精神。正如周远清在《大学人文精神构架》的序言中所言"忽视人文社会科学、忽视人的精神塑造的教育是不完全的教育"⑤。

综合以上分析，我们可以归纳出人文精神的共性主要表现在以下三方面：(1) 人文精神所追求的是自然的人性化、社会的人性化以及人本身或人自身的人性化，人文精神重视人又重视人性，张扬人又张扬着人性，体现人又体现着人性；(2) 人文精神的价值在于帮助人实现其自身价值，改

---

① 许苏民. 人文精神论 [M]. 武汉：湖北人民出版社，2000：9.
② 郭齐勇，汪学群. 钱穆评传 [M]. 南昌：百花洲文艺出版社，1995：46.
③ 高瑞泉，袁进，张汝伦，等. 人文精神寻踪 [J]. 读书，1994 (4)：73.
④ 张楚廷. 大学人文精神构架 [M]. 长沙：湖南师范大学出版社，1996：3.
⑤ 张楚廷. 大学人文精神构架 [M]. 长沙：湖南师范大学出版社，1996：序言2.

善人与自然、人与社会、人与人之间的关系，使人处于相互尊重、和谐共处的良好生态链中；（3）大学人文精神贯穿于大学的人才培养、科学研究、社会服务、国际交流合作以及文化传承与创新的各项职能活动过程中，大学教育孕育着大学人文精神。由此可见，所谓人文精神，是指以人为本的精神，是彰显人的价值、体现人的本质特性与本质属性的精神，人文精神是对人性的思考，对人性真、善、美精神的追求，是对人的生存价值与人生意义以及生命意义的追寻、寻获，是对人的价值的理性寻思。人文精神体现的是人的价值，彰显人本精神，追求人性的完美与通达，以求得人的自由而全面发展的精神。

（三）人文科学

人文科学在大学教育，特别是在大学人文教育中的作用是社会科学、自然科学所不能取代的，人文科学给予大学人文精神以营养，人文精神又为大学人文科学的发展奠定根基。德国哲学家恩斯特·卡西尔在《人文科学的逻辑》[①] 中认为，人文科学的目的就在于通过特定的符号表征来完成文化重生的使命，所体现的是人类本位主义与人文主义，即人文科学在于人文性的彰显。《辞海》将人文科学作为"大文科"进行界定，即没有把社会科学与人文科学区分开来，而是将社会科学也列入了人文科学之中，亦即社会科学属于人文科学的范畴。"在欧洲十五、十六世纪开始使用这一名词。原指同人类利益有关的学问，以别于在中世纪教育中占统治地位的神学。后含义几经演变。狭义指拉丁文、希腊文、古典文学的研究。广义一般指对社会现象和文化艺术的研究，包括哲学、经济学、政治学、史学、法学、文艺学、伦理学、语言学等。"[②] "Humanities 在今天的英语语境中也还是人文科学，也就是 the study of subjects like literature. Language, history and philosophy."[③] 这里指出人文科学是以研究文学、语言、哲学等学科为主的学问。

---

① [德] 恩斯特·卡西尔. 人文科学的逻辑 [M]. 沉晖，海平，叶舟，译. 北京：中国人民大学出版社，1991.
② 辞海编辑委员会. 辞海 [M]. 上海：上海辞书出版社，1980：305.
③ PROCTER P. Cambridge International Dictionary of English [M]. London：Cambridge University Press；1995：112.

"人文科学"与"人文学科"这二者的术语常常被混淆使用，致使我们难以区分到底是使用人文科学还是人文学科比较合适，在何种语境下使用才不会混淆。其实，人文科学与人文学科是有区别的。第一，人文学科是关于学科的知识体系，这类知识体系是由人类精神文化活动的创作而成，如有关美术、音乐、语言、宗教、戏曲等学科知识体系的作品及其创作的规范、技能技巧等方面的知识体系。第二，人文科学是对人类的生存与存在意义与价值的体悟，是对人类活动所展现的精神文化的现象的内在联系、本质表征与发展规律等进行探究的学问。也就是说，人文科学的研究对象是人类的精神世界及其精神文化，人文科学蕴含并且体现着人文精神，它是对人的存在意义、人性本质、人文价值等系列问题以及对人的自然属性、社会属性、文化属性特别是精神文化属性进行探究的学问，也是探究人文世界的人文现象与规律的学问。如美术学、音乐学、语言学、宗教学、戏曲学、哲学、教育学等都属于人文科学的范畴。第三，一般是有了某类学科的知识体系，才会有关于这类学科知识体系的探究的学问，所以人文学科是形成在先的，而后才有了人文科学的发展，因而人文科学是在人文学科形成的基础之上发展起来的，人文学科体系的综合化和深化便形成了人文科学。正如尤西林教授对人文科学与人文学科的分析那样，"人文学科（The Humanities）归属于教育学教学科目分类，人文科学（the human sciences）则是从哲学高度对包括人文主义与人文学科在内的人文活动原理的系统研究理论"[①]。张楚廷教授对人文科学与人文学科进行了独到的分析，他认为人文科学是人文学科的汇合或整合，"人文科学是科学，是不同于自然科学的科学，人文科学是其分支之总和，即人文学科汇合而被称为人文科学；人文科学并不绝对排斥（自然）科学的思想和方法，从根本上讲，人文科学的思想、内容和方法是有别于（自然）科学的；藐视人文的是科学主义而不是科学，人文与科学有着重要的关系"[②]。

根据分析可以得知人文科学的一些共性特点，（1）人文科学是人对于人自身的生命意义、生存意义以及价值意义的体悟与思考，是关于人的哲

[①] 尤西林. 人文科学导论 [M]. 北京：高等教育出版社，2002：1.
[②] 张楚廷. 课程与教学哲学 [M]. 北京：人民教育出版社，2003：211.

学的理论化与系统化的科学；（2）人文科学以人自身为研究对象，所需要解决的是关于人的精神品性、思想文化与价值形态的问题探讨；（3）人文科学也是一种探究过程，是对人性的真善美的探究，是张扬人性，体现并彰显人文精神、凸显人文情怀、彰显人的价值的人文研究。那么，人文科学的含义是什么呢？本书认为，人文科学探究的是人的精神世界及其精神文化，通过对人文世界的种种现象的探讨与研究，来揭示人文世界的规律的学问或科学，以达到关注人的生命意义与价值，提升人性价值，彰显人文精神、人文情怀与人文素养的目的。

二、人文教育的内涵

德国哲学家、教育家雅斯贝尔斯认为教育是人的教育，是成人的教育，而不能被知识化的教育、专业化的教育以及功利化的教育所取代。"教育是人的灵魂的教育，而非理智知识和认识的堆积。"① 但是在普及高等教育的今天，大学教育越来越被知识主义、功利主义所挤占，导致人的教育被消弭，知识教育、专业教育被强化甚至是取代了大学的人的教育。大学教育是人的教育，是灵魂的教育，通过灵魂化育使人成人、精神成人，否则教育一旦离开了人、离开了人的精神培育与灵魂塑造就成不了教育。人文教育原本是大学发展所不可轻视的，但是在现代大学教育所关注与注重的更多的是科学教育和技术教育，导致科学教育和技术教育在大学教育中成了主导与主流之势，致使人文教育在大学旁落、式微。针对人文教育在大学的失落，我国众多学者疾呼要重建大学人文教育，同时着力强调要彰显人文教育在大学教育中的重要意义与价值。因此，针对教育被科学技术教育、知识化教育与专业化教育所挤占而忽视或忽略了教育的人文性的困境，教育理论界倡导要大力加强大学人文教育，以促进大学人的精神成人，彰显人性价值，凸显人文精神，提升人文素养与人文素质。

那么人文教育的内涵是什么，可谓仁者见仁、智者见智。有的人认为人文教育就是人性化的教育、教人做人的教育——"人文教育，就是人性

---

① ［德］卡尔·雅斯贝尔斯. 什么是教育［M］. 邹进，译. 北京：生活·读书·新知三联书店，1991：4.

化教育，是通过人文的濡染与涵化，从而使人学会做人的教育形式"①。有的人认为人性教育是人文教育的实质，而涵养人文精神则是人文教育的核心——"所谓人文教育，是指对受教育者所进行的旨在促进其人性境界提升、理想人格塑造以及个人与社会价值实现的教育，其实质是人性教育，其核心是涵养人文精神"②。有的人认为人文教育就是培养人文精神、涵养人性的教育——"所谓人文教育，简单地说，就是培养人文精神的教育。人文教育实质上是一种人性教育，它以个体的心性完善为最高目标，体现的主要是以个人发展需要为标准的教育价值观"③。有的人认为人文教育就是人的教育，包括知识的教育和人文素养的教育两方面内容——"人文教育即人的教育。正常的教育以人本身为目的，人文教育以人本身为直接目的。人文教育是赋予人以人的精神的教育，是使人维护和发展自由的教育，是使人成为自由人的教育，是使人更智慧的教育，是使人更像人的教育，是使人获得解放的教育，因而，人文教育具有引领大学教育的作用"④。

根据以上对人文教育的有代表性见解，我们可以从中发现人文教育的一些共通性的东西，即：（1）人文教育是以人文学科为载体，以文史哲为基准的教育，以人文课程为其内容体系；（2）人文教育的目的在于培养具有人文精神与人性的人，人文教育更关注人、尊重人、理解人、弘扬人，以培养自由与全面发展的人为旨归；（3）人文教育的核心是人文精神，其根本指向在于使人精神成人，使人更加通达、健全，人文教育的实质就在于人的解放，即使人更加高大、智慧，使人获得人性的解放与完满。综上所述，笔者认为，所谓人文教育，就是指传授人文社会科学知识为主，以培养人文精神、提升人文涵养、提高人的人文知识为导向的教育，以提高人文素质、提升人文素养为目的的教育。人文教育与人文精神、人文素养、人文知识、人文价值等有关，即人文教育是关乎人文价值、人文精神、人文素养、人文知识、人文科学与人文素质的教育。

---

① 邹诗鹏. 人文教育怎样才能成为"做人之学"[J]. 高等教育研究，2000（4）：29.
② 文辅相. 我对人文教育的理解[J]. 中国大学教学，2004（9）：21.
③ 张应强. 论科学教育与人文教育的整合[J]. 高等教育研究，1995（3）：50.
④ 张楚廷. 大学人文教育与人的解放[J]. 高等教育研究，2011（2）：摘要.

第二章

当代大学人文教育的困境

大学人文教育是于20世纪80年代在世界各国大学,尤其是欧美国家的大学针对本国的大学教育出现的状况的背景下,如职业主义的浸染、功利主义的盛行、人文精神的失落以及科学与人文的失衡等现象,而提出的。在我国则是于20世纪90年代中期(1995年)由华中科技大学、北京航空航天大学、南京航空航天大学、湖南师范大学等高校的专家、学者针对大学生人文素养的缺失、大学人文精神的贫乏、大学人文素质教育的缺失等境况发起了开展大学人文素质教育,加强大学人文教育的运动,并召开了系列专题研讨会探讨大学如何加强人文教育、开展大学人文素质教育,并且这些倡议、举措开始在全国各高校得到铺开与施行。大学人文教育的改革至今有近30年的历史,人文教育的重要性与紧迫性已经成为共识,但在多元化巨型大学的今天,大学人文教育遭遇了诸多问题,也遇到了诸多瓶颈,致使大学人文教育困境重重。

大学产生至今近千年历史,虽然传统意义上的"象牙塔"式的大学已渐离了现代大学,加之我国高校自身的特殊性所在,使得大学的人文教育遭遇了困境或窘境,这并不意味着蔡元培时期的近代大学教育过时了,而是变得更加珍贵,大学的教育自由与自由教育理念需要随着时代与大学的变迁而赋予其新的要义。

第一节 大学人文教育的式微:现代大学教育的困境之一

美国当代著名哲学家、学者玛莎·努斯鲍姆就世界各国的大中小学教育都是朝着为经济建设服务，围绕经济发展而服务的状况，批判了当今的教育太过于注重物质利益的多寡，而忽视了人性的培育，致使大学人文教育的式微，大学的人文学科课程与艺术课程被大大削弱，使得学生的人文素养、核心素养也被削弱与弱化，针砭时弊，玛莎·努斯鲍姆推出了其力作《告别功利：人文教育忧思录》①，全书大力呼吁教育要为民主、民生服务，要重视大学的人文学科与艺术等人文课程的教育，以彰显大学的人文教育，提升人性。当然，教育为经济服务也不为过，但不能过于功利化，过于功利化的教育容易导致一切教育以物质利益为中心，大学课程设置等都以职业、就业为导向，致使文史哲等通达人性、通达人的修为的人文教育被遗弃，这不利于大学生的想象能力、同情能力与批判能力的培养，同时过于功利化的大学教育也扭曲了大学教育培养通达、健全而富有个性与全面充分发展的人的本质。

一、功利主义对大学人文教育的排斥

大学教育的价值除它的根本价值在于育人价值外，当然还有它的其他价值，比如，经济价值，由经济价值而导致的功利价值；比如，文化价值，由文化价值而导致的知识价值、精神价值等大学教育所带来的价值效益。但是随着多元化巨型大学的到来，今天的大学教育也具有多元化的价值。大学的目标多元化、价值也多元化，从而使得大学出现了功利主义倾向，因为大学的高额的经济效益、经济回报与经济补偿价值必然会给大学的功利主义带来可乘之机。"大学所提供的服务是当今社会取得领先优势的关键，它们包括个人的富足与安乐、经济的竞争、国家的安全、环境保护和文化繁荣。人们越来越意识到，没有哪一所公共投资能像高等教育投资那样取得如此高的经济回报。"② 既然高等教育投资能够取得如此高额的经济价值与经济补偿以及经济回报，那么来此求学的学生或者受教育者也

---

① [美] 玛莎·努斯鲍姆. 告别功利：人文教育忧思录 [M]. 肖聿，译. 北京：新华出版社，2010.
② [美] 詹姆斯·杜德斯达. 21 世纪的大学 [M]. 刘彤，屈书杰，刘向荣，译. 北京：北京大学出版社，2005：4.

会去追逐经济利益，从而带着功利来到大学受教育，在大学奉献爱、奉献学术、奉献知识与奉献教学的教师也会带着功利目的进行教学及学术、知识的传承工作。功利主义对大学教育的排斥已经成为一种普遍的现象，而这种现象有其深刻的根源与表征，挖掘其根源与表现，为功利主义在大学教育的不良蔓延寻求解决之途也是我们所需要做的。

（一）大学的功利主义

何谓"功利"？功利就是功效和利益、功用和效益的统一。一件事物要有功利特性，就意味着其要有功效和利益，方具备功利的品质。即该事物所产生的实际效益、功效、利益与实际性价值。功利主义属于伦理学名词范畴，"以实际利益为道德标准的伦理学说"①。功利主义强调的是实际利益，更注重经济效益、物质利益与实际价值。大学的功利主义是指大学的唯经济利益、物质利益与实际价值而是从的现象或实际主张。也就是说大学的功利主义是大学唯经济利益是从，唯物质利益是从，追求物质利益与经济利益的最大化与最优化。价值具有正向价值（正价值）与负向价值（负价值）之别，同样功利也具有正向功利（正功利）与负向功利（负功利）之别。正功利是追求正当的效用与利益诉求，而负功利反之，即过于利益化的追求。大学的功利追求具有其合理性，大学的功利能够促成大学组织本身的繁荣与发展。"发展，转移学术重点和参与社会生活都需要金钱；哪些大学得到最大数量的金钱，就将有助于决定哪所大学拥有十年或二十年的发展优势。"② 大学的发展需要一定的物质与物质利益作为保障，所以大学需要适当的功利追求，因为只要大学要求得发展，只要大学要求得繁荣，势必离不开物质资源，否则大学将会停滞不前，大学的发展也将会被搁浅甚至是停滞下来。同时，大学通过其功利追求所带来的繁荣发展也能助推社会的进步、发展与繁荣。所以大学追求功利具有其合理性，即大学功利的存在是具有合理的内核的，功利是大学不可或缺的，但功利不能成为大学教育价值与大学教育目标的尺度或标杆。如果大学过于追求功

---

① 冯契. 哲学大词典 [M]. 上海：上海辞书出版社，1992：317.
② [美] 克拉克·克尔. 大学的功用 [M]. 陈学飞，等译. 南昌：江西教育出版社，1993：29.

利，过于追求物质与经济利益的多寡则会产生唯功利是图，从而带来异化的、唯经济是从的大学功利，也就是带来功利性的大学或大学的功利主义。功利主义在大学超越了其合理性的话，因没有把握度而急于急功近利，势必对大学的长远发展不利。大学的功利主义主要表现在以下两方面。

1. 大学理念的偏失

大学理念是人们对大学是什么、怎么样办大学、办什么样的大学以及大学的使命是什么等的理性认识和根本看法，它所反映的是大学本应该具有的价值理性，即大学本该有的大学观、使命观、职能观。随着精英教育走向大众教育，再走向普及化教育，市场经济也充斥着整个高等教育，大学在市场经济的浪潮中卷入了社会的中心，已不再是边缘化或者边缘性的大学了，大学成了助推社会发展的"动力站""服务站"，也是社会发展的"加工厂"，大学的"象牙塔"功能已黯然失色，大学的价值理性被淡漠甚至是被遗忘，而工具理性得到了张扬与凸显。特别是大学由单一的人才培养使命的职能逐渐演化成为科学研究与社会服务三者并进的三大职能之时，大学的人才培养功能随着高等教育市场化的冲击也伴随着出现了功利主义的色彩。大学所培养的人是与社会、政府、教育、企业等部门"对口"的"专门人才"，大学的"全人式"人才培养的传统理念的价值理性被淡漠，而被工具理性所提倡的为社会和国家培养"专门性人才"所取代，这种工具理性的大学理念所培养的人显然是为了更好地满足国家、社会、个人的经济、物质与政治的需要，也是为了满足物质利益与经济利益的最大化，从而达到物质与经济的最大成功。大学培养人才的根本使命的本质属性受到功利主义教育色彩的严重挤压，大学教育过多地倾斜于"专业教育"，大学俨然成了社会所需要的人才的"培训机构"与"生产工厂"。"功利性也好，甚至实用性专业训练也好，都不是大学的本质目的或活动。"[1] 大学的实用性人才培养与功利性教育的需求导致大学的价值教育、人文教育与人文精神的培育被边缘化甚至是被遗落，带来了大学人文

---

[1] [美]亚伯拉罕·弗莱克斯纳. 现代大学论——美英德大学研究 [M]. 徐辉，陈晓菲，译. 杭州：浙江教育出版社，2001：275.

精神的式微与人文素养的缺失，必然会招致大学教育的外在化与功利化。

20世纪以来，大学的服务社会职能与科学研究职能被大学广泛推崇，被社会接受和认可，这就更加烘托出了大学的社会价值、经济价值与功利价值，加剧了大学的物质利益与经济利益的功利追求，也强化着大学的功利主义追求。大学的科学研究不再向基础研究，特别是理论研究（特别是人文社科的研究）倾斜，而是把研究力度把控在产生当前利益与当下价值的应用研究，比如，重大攻关课题、商业应用课题的研究等。大学的科学研究与社会服务职能关注的是市场，关注的是利益需求，是当下的价值与实际效益，考虑的是当前的功利目标，而未能顾及长远利益。"大学不是风向标，不能什么流行就迎合什么。大学应不断满足社会的需求，而不是它的欲望。"① 科学研究的"商业化"、社会服务的"市场化"以及人才培养的"专门化"与大学的功利主义追求俨然是与大学理念不相合的，背离了大学的理念，也脱离了大学的价值理性，这种功利主义的大学人才培养、社会服务和科学研究的功能追求的改善与调适有待于高等教育的举办者与办学者对大学理念进行深入的体认，从而使大学的使命理性、观念理性与文化理性与责任理性得以很好进行彰显与张扬，让大学的人文与科学得到有效的融合。

2. 大学的庸俗化

我国学者眭依凡教授在其著作《大学的使命与责任》一书中认为，大学庸俗化是指"大学趋向非规范、非道德、非健康、非自律，甚而偏离大学组织本质属性的不良现象、不良行为且有'蔚然成风'之势的状态"②。该书指出大学庸俗化主要表现在官本位倾向、市侩作风、学术行为不良、犬儒现象四大方面，同时眭依凡教授在该书中深刻地解读了大学庸俗化的现象以及导致大学庸俗化产生的根源，并就如何克服大学的庸俗化问题提出了自己独有的解决途径与解决办法。

2016年7月15日，兰州大学裁撤教育学院事件在网上掀起热议，《中

---

① ［美］亚伯拉罕·弗莱克斯纳.现代大学论——美英德大学研究［M］.徐辉，陈晓菲，译.杭州：浙江教育出版社，2001：3.
② 眭依凡.大学的使命与责任［M］.北京：教育科学出版社，2007：148.

国科学报》就以"教育学科遭遇裁撤：功利 or 理性"①为专题进行了评论。我们姑且不去议论兰州大学等相关高校裁撤教育学院或高等教育研究所等教育学学科设置机构的做法是否合理、妥当，但教育学遭遇这样的削减显然是与大学的功利性追求相关联的。教育学学科在社会与市场上应用性价值或实用价值固然比不上理工科等自然科学的应用性价值与实用价值，但作为一所师范院校，特别是综合性大学理应需要有教育学学科的处室设置来为本校的教育、教学规划，学校事业发展规划保驾护航，也需要这些研究者与学生来为大学与社会的发展提供相应的保障。然而高校在裁撤教育学学科或者将教育学学科边缘化或旁落，调整相对弱势的学科，使得弱势学科遭遇裁撤与边缘化甚至是取消的境地，显然也是大学的功利性追求使然。致使作为以研究高深学问为学术追求的大学组织机构为了迎合社会与市场、对接社会与市场的要求，成了庸俗化的教育场域。

大学的庸俗化诚然与大学的功利主义与大学的功利性是分不开的。大学庸俗化就是作为学术组织的大学一味迎合市场的需要、迎合世俗的需求，而不顾大学的本真。由于大学的媚俗、世俗而导致大学"为知识而知识""为学术而学术"的纯粹智识追求的理想与学术研究与教育信仰的偏离。大学原本是为了"闲逸的好奇"而探究高深学问，但庸俗化的大学为了经济利益的追逐不断调整适合市场的专业，设置有利于学生毕业就业与工作的专业，弱势专业、市场就业不景气的专业会被裁撤或者削减，这其实是学科建设与专业建设的一种不良现象。课程设置也是迎合当下的市场需求与就业需要，致使很多课程被弱化或削减，特别是有利于提高大学生的人文素养与人文精神的通识教育课程与人文课程被削减，自由教育、通识教育被功利主义教育所挤占，社会对实用知识的要求越来越强烈，实用专业与实用教育必然在大学越来越盛行，大学本应该具有的理想主义也黯然失色，大学俨然成了一个世俗、媚俗、庸俗的教育场所。

（二）大学生的功利主义

随着高等教育规模的扩大、人数的增多，加之市场经济的影响，就业

---

① 韩琨. 教育学科遭遇裁撤：功利 or 理性 [EB/OL]. (2016-07-21) [2024-08-20]. https：//news. sciencenet. cn/htmlnews/2016/7/351767. shtm.

与工作取向的驱使，致使当代大学生在专业学习、价值追求等方面表征着功利主义的追求。

1. 专业学习上的功利主义

顾明远先生主编的《教育大辞典》给的专业定义是"高等教育培养学生的各个专门领域"[1]。专业是属于教育学名词（术语），学科是属于科学学名词（术语），职业是属于社会学名词（术语），专业、学科、职业三者是从属于不同的范畴体系，但三者之间又是相互联系着的，同时又在大学里关联着。大学生来大学接受教育是在相应的学科体系下学习其所选择的专业，毕业后步入社会选择所要从事的职业，所以学科与职业影响着专业，而有的专业更多地受到职业的影响，有些专业会更多地受到学科的影响。

现代社会与市场越来越技术化、职业化与专业化，大学生在大学学习，接受教育必然会受到专业化、技术化、职业化的影响，故而他们所选择的专业必然是受就业与工作挂钩的职业的影响，他们就会选择当前或当下热门的有利于职业选择的专业，比如，土木工程、信息技术、生物工程等有利于就业导向的专业，这必然会使得大学的很多专业遭遇冷门的境地。比如，哲学、伦理学、教育学等相对弱势的学科。"目前对专业性的重视就意味着对职业性的重视，而这些重视对大学、专业和学生都是有害的。"[2] 大学生在专业上学习具有功利主义倾向，并且抱着强烈的功利主义目的与欲望的话，必然会给他们的智识增长带来不利的影响。大学不但要进行专业教育，同时也要进行通识教育或博雅教育，否则专业化的教育与职业化的教育所培养的学生不会是全面发展的人，只会是单向度的人。其实大学的博雅教育、通识教育（自由教育）能给专业教育带来更广阔的天地，促进学生的知识素养与人文视界不至于那么狭隘。在外界看来，大学的博雅教育与通识教育及其人文课程的学习是"无用"的知识，不是实用知识，也不是实用学术，但实质上，具备自由知识与自由学术品格的自由

---

[1] 顾明远. 教育大辞典[M]. 上海：上海教育出版社，1998：2127.
[2] [美]罗伯特·M. 赫钦斯. 美国高等教育[M]. 汪利兵，译. 杭州：浙江教育出版社，2001：32.

教育与博雅教育、通识教育的学习是"无用之大用"的教育，更有利于学生将来专业与职业的学习与运用，增扩他们的心智与智识，以促进将来更好地用理智进行人生蓝图与规划、目标的准备，因为大学的自由与博雅教育是使人通达健全的自由知识、自由学术。正如英国教育家纽曼先生所倡导的那样"大学的正确职能就是提供被我称之为哲学教育或博雅教育的教育"①。

2. 价值追求上的功利主义

随着高等教育的规模不断得到扩大，高等教育由精英教育也逐渐走向了大众化的教育，并已迈入了普及化时代的高等教育，"读书无用论"的思想充斥着大学校园。来接受高等教育的大学生求学的目标不明确，对大学教育价值的模糊，越来越对上大学、为什么上大学、上大学为了什么、怎样上大学等系列问题感到困惑并越发迷茫。《教授称中国大学功利主义盛行，致价值观教育匮乏》②，《中国青年报》在 2012 年 3 月 29 日对大学生读大学为什么越读越迷茫进行了系列报道与探讨。厦门大学教育研究院的专家对"大学为什么越上越迷茫"的问题进行了专门的解读。王洪才和徐岚③两位专家一致认为是大学功利主义盛行，导致价值观教育的匮乏，使得大学生上大学越上越迷茫等系列问题产生在大学校园里。

大学生为什么对读大学越来越迷茫？其中缘由与大学生的价值观教育是分不开的，大学生价值观教育、信仰教育的缺失必然会使他们读大学困惑与迷茫。大学生的急功近利的专业学习、知识获取、职业选择与工作取向是与功利主义的价值观追求截然分不开的。何谓功利主义价值观追求？本书认为，功利主义价值观追求是指以事务或活动的实用性与利益性为准绳，追逐个人利益与物质利益，寻求物质功利的最大化，把物质利益与物质功利作为行为、行动与价值判断的指南或依据，把物质功利的寻获作为行动的目的与落脚点。大学生的功利主义价值观追求主要表现在以下三

---

① ［英］约翰·亨利·纽曼. 大学的理念［M］. 高师宁, 译. 贵阳：贵州教育出版社，2006：156.
② 陈清. 教授称中国大学功利主义盛行 致价值观教育匮乏［EB/OL］. (2012-03-29) [2024-08-20]. https://gaokao.eol.cn/news/201203/t20120329_760247_2.shtml.
③ 钱小敏, 陈强. 价值观教育缺失导致大学生迷茫［N］. 中国青年报, 2012-03-29 (3).

方面。

首先,在人生价值取向上,更注重个人物质利益与功利的获取,个人主义倾向更为严重,重个人利益而忽视了集体利益。世界观、人生观、价值观以个人利益为中心,以物质利益与物质功利的多寡来衡量自我的人生价值选择。在毕业选择人生走向问题上,很多大学生更愿意去沿海发达城市,而不愿意选择去祖国最需要的地方,国家大力推进"到西部去"的措施与优惠政策少有大学生选择,致使西部偏远地区还是远远落后于中东部地区。大学生的人生选择看重的是"钱途",即过于注重将来人生的经济收入、经济报偿、生活的舒适与优越感,这些都与物质财富的多寡紧密联系在一起。大学生的理想信念与信仰被充斥着的物质主义、实用主义所挤占,大学原本该有的理想主义被旁落,这些显然是不利于大学生的人生价值的确立与大学的人才培养的目标的。

其次,在知识追求的价值取向上,更注重实利主义价值知识教育。大学生只选择学习对他们职业取向、工作意向产生实际作用的知识,对实用知识与实用学术的获取更为偏斜,而对他们的人文素养、人文情怀、人文情操具有指引与导向作用的自由知识与自由学术的知识的学习被忽视甚至是置于知识学习之外。自由知识与自由学术的知识的学习对大学生的引领作用也许在短期内无法见效,无法产生实际利益与价值,但对于大学生的长远发展,不管是将来的职业选择,还是未来规划与人生积淀都起着不可估摸的作用。因为自由学术是探究事物的原因和原理的学术,是探究事物的因与故的学术,是刨根问底的学术。自由学术有利于原理性知识的发现与寻获,任何实用知识或实用学术的进展必然要由它的原理与原初性知识来推动,否则将难以走得更远。因为只有掌握了自由学术、自由学问与自由知识的人才能操作并运用、把控好实用学术与实用知识。但是当代大学生更多的是选择实用知识的学习,掌握实用学术,这样所导致的只会是会操作机器的人,而无法通达与健全,因为"大学的主旋律应是'育人',而非'制器',是培养高级人才,而非制造高档器材"[1]。毋庸置疑,自由

---

[1] 杨叔子. 是"育人"非"制器"——再谈人文教育的基础地位 [J]. 高等教育研究,2001 (2): 7.

知识与自由学术的认知和学习，是与大学人文教育的旨归相一致的，都是为了"育人"，培养全面发展的高级人才。因而大学生知识价值取向上的学习不可过于倚重实用知识与实用学术的学习，同时也要兼顾自由学术与自由教育的知识的教育与学习。

最后，在信仰价值观取向上，秉承庸俗的实用主义信仰。大学生的信仰主要包括物质信仰、精神信仰、伦理信仰、价值信仰等内容。大学生因为年龄阶段的差异以及性别的差异、受教育程度不同、居住地不同等方面的不同而所持有的信仰也有差异，有的可能是国家信仰（社会信仰）占上风，有的可能是物质信仰或伦理、价值信仰占上风，但是在普及化时代到来的高等教育的今天，在信仰上，大学生更愿意倾斜在物质信仰等具有庸俗化的实用主义信仰，然而作为超自然的精神信仰、价值信仰、伦理信仰等在大学生信仰中不显得那么重要了。究其原因在于大学生的信仰价值观取向或导向出现了问题，大学生的人文精神、人文信仰出现了偏差，这也与功利性的大学和大学的功利性分不开，这必然导致大学生的功利主义价值观追求。因此，大学人文教育对于改观大学生的过于功利主义价值观的追求起着无可估量的作用，同时大学人文教育对于大学生的个性张扬与人性解放的作用也是其他教育无法取代的。

（三）大学教师的功利主义

随着知识经济的到来，知识越来越成为获取资源的资本，特别是在高等教育机构，知识成了大学教师获取学术资本的法宝，因此学术知识变成资本获取的渠道。高等教育与市场紧密联系，高等教育市场化必然引起学术与市场的紧密结合，学术、知识与市场三者紧密与高等教育机构特别是大学组织机构的耦合，使得掌握学术资本的大学教师越来越多地参与市场，运用他们的学术资本获取经济效益、经济利益与经济价值，也就是大学教师将学术与教学、科学研究与市场价值紧密挂钩，这就是我们通常所言说的"学术资本主义"，也就是说学术资本主义意味着是学术知识创生过程的市场化行为。

学术资本主义是由美国学者希拉·斯劳特与拉里·莱斯利提出的，他们通过对美国、英国、加拿大、澳大利亚等国家的公立研究型大学的学术研究、科研活动进行了调研与论证,论证发现美国、澳大利亚、加拿大、英国等的高校的科研活动都将学术与市场密切结合,学术导向了市场,大学教师为了获取资金或经济收益而具有市场导向行为。两位学者认为"我们称院校及其教师为确保外部资金的市场活动或具有市场特点的活动为学术资本主义"①。即学术资本与学术知识创生过程的市场化行为。高等院校的科研导向浸染着学术资本主义的气息,同样大学教师学术科研的市场化行为也浸染着学术资本主义的气息,学术资本主义致使大学教师的教学科研向市场倾斜,当然这势必会影响到大学教育,也会影响到大学的人文教育。大学人文教育的式微与学术资本主义的大学也存在着一定关联性,因为学术资本主义的席卷必然会招致大学的功利主义,功利主义的大学势必会忽视、淡化大学"无用之大用"的人文教育,而是倚重着产生实际功利价值的非人文教育的教育。受学术资本主义的冲击与影响,作为掌握高深知识与学术资本的大学教师也会有教学、科研等方面的功利主义的取向。

大学教师的功利主义主要表征为大学教师教学科研上的功利主义取向。"整所大学都参与到市场化浪潮当中,计算机科学、生物化学、企业金融领域的教授以及众多其他院系的教授,都在追求源于智力工作的赚钱机会。"② 在学术资本主义浪潮的推动下,大学教师为了获取更多的资金资助自己的教学科研工作,也为了让自己的生活过得更为富足与体面,而不得不参与市场导向的教学科研工作,因为绝大多数大学教师,特别是人文社会科学等基础性学科的教师没有足够的资金资助来完成自己的教学科研工作,他们的个人福利是由受托的企业、公司的项目等来获取,由政府拨款的纵向课题与横向课题的项目资金等来完成自己的教学与科研工作,大学教师不得不往返于教室的教学与企业项目任务之间,或在政府、企业、公司等部门担任咨询师或顾问,而把精力致力于更加有经济与物质回报的企业、公司、政府等部门所要求的项目任务上,将教学只是当作为了完成

---

① 希拉·斯劳特,拉里·莱斯利. 学术资本主义——政治、政策和创业型大学[M]. 梁骁,黎丽,译. 北京:北京大学出版社,2008:8.
② BOK D. Universities in the Market Place: The Commercialization of Higher Education[M]. Princeton, Princeton University Press, 2003:48.

学校的教学量的工作任务来完成，以至于无暇顾及教学，传授专业与通识课程的知识给大学生，来培养大学生的专业与通识素养。

本来教学就是一项学术科研工作，但是受到学术资本主义、学术知识创生过程的市场化行为的冲击与影响，致使很多大学教师把教学只是当作纯粹的教学工作，而不认为是一项学术科研工作。其实教学也是一种学术工作，即教学学术。美国教育部前部长欧内斯特·博耶在《学术水平的反思：教授工作的重点领域》[①] 中提出了大学教师有探究的学术（scholarship of discovery）、应用的学术（scholarship of application）、整合的学术（scholarship of integration）以及教学的学术（scholarship of teaching）四大学术工作领域。其中教学学术就涵括在四大学术工作领域的范畴，也就是说教学不再是纯粹的教学工作，而是一项学术工作。教学学术的提出为大学教学与科研二者的对立与分离提供了一个良好的注脚，因为大学如果失去教学的支撑，学术也将难以开展与维系。教学学术的范畴涵括对教材进行研究，对课堂教学进行研究、反思，对课程进行研究，对教改课题进行研究等都属于教学学术，但是在功利主义盛行的今天的大学，又有多少教师能潜下心来对教材、课程、课堂教学与教改课题等进行研究呢？究其原因，大多数教师认为这些研究不属于学术研究范畴，对这些内容进行研究将有碍于科研成果的撰写与发表，也是因为大多数高校不会将这些成果列为论著科研成果范畴之列，只单列教学量来作为完成教师的工作量考核，教学、课程、课改等相关教学的研究则不被列入科研论著范围之内的考评。这样必然致使绝大多数教师对待教学学术工作只有应付，只为了完成考核量而教学。很多教师把更多的时间放在了课题申报、项目申报、政府项目论证、企业委托项目、公司生产项目等名目繁多的项目上，致使教学与科研成了"两张皮"，处于疏离状态。教学的功利主义必然导致教学质量的下滑与人才培养质量的下降。

为了更好地获取外来资金与项目基金的资助，大学教师不得不利用自己的学术资本来赚取更好的物质回报与经济报偿。学术资本主义的盛行意

---

① [美] 欧内斯特·博耶. 学术水平的反思：教授工作的重点领域 [A] //当代教育改革著名文献（美国卷·第二册）. 北京：人民教育出版社，2004：23.

味着大学教师倾向于把更多的时间与精力投放在科学研究项目上,特别偏重应用研究,而忽视基础研究,尤其是理论研究。因为基础研究、理论研究根本得不到丰厚的项目资金与基金的资助,也得不到可观的经济收入,更无法完成自己的科学研究任务。大学教师在功利主义的科研价值取向下,在学术资本主义的驱动下,奔波于企业、公司、政府等部门或做决策,或做产学研项目合作,或做科学顾问,等等,为了获取更多的经济利益而忙于学校与企业、公司、政府部门之间,为了获得更多的经济报偿而疲于奔命。如果大学教师一味地注重具有当下经济利益价值的科研项目,一味地倚重能产生应用性价值的科学研究工作,则意味着大学的基础研究、理论研究将会遭遇到被冷落甚至是被取缔的窘境,没有基础理论做支撑的科学研究是难以走远的,只会是短期的经济效益,而无法久远。以至于忘记了自己的本职工作,即潜心于大学真正的教学与科研工作,潜心于"文理工"相融合的教学与科研工作,意味着人文科学与社会科学研究必将处于十分尴尬与不利的处境,所带来的必然会是大学人文精神的失落与人文教育的困境重重。

因此,大学的功利主义、大学生的功利主义以及大学教师的功利主义所带来的结果是大学、大学生以及大学教师更为倚重产生当下价值与经济效益的教学、科研项目以及专业学习等,把具有基础作用并对大学甚至说是有着长远的决定作用的人文精神与人文教育搁置边缘,使其处于边缘化,功利主义必然会挤占大学人文教育,从而使当代的大学人文教育式微,遭遇困境。

二、人文学科、人文课程在大学课程中的中心地位的下降

人文学科与人文科学二者经常被混淆使用,很多人也把它们当作同一概念体系与术语,人文学科有着自己的学科范式与学科特性,它主要是以人类的文化精神与人类文化历史为研究范畴,人文学科所关照的是人类价值与精神。《简明不列颠百科全书》对人文学科的定义是"人文学科(Humanities)即是关于人类价值和精神表现的人文主义的学科,它主要包含各种内容或方法有丰富人文性质和人文内涵的文学、哲学、史学、艺

术、政治、法学、考古、语言学、文艺理论等等社会科学"①。该定义其实从侧面指出了人文学科主要包括哲学、历史学、文学、教育学、宗教学等等具有人文主义内容与人文主义方法，具备人文性质与人文内涵的属性的一系列的学科。关于人文学科与人文科学二者之间的辨析在前一章概念解析中已有论述，这里便不赘述了。本小节主要是谈论大学人文学科与人文课程在大学的中心地位下降的问题。

（一）人文学科的价值与地位

当代大学人文学科在功利主义、专业主义的蔓延下，使得人文学科被旁落，人文学科受到科学发展的影响，尤其是自然科学的强劲发展，人文学科更加遭遇了被科学挤兑的命运，专业化倾向越来越影响到大学学术的发展。美国学者艾伦·布鲁姆在《走向封闭的美国精神》②一书中就美国专业主义、职业主义的大肆盛行，批判狭隘的职业教育与专业教育，倡导大学要进行人文教育与人文学科的学习，主张大学要进行博雅教育，开展阅读经典名著的通识课程的通识教育。这其实也对我国提升大学人文学科与人文课程的作用与地位具有借鉴与启示意义。

人文学科无法像化学、工程学等自然科学学科那样可以直接助推国家的科学技术与生产发展，也无法像政治学、经济学、社会学等社会科学学科那样助推国家的经济实力与政治实力，但它作为大学教育的基础性学科，它对大学发展、人类社会发展具有奠基性的地位与作用是不可被低估的。人文学科能够给予人以智慧，引领人类的智慧，人文学科的学习能增强人的文化自觉力与自省力，引领整个社会的文化自觉，推动人类社会的文明发展，人文学科的学习所带来的责任感也能带来人的文化自信与文化自觉，助推民族自豪感与认同感的升华，从而提高整个国家与民族的凝聚力和向心力。

人之所以被誉为"万物之灵"，是因为人有灵魂，人有人文，具有人

---

① 中国大百科全书出版社《简明不列颠百科全书》编辑部．简明不列颠百科全书：第8卷[M]．北京：中国大百科全书出版社，1986：760-761．
② [美]艾伦·布鲁姆．走向封闭的美国精神[M]．缪青，等译．北京：中国社会科学出版社，1994．

文内涵与人文品质，涵养着人文精神，人有着自己的独特的精神文化，人在大学进行人文学科与人文课程的学习有利于提升其人文精神与人文素质。因为人文学科的教育目标就在于孕育理想的人性，提升人的人文精神境界，涵养人的崇高的人文素质，进而使人的人文品格得到更好地锻造，从而塑造其人文品格。"人文学习要去回应伟大的理智冒险的召唤，人必须在这过程中展现他们对世界和自身的不同理解。"① 自然科学的学习也许能让人掌握更多的技术与操作手法，能让人掌握机器的运转，掌控企业的一体化的生产……，社会科学的学习也许能让人掌握经济运行走向，分析商业运行规律，推动政治发展……，但是这二者无法达到人文学科的学习所要锻造人的心性、提升人的人性与涵养人的精神高度的目标，这是自然学科与社会学科的学习无法企及的，也是无法比拟的。

（二）人文学科在大学的消弭

美国当代著名教育家、哲学家玛莎·努斯鲍姆认为并坚信育人是教育的首要目标，授业在育人目标之后，教育更不是为别人或为自己赚钱的会说话的工具。因为教育的根本在于培养人，而不是制造从事职业与工作的机器，教育的目的是"育人"而非"制器"。同时主张教育要造就民主社会的公民，造就具有批判思维能力、想象思维能力与同情思维能力的民主社会的公民。玛莎·努斯鲍姆所倡导的教育目标的实现以及教育培养民主社会公民的批判力、想象力与同情力的达成显然离不开大学人文学科的学习。但是在功利主义教育、实用主义教育的大肆盛行的当下，人文学科的学习在大学逐渐消弭或式微，"我们'文科教育'的核心理念——人文学科和艺术正被削减，正在走下坡路"②。追溯至教育的源头，我们便可以发现人文学科曾经是作为教育的中心内容作为人类的学习科目的，比如，古希腊的"七艺"科目的学习便是人文学习的典型代表。因为人文学科的学习能培养人性，使人性走向整全，而不是走向单向度。随着社会的进步、

---

① ［英］迈克尔·欧克肖特. 人文学习之声［M］. 孙磊，译. 上海：上海译文出版社，2012：23.
② ［美］玛莎·努斯鲍姆. 告别功利：人文教育忧思录［M］. 肖聿，译. 北京：新华出版社，2010：162.

科技的发展、信息的发达，对于提升人性、培养人文品格有不可估量的作用的人文学科与艺术的学习却失去了昔日的核心地位，也逐渐失去了其阵营，并被那些所谓有用的、有功利价值与作用的、高度实用的、能立刻产生经济效用的、能进行短期营利的职业培训教育、技能技术教育所取代。

2015年麦可思研究院发布的《2014中国大学生就业报告》[①]显示，本科专业就业月收入前10强分别是信息安全、软件工程、微电子学、法语、建筑学、网络工程、计算机科学与技术、信息工程、数字媒体技术以及表演专业；高职高专专业月收入前10强分别是航空服务、铁道工程技术、航海技术、软件技术、石油化工生产技术、汽车技术服务与营销、移动通信技术、机电设备检修与管理、电气化铁道技术、轮机工程技术。本科就业率最高的前10强专业分别是护理学、建筑环境与设备工程、医学影像学、测绘工程、建筑学、医学检查、工程管理、安全工程、中医学以及数字媒体技术；高职高专专业就业率前10强分别是电化铁道技术、铁道工程技术、医学检验技术、电力系统自动化技术、临床医学、计算机辅助设计与制造、城市轨道交通运营管理、助产、通信技术以及医学影像技术。2016年麦可思研究院发布的《2015中国大学生就业报告》[②]显示，本科专业就业率前10强分别是财务管理、计算机科学与技术、土木工程、会计学、机械设计制造及其自动化、汉语言文学、英语、艺术设计、国际经济与贸易以及法学；月收入前10强的本科专业分别是计算机科学与技术、国际经济与贸易、土木工程、机械设计制造及其自动化、法学、艺术设计、会计学、英语、汉语言文学以及财务管理。其中财务管理是10大本科专业中就业率最高的专业，而收入最高，也被大学生誉为最有"钱途"的专业是计算机科学与技术。到2023年6月13日，麦可思研究院发布的《2022中国大学生就业报告》（就业蓝皮书）指出"本科收入前十名的专业关键词主要是'信息''工程''电子'之类，这个趋势也已经被大多

---

① 晋浩天.2014中国大学生就业报告发布［N］.光明日报,2014-06-10（6）.
② 麦可思.《2016年中国大学生就业报告》正式发布［EB/OL］.（2016-06-12）［2024-08-20］.http：//www.mycos.com.cn/index.php/Index/news_info/nav/3/id/49221.html..

数人所熟知"①。

由麦可思研究院发布的《中国大学生就业报告》近几年数据可以看出，大学生就业率与月收入较为优势的学科门类是管理学、工学、理学、信息、工程、电子等学科门类，而作为人文学科门类的文学、哲学、教育学等专业处于弱势的状态，也是大学生选择专业学习较为占下风的专业类别。这也足以说明了人文学习在大学的逐渐消弭或式微之势，因为这些专业就业前景不看好，也没有多丰厚的收入，俨然属于"钱途"不被看好的劣势专业群体。当代大学生选择专业学习都带有极强的功利主义与实用主义的眼光，只看该专业的就业前景与收入多少，是否与自己的学习付出成正比例关系，功利化与实用化以及利益化的学生的专业学习的态度与做法必然会致使很多人文学科的专业处于旁落状态，这也是大学人文精神失落的原因之一，是大学人文教育式微的缘由所在。因为实用主义、功利主义、实利主义思潮在大学的大行其道，致使大学生中熟悉并掌握古典文化与古典文学传统的学生越来越少，人文学习不再是大学生的生活、学习的主流，更别说占据显要位置了。大学的人文主义与人文主义精神是由大学的人文学科来显现的，而大学没有将作为大学教育核心的人文学科放在与社会科学特别是自然科学同等重要的位置来抓，大学也就无法彰显并传扬其人文主义精神，大学人文学科也就失去了其存在的根基。

正如英国教育家、哲学家迈克尔·欧克肖特在《人文学习之声》一书中所指出的那样，"如果大学中的学习退化为现在所谓的研究；……那么大学将不再存在"②。人文学科受到当代大学的科学技术、信息技术、数字媒体技术等的现代化的冲击而失却了其作为大学原初形态的核心或首要位置。原初的大学，是为古典而存在的，原初的大学从某种意义上说是古典的大学，原初的大学捍卫着自由教育的高等教育理念，崇尚着人文教育，因为原初的大学便是以文学院（哲学院）、法学院、神学院以及医学院四

---

① 麦可思.2022年就业蓝皮书正式发布［EB/OL］.（2022-06-13）［2024-08-20］. http://www.mycos.org.cn/index.php/Index/news_info/nav/3/id/49271.html.
② ［英］迈克尔·欧克肖特.人文学习之声［M］.孙磊，译.上海：上海译文出版社，2012：121-122.

大具有人文学科优良传统的古典学院为其形态。古典大学的人文精神与古典教育理念及其人文教育理念被现代化的技术主义、功利主义与实用主义的大学所侵蚀,而使其应有的守护传统与经典的人文教育理念与高等教育理念被现代的多元化巨型大学所消解,人文教育以及作为大学教育核心的人文学科被旁落与边缘化,这其实也是现代大学的忧虑所在,因为失却了人文教育的优秀传统,失却了人文学科的存在基础,大学将会动摇其存在的根基。

(三) 人文课程在大学中心地位的下降

人文课程在我国主要有三大范畴体系:一是经典的人文课程,二是模糊的人文课程,三是交叉的人文课程。文学、艺术学、哲学、宗教学、语言学等课程是经典的人文课程,也就是人文核心课程。模糊的人文课程是以教育学、心理学、历史学等为课程体系。交叉的人文课程则是以新闻学、文化学、人类学以及考古学等为课程体系。经典的人文课程是大学人文课程的核心,因为经典的人文课程涵盖范围广,能辐射大学"文理工"三类课程的范畴体系。

人文学科在大学当然是由人文课程来体现的,而人文课程开设的情况当然也体现着人文学科在大学中的地位。人文精神在人文学科与人文课程中得以孕育并且彰显其要义。大学生通过学习人文课程与人文学科能够提高大学生的人文素养,而这些又都是与大学的人文教育的旨趣相一致的。"大学是对'正在成熟的精神'进行养育的场所,通过特定规格的人文课程塑造人文素养则是高素质人才培养的重要方面。"[①] 所以说大学人文课程对于大学生人文素养的提高,对于大学生人文素质的提升及其人文精神的培育起着至关重要的作用,也是整个大学的人文教育的实施的关键环节。

1. 大学人文课程的价值与地位

现代大学更注重的是科学与技术,使得教学与科研更重视的是自然科学,理工科被倚重,而人文学科被旁落,大学的人文学科消弭,意味着大学的人文课程设置也在缩水,很多大学生不愿意选修人文课程,使得现代

---

① 强海燕.世界一流大学人文课程之比较——以哈佛大学、斯坦福大学、多伦多大学为例[J].比较教育研究,2012 (11):20.

大学教育重理工、轻人文，致使大学生的人文素养在下降、人文涵养在下降、人文精神也在下降、所以大学才会呼吁要大力加强人文课程建设，以提高学生的人文素养来提升其人文素质。人文课程彰显人文精神，体现人文价值，其价值与地位表现在以下三方面。

首先，人文课程能提升人的心性，彰显并提升人性的价值。人通过人文课程的学习，虽然不能解决体之冷暖、肚之饥饿，但是能够给人以丰富的内在修为与涵养，使人精神得以充实。这虽不是实惠技术之功用，但有着增值人的教育智慧之大用。人通过人文课程的研读与学习，能使其锻造心性，让其追求真善美，摆脱纯粹功利的追求，而促使其去追逐人生的意义，寻获生命的价值，达到教育所倡导的"认识你自己"的目的。

其次，人文课程能够促进大学的教育目标更加得以完善。大学教育的目标是在于培养大学生成为整全的人，使人成为全面发展的人，而不是片面发展的人，也不是畸形发展的人，让人走向生命的整全。当代大学生由于过分注重加强对理工课程的学习，由于把时间与精力倚重在理工课程的学习与运用上，使得很多大学生只懂得科学技术，缺乏人文理念，只懂得科学技术，而缺失人文素养，这种只懂科学技术，缺乏人文情怀之人，最终也只能是"单向度"之人，这是有悖于大学教育的培养目标的。大学人文课程的开设便为其填补了缺憾。

最后，大学人文课程的目的在于培育人的人文精神，涵养人的人文素养。这与大学人文教育提升人的人文精神的旨趣是异曲同工之妙的。大学人文教育在于提升大学生的人文素养，提升大学生的人文精神，最终在于达到人性的通达与人的全面发展的功效。而大学人文课程作为人文教育的关键环节，大学课程设置必须涵盖人文课程，否则将是不完整的课程，因为国家的教育培养目标所涵盖的课程设置是需要辐射"文理工"课程的，以达到受教育者全方位发展的功用。而人文课程的开设不管是对人文专业的学生，还是对理工科专业的学生，都有丰富人文精神的目标。所以大学人文课程与人文教育所要彰显的人文精神的目标是一致的。

2. 大学人文课程在大学的地位的旁落

美国1945年第一颗原子弹试验成功，苏联1949年才试验成功，美国比苏联早4年的时间;1957年苏联成功发射世界上第一颗人造卫星,而1958年美国才成功发射第一颗人造地球卫星,美国晚于苏联83天发射成功。作为科技与教育十分发达的美国人在深深思考这个人造卫星落后于苏联的症结何在?因为随着19世纪末期世界的科学中心由欧洲转向了美国,美国拥有着很多的科技发明,美国是20世纪世界的科技强国。美国的教育家们一致认为,在科学技术教育领域,美国是世界顶级也是一流的,但文化艺术素质教育甚至是末流的。美苏两国科技人员在音乐、美术、文学等文化艺术领域存在着显著的差异,此时的苏联有很多著名的文学家、艺术家等,美国却寥寥无几,美国文化素质与文化艺术教育落后导致美国科技领域的落后。由此,美国哈佛大学委员会共同起草了"零点计划",以此来呼吁全国要重视文化艺术领域的文化素质教育,提高整个国民的素质,力倡加强文化艺术教育是全面实施素质教育不可或缺的重要内容。

1984年11月,美国全国人文学科基金会出版了震惊世界的关于人文学科的报告——《必须恢复文化遗产应有的地位——关于高等学校人文学科的报告》。该报告分为"为什么要学习人文学科","如何进行人文学科的教与学","全国高等学校人文学科教与学的状况"等五大部分,从这份报告的内容来看,其详细述及了人文学科在大学教育中的作用与地位以及高校要如何实施人文学科与人文课程的学习等系列问题,可见美国对人文学科中心地位的呼吁声之强烈,当时科技与教育都要发达并领先于他国的美国是多么清楚知道人文学科的要害所在。正如该报告所指出的那样,"人文学科与西方文化的学习必须在高等学校的课程中占有中心地位"[1]。

以上的美国哈佛大学"零点计划"与美国全国人文学科基金会发表的报告的两个案例无一例外地说明了人文学科在大学教育中的中心地位。然而,人文学科与自然学科在我国大学教育中长期处于分离状态,即人文学科遭遇旁落的态势,而自然学科处于强势状态,导致大学生的人文学科的学习贫乏,大学生人文知识贫乏必然会带来大学生的人文素质的总体不佳的境况,提升大学生的人文素养,提高大学生的人文精神以及加强大学人

---

[1] 威廉·詹·贝内特. 必须恢复文化遗产应有的地位——关于高等学校人文学科的报告[J]. 金锵,译. 外国教育动态,1991(5):75.

文教育成为我国高校刻不容缓的任务。所以20世纪90年代中期（1995年）由华中科技大学、湖南大学、北京航空航天大学、南京航空航天大学、湖南师范大学等高校大力倡导加强大学生人文素质教育，着力开展与实施大学生人文素质教育，很多高校相继开设人文学科课程，建立人文社科系来承担大学人文教育的任务。即便如此还是出现了人文课程设置不合理、遭遇旁落的境地，人文教育流于形式。主要表现在以下两方面。

其一，人文专业并不"人文"。当前人们广泛诟病的是理工科院校人文教育式微，大学里的非人文院系或非人文专业的人文教育缺失，其实这种观点认为人文教育在理工科院校或在大学里的非人文专业缺乏是不妥当的。因为实际情况是很多院校的人文专业也有人文教育缺乏、人文学科与人文课程设置不妥与不合理的现象，以至于人文专业的学生人文精神缺失、人文涵养不够。比如，文学系的学生中外文学名著所读寥寥无几，都是学习一些文学阅读技巧、写作技能以及文学知识的记诵，而不是人文经典的阅读与涉猎，致使文学系的学生学的是一些记诵之学与技能技巧之学，人文涵养不够。在科学主义与技术主义浪潮的影响与冲击之下，我国的大学人文课程也因此受到了冲击与影响。人文课程更为倚重的是人文知识体系的创建与构建，而忽略了人文价值体系的营造，致使人文学习在人文课程的人文知识体系下的构建中消磨掉了人文价值体系的塑造，从而使学生人文涵养缺失。大学人文学科教育变成了职业培训与技能培养，人文课程影响学生还是停留在人文知识上，停留在知识、技能与技巧层面上，而很少关注学生的人文素养的提高，也很少关注学生人文精神的提高，同样也较少关注学生的人文涵养。

其二，非人文专业课程中的不合理的人文课程设置。不管是理工科高校还是综合性大学，其非人文专业课程中的人文课程设置都存在不合理的现象。我国理工科高校、综合性大学的人文课程设置有着急功近利的功利化取向，倚重智识获取轻视德行锻造，重"专业"轻"基础"。人文课程体系不完整，人文课程门类比较单一，种类不全。哲学、文学、艺术等基础类人文课程开设甚少，只是以政治理论课、思想品德修养课与大学语文课为重点来作为本校的人文课程体系，这是有失之偏颇的，这只是一些常识性的课程，而无法达致经典的文学、艺术、哲学课程，甚至这些课程内容是陈旧与重复的，很多与中学所学重叠，导致大学生对人文素养与人文教育知识的需求得不到应有的满足。人文课程学科门类少、课程种类单一，没有形成完整的人文社会科学课程体系，课程体系以专业理论课为中心，将经典的人文课程排挤在专业理论课之外，加之重视显性的单一、门类不齐全的人文课程，而忽视了诸如校园文化、教风、学风、精神文化等诸如此类的人文素质教育的隐性人文课程，显性人文课程与隐性人文课程没有得到有效的融合，等等不合理的非人文专业的人文课程设置境况，导致大学生缺乏文学、哲学、艺术等人文素养与修为，人文精神缺失，人文学习消弭，大学生的人文教育势必会遭遇式微之势。

三、科学教育与人文教育的失衡

在当今科技发展与人文危机的时代背景下，科学教育与人文教育的关系是科学价值观与人文价值观的教育表征，也体现着科学与人文在教育中由冲突走向融合的辩证统一的过程。随着科技的进步与发展，科技的进展逐渐偏离了人性与人文，科技的发展渐渐失却了对人性、人文的关注与关怀，导致人性与人文精神逐渐被科技发展所占据甚至是扼杀，促进人们越来越意识到科学教育与人文教育需要从冲突走向融合的必要性，也是人们认识世界与改造世界的应然要求与必然选择。

人文教育除了本身所具有的人文性，它还具有科学性，因为人文教育与人文科学是紧密关联的，而人文科学又是科学文化的重要组成部分，同时也是人文文化的重要组成部分，人文科学为科学和文化搭建了良好的平台作用，所以人文教育也有其独有的科学性所在。因而人们忽视了科学教育的人文性，同时也忽略了人文教育的科学性，这是科学教育和人文教育在大学教育失衡的主要表现。

（一）科学教育的人文性

在现实性上，很多人认为科学就是科学，科学教育就是科学教育，科学不具备人文性，科学教育也是不具备人文性的。对于科学与科学教育不具有人文性的认识其实是不正确的。科学教育所指涉的科学精神、科学态度、科学信念等都是含有人文性的。科学教育在讲授并传授科学知识、培育与训练科学方法、培养与传承科学精神的同时,又受价值观与道德观的影响。科学教育也指向人、关注人,这些与人文及人文性息息相关。科学教育需要有着人文精神的指引,只有有了人文精神的积淀与支撑,科学教育才会更加先进与完善,才会更加走向自觉。正如美国哈佛大学前校长尼尔·陆登庭先生所说的那样,在进行科技教育、促进科学教育发展与进步的同时,不要疏忽了科学教育,不能忽视其人性的塑造与人格完满的塑形,"大学教育的杰出性是无法用美元和人民币来衡量的。最好的教育不仅使我们在自己的专业提高生产力,而且使我们善于观察、勤于思考、勇于探索、塑造健全完善的人"①。可见科学教育是具备人文性的,它也可以培养人的性格的完满与精神的通达。

那么科学教育的人文性主要表现在哪些方面呢?

其一,人文文化意义的独有性或独特性在科学教育中是显明并彰显的。科学教育是围绕着人来进行的,同样人文教育也是围绕着人而展开的,只是二者的侧重点不一样罢了。科学教育是通过科学技术的进步与发展,推动整个社会经济的发展与进步,从而更好地认识人、改造人、发展人,促进人文文化的发展;人文教育则通过对人的灵魂的锻造,提升人性、发展人性,以助推社会道德与文明的良性发展。科学的人文性是科学教育的人文文化意义的体现,科学教育必须彰显其独有的人文精神和科学性,这也是科学教育所需要在其科学实践活动中得以弘扬与传承的。科学教育通过其科学精神的培育、科学信念的培养,能够让人们掌握科学知识,懂得科学知识,具备科学思想,会运用科学方法,让人涵养科学精神与科学气质,进而提升科学的精神气质,从而对科学具有信仰感,由科学信仰、科学精神、科学方法与科学精神气质达致科学的人文文化,从而实现科学的人文教育意义。

其二,科学教育的科学知识来源于人文需求与意愿。科学存在于人的生活世界之中,扎根的是人的此在世界与生活世界,科学求真,求真的科学需要人文,需要人文作支撑,促成其通过求真而达到求善与求美的目

---

① 中外校长、教育专家谈本科教育[N].中国教育报,2005-4-1.

的，因而科学所映衬的是人的求真、求善与求美的精神秉性，所彰显的也必然是人的真善美的精神追求，科学教育的进步与发展必然会彰显着人性的光辉与光芒，这源于科学教育所追求的科学知识来源于对人文的需求与意愿，这也是科学教育的人文价值意义的实现。因为科学的发展必然要依赖于人的实践活动、创造性活动才能得以维系，而人的实践活动与创造性活动又需要依托于人本身的情感、意愿、意志与意念等，科学作为人的实践活动与创造性活动的创造物，是对人与人文价值的一次次的求证、证实，从而达到科学教育追求的真善美的统一，体现科学教育所具有的人文价值尺度。

其三，科学的人文向度还表现在科学作为文化映衬出人的创新本质。"显然，一切科学对人性总是或多或少地有些关系，……或者说一切可以促进或装饰人类心灵的种种重要事情。"[1] 休谟在此想要言说的是我们人类理解科学不能仅仅从物质层面上理解，还要从精神层面去理解科学，因为科学已经成为人类文化最为基本的文化形式。人类文化作为科学创造活动的基本形式是由语言、艺术、科学、神话等一系列有机体组合而成的，所有与科学、语言、神话、艺术等相关的活动都是创生着人类文化历史的活动，在这一活动过程中把人锻造成了有文化修养与修为的人，这也是科学作为文化的创新表现，也映衬出了人的创新本质。

（二）人文教育的科学性

人文教育除它作为教育本身所具有的人文文化意义与人文性外，人文教育还有它所具有的科学性之所在，因为人文教育与人文科学是紧密关联的，而人文科学又是科学文化的重要组成部分，同时也是人文文化的重要组成部分，人文科学为科学和文化搭建了良好的平台作用，所以人文教育势必具有它自己的科学性之所在。

其一，人文教育需要科学精神的规约与指引。如果人文教育的思想、思维、理念是学者们拍脑袋所凭空想出来的话，那么这种人文教育所催生的也只能是乌托邦式的思想、思维与理念，是脱离科学精神的思想、理念

---

[1] 休谟. 人性论（上册）[M]. 关文运, 译. 北京：商务印书馆，1980：6—7.

与思维,从而使人文教育所催生的思想、思维与理念是盲目的、没有合理依据的,人文教育缺乏其所处时代的科学精神的指引、规约,大学将无法科学、健康、持续而又良好地发展。因而,人文教育的思维、思想与理念,人文教育的理想需要合乎理性的科学活动与科学精神,才可以达致人文教育与科学精神的合一。

其二,人文教育是科学的人文教育。大学人文教育的任何思想与理念的催生,一定是具备它所具有的科学性的,不是凭空想象的,不管是纽曼所倡导的大学是进行普遍知识的场所,还是赫钦斯所提倡的大学是进行自由教育、永恒主义教育的场域,大学人文教育的理念一定是合乎时代的科学性与合理性的,是合乎大学的合法性的,如若不具备其科学性,则会遭遇那个时代所处大学的合法性危机。科学的人文教育所要做到的是用科学来培育学生的人文精神、人文素养,用科学来引导大学的人文教育,从而使得人文教育更加具有其独有的科学性意义所在。

第二节 大学人文精神的失落:现代大学教育的困境之二

大学生生命意识的淡漠、价值观的困惑,凸显大学教育的某种缺失,尤其是人文教育的式微、人文精神的失落,进一步印证了大学需要重建人文精神与倚重人文教育,以开启人性的通达,达致人的全面发展的目的。近些年来,大学生的杀伤性事件频频发生,屡见报端或新闻媒体。如云南大学马加爵事件、复旦大学投毒案等,这些事件的发生无不凸显出现代大学需要人文关怀,需要人文精神去导引大学生的学习、生活与工作,需要心灵的明朗与通达,也需要人性的健全,而人性的通达与健全要求大学重视人文精神,因为人文教育是倚重人的教育,更是彰显人性的教育。因而,大学需要重建人文精神与人文教育,以期使所培养的人是完整或整全的人,并非单向度的人,而整全人的培养又有利于人的全面发展。随着大学教育越来越大众化、普及化,大学教育也卷入全球化与市场化的浪潮,高等教育全球化、市场化与产业化,本无可厚非,但高等教育的市场化、产业化需要有其基本的底线,否则高等教育将会成为功利化的教育、物质驱动的教育与经济利润导向的教育,大学教育被功利主义、实用主义、物质主义以及职业主义等所浸染,使得大学为了迎合世俗社会需要,而忘却了自己的教育宗旨,工具理性与狭隘的功利教育观念充斥着整个大学教育,人们的价值观和价值取向出现偏离,人文价值观的缺失以及信仰教育的偏离,这些无不与大学人文精神的失落息息相关,也造成了现代大学教育的困境。

一、工具理性与狭隘的功利教育观念

（一）工具理性与价值理性的关联

人类理性主要存在着工具理性和价值理性两大理性体系范畴,二者的协调与相互支撑关系为人类的发展起到了不可估摸的作用与价值。工具理性需要以价值理性为导向,价值理性为工具理性提供了现实性的支撑作用,二者缺一不可,协同作用于人类理性的思考与改革实践。工具理性与价值理性的思想最初是由德国社会学家马克斯·韦伯（Max Weber）提出来的。"通过对外界事物的情况和其他人的举止的期待,并利用这种期待作为条件（或者作为手段）,以期实现自己合乎理性所争取和考虑的作为成果的目的。"[①] 这就是工具理性,也就是说人们为了达到事件的预期成果或者目的,根据所要达到的手段及其后果是否合乎效率最优化与效益最大化来综合考量如何采取有效的行动。工具理性所期待的是事物的成果与效益,并不看待事物的价值与作用,希望通过最低的成本获取最大的效益与成果,从而实现效率、效益与成果最大化。所以说工具理性不看重行为本身所具有的价值,而是在价值取向的向度上更加倚重事物的功利性及其实用性的目的为依归。工具理性相对应的是价值理性,那么什么是价值理性？"通过有意识地对一个特定的行为——伦理的、美学的、宗教的或作

---

① [德] 马克斯·韦伯. 经济与社会（上卷）[M]. 林荣远,译. 北京：商务印书馆,1997：56.

任何其他阐释的——无条件的固有价值的纯粹信仰，不管是否取得成就。"① 也就是说价值理性看重的是行为的价值的合理性与合目的性，不看重行为的后果与结果，它是以具有实质价值理念的标尺来考量行为的合理性与行为的价值的合理性，以求达致行为的合目的性及其事物价值的合规性与合理性。

工具理性与价值理性的关系是相互协调、互为支撑、辩证统一的。工具理性是根据目的与结果而有效地运用特定的手段与工具，以达到目的与行为的成果与效益，强调的是功利目的，追求着效率与功用的最大化；价值理性则是以道德伦理、责任意识等价值理念为准绳，以道德理想、信仰操守、价值合理为价值取向来追求行为的合目的性与价值的合理性，不以功利和效用为目的。工具理性与价值理性虽然在不同的层面上去考虑人类理性行为的选择，但二者在人类理性中不可或缺，没有工具理性作支撑的价值理性是难以有效实现的，同样离开了价值理性，工具理性也难以维系，二者是统一与整合的协调发展关系，这也是促进社会和谐发展的必然要求。

首先，价值理性的现实支撑是工具理性，价值理性的现实保障也是工具理性。价值理性离开了工具理性作为现实支撑，它的理性价值是难以实现的。工具理性体现的是主体对客体规律的把握、认识、认知及辨识与驾驭能力，通过一定的手段与工具对社会与自然的驾驭和改造，从而构建应用科学、基础科学与技术科学等科学体系，一方面人们在实践中凭借工具理性来实现其应有的效率与功用，从而推动人类文明向前发展与推进；另一方面，人们通过工具理性的支撑，阶段性地实现人生价值与人生目标，同时在更深层的意义上体会人生意义，开拓生活生存环境，促进价值理性实现新的价值的进展和突破，进而为实现价值理性的目标而提供现实支撑并提供相应的保障。其次，价值理性是工具理性的精神支持、精神动力与价值导引。也就是价值理性为工具理性提供价值参考，价值理性为工具理性指明方向并提供价值导引。价值理性考虑的是行动的伦理道德基础与行

---

① [德]马克斯·韦伯. 经济与社会（上卷）[M]. 林荣远，译. 北京：商务印书馆，1997：56.

动所具备的价值意义，人们的行为需要体现其行动意义与目的价值意义，从这种意义上说在行动意义及行动价值上，工具理性需要价值理性作为导引。一方面，工具理性的有效运行是以主体对客体规律的正确认识与正确反映为前提，这就需要价值理性对工具理性的精神动力支持与价值方向引导；另一方面，工具理性是以为了人类行为的目的与价值为依归，从这种意义层面上讲，工具理性需要在价值理性的规范、规约与引导下，才能实现人类的和谐、稳定与可持续发展，避免人的同质化与异化的发生。最后，工具理性与价值理性二者是相互协调、相互促进与相互发展的。工具理性与价值理性二者协调存在着，统一于人类的社会实践活动。二者有机地融合能够更好地促进人类物质世界与精神世界、现实世界与价值世界的良好、有序发展。

（二）工具理性与功利化的大学教育之殇

人类理性主要由工具理性与价值理性组成，在高等教育中，同样也存在着工具理性与价值理性。工具理性为价值理性提供操作步骤与行动指南，起着对价值理性的现实支撑的作用。工具理性与价值理性共同协同于高等教育中，才能为高等教育的合理、持续、稳定与健康发展提供保障，两种理性在高等教育的发展中是缺一不可的，工具理性为高等教育带来现实支撑。而价值理性为高等教育带来精神动力与价值导引，工具理性与价值理性的协调作用保障着高等教育的协调发展，促进高等教育的各项活动成为可能。但是随着高等教育规模的日趋壮大，经济的日益全球化与蓬勃发展，多元化巨型大学的到来，高等教育理念的多样化诉求以及人们对科学技术、经济增长以及教育的片面化与功利化追求，工具理性占据着高等教育的主要位置甚至是统治地位，价值理性则在高等教育中被漠视、被边缘化，这显然是不利于高等教育的科学、合理地发展的。

1. 高等教育主体评价观的工具理性价值取向

高等教育主体评价观，就是高等教育的评价主体在评价高等教育时所持有的认识观、态度观与价值观。这一评价主体主要指涉政府、社会与学校，政府与社会是外部评价，而学校是自身内部的评价。"一般来说，政府和社会作为高等教育的消费者，对高等教育的价值取向偏重于实用与功利,而高等学校作为高等教育的生产者对高等教育的价值取向偏重于学术与理性。"[1] 这说明高等教育主体对高等教育的评价上存在着工具理性的价值取向,特别是社会与政府对高等教育的评价选择实用性与功利性的价值维度,这是工具理性的功利主义与实用主义的典型化特征的表现。而大学理性与高等教育主体评价观的理性是紧密联系在一起的。"大学理性是人们关于大学及其发展的本质、目的及规律的科学思考和正确认识,理性使大学冷静思考、自主慎行、坚定使命、守持价值,这样大学的行为选择才会符合大学发展之规律并遵循其规律。"[2] 大学理性要求大学守持工具理性与价值理性的统一,但作为现代多元化巨型大学的高等教育主体以工具理性为主导来评价与衡量高等教育的价值意义何在。

也就是说作为高等教育外部评价主体之一的政府,更多的希望是高等教育能为政治服务,为政府培养更多的政治人才,为国家输出智能型实用性人才,培养实践性人才,而理论型人才不是那么被看好,即政府希望所培养的人才能够直接服务于国家政治建设,进行直接的生产建设与发展、经济生产与建设,为国家和政府创造更多的当下见效的效益、利润与价值,他们所衡量的高等教育是实利性、功用性与功利性。如果具有功用性是最好的高等教育,那么政府愿意将更多的财务投入当下可以产生经济效益与产生经济价值的工业、燃料、能源等领域中,这是政府用工具理性维度来评价高等教育的现实表现,这是实利主义、实用主义的功利价值取向。而社会作为高等教育评价的另一主体,希望更多的是高等教育能为社会产生更大的社会价值与社会功效,培养的毕业生能尽早走上工作岗位、尽早地投入生产领域进行生产操作,那些应用型的毕业生更受社会的青睐,而人文社科类的毕业生在社会上的青睐程度日益下滑,这是社会对高等教育的工具化取向所导致的结果。然而作为社会成员的学生,在进入大学学习之前必然会受到社会评价高等教育的工具理性取向的影响而选择学习工程、电气、建筑、信息等应用性极强的专业,致使大学里的很多人文

---

[1] 谭光兴. 论高等教育主客体评价观的对立与统一 [J]. 江西财经大学学报,2010 (5): 113.
[2] 眭依凡. 理性捍卫大学 [M]. 北京:北京大学出版社,2014:48.

专业成了冷门专业。有些高校甚至停办哲学等很"冷"的专业，而大势开办很"热"的专业，这是受作为高等教育评价主体的社会的评价影响所致，所以社会更多的愿意把大学教授、专家请进企业、工厂等领域进行指导或做顾问……，这些都是主要基于应用与生产领域。简而言之，作为高等教育外部评价主体的政府与社会更多考虑的是实用性与功利性的高等教育的投入与回报，衡量高等教育质量的高低与好坏主要是取决于其产生的当下价值利益与功效价值。这是具有典型性的工具理性的高等教育主体评价的知识观、态度观与价值观。

2. 大学章程建设中的工具理性[①]

大学章程作为大学的"宪法"，是大学组织文化的制度性保障，对大学组织的政治权力、行政权力、学术权力、民主权力的四大权力系统具有规范和制约性作用，因此可以说大学章程是大学的纲领性与规范性文件。《国家中长期教育改革和发展规划纲要（2010—2020年）》明确指出要完善大学内部治理结构，而大学内部治理结构就是要形成"党委领导，校长负责，教授治学，民主管理"的体制机制，大学章程为大学内部治理结构的完善与优化提供了法律保障，同时大学章程也为大学"去行政化"提供了法律基础与法律保障。

因此，我国在建设世界一流大学与一流学科的进程中，高校需要推进大学章程的建设工作，制定、完善大学章程的根本在于实施大学章程，不能让大学章程成为仅仅是一个文本，而将其束之高阁，作为大学办学的摆设品，只有将大学章程付诸实施，我们国家的大学办学才真正有章可循、有法可依，才能为大学"去行政化"寻求最佳的路径依赖，为实现"党委领导，校长负责，教授治学，民主管理"的大学内部治理结构提供法律基础与法律保障。

然而现代大学章程建设却出现了过分的工具理性主义的取向，这显然是不利于大学章程的建设与实施的。大学章程建设过程中的工具理性取向主要体现在以下两个方面。

[①] 曾维华，王云兰，蒋琴. 大学去行政化的拐点：优化大学内部治理结构 [J]. 广西社会科学，2017（1）：209.

一方面，大学章程建设过于倚重它的指导性意义与操作性价值，而忽视了大学章程对大学使命的深刻揭示与阐释。大学的使命关乎着大学的目标追求，关乎着大学的主体责任，关乎着大学的理想信念，更关乎着大学的宗旨选择。大学的使命发展从古希腊大学到今天的多元化巨型大学具备着五大使命与职责，而大学不单单是存在着，应要围绕这五大使命来造福人类。"生存不是有机的生命体，不是抽象的理解力，不是精神，它是面对超越的自由和真实，是理解自身的个体本身，是历史性自我的终极的基地，生存是人内在酝酿的可能性力量。"① 这就要求大学不仅仅要解决大学生的生存之道，更要解决的是培养大学生的整全的人格，这也是大学的使命的根本即培养人才。而在大学章程制定与建设过程中很难将大学的使命阐释清晰，并让大学章程的实施敦促大学使命得以充分实现。这是工具理性的大学章程建设的不足之处的方面。

另一方面，大学章程原本是我国现代大学制度的载体体现，大学章程原本也是对权力的规制的体现，但成了权力的载体。现代大学制度根本与核心在于大学自治与学术自由，大学制度也平衡着大学的各大权力关系，特别是行政权力与学术权力的关系。大学章程作为现代大学制度的载体体现，就是对大学权力的规制的一种体现，却流于形式，虽有规定各大权力的制衡关系但在实际操作层面还是导向着行政权力，以至于学术权力式微或者处于弱势地位，而致使行政权力处于强势地位。大学的学术权力难以在大学彰显其要义，以至于大学的学术发展受到行政等权力性因素的影响与干预而无法达至理想的境界，这是大学章程建设的工具理性的行政主导取向。这种工具理性的大学章程建设显然是不利于平衡大学权力关系的。因此在大学章程建设与实施过程中，除了大学章程的实际操作过程中的工具理性导向，还需要考虑到大学章程建设过程中的价值理性导向，比如，大学的组织理性、使命理性及其学术价值理性等等。

3. 大学课程中的工具理性主义

教育是作为有目的、有组织、有计划地培养人的一种社会实践活动，

---

① JASPERS K. Reason and Existenz: Five Lectures [M]. Milwaukee: Marquette University Press, 1997: 11.

需要在理性的指导下进行具有针对性的、有目的的、有组织的教育实践活动。作为反映教育实践活动目的的载体和体现的课程则是学校教育的最为关键的环节与实施渠道，课程也是教育教学实践活动的最重要的平台，学校的任何教育教学活动也要围绕着课程这一中介组织来展开，所以课程设置与实施也是学校教育教学改革的关键环节与核心。课程结构体系与课程设置类型等都事关学校教育教学以及教育目的的实现与人才培养质量的提升，因而课程也需要在人的理性的指导下进行设置并将之实施，这就会牵涉到课程实施上的工具理性及价值理性的考虑和权衡问题。即课程设置是更需要考虑到工具理性的操控还是也要考虑到价值理性的指引？抑或是需要考虑达到工具理性与价值理性的平衡？即既要考虑到课程的当下实际价值意义，又要考虑好课程所要彰显的人文素养、人文精神等具有长远性发展意义的价值理性。

在多元化巨型大学的时代，人文教育课程并没有体现人文教育的内核与实质，通识教育课程并没有彰显通识理念与通识精神而缺乏人本主义精神，素质教育课程也并未体现人的全面发展的要义理念而导致了人的异化与人性的异化等，课程改革与建设所产生的问题是由课程的价值取向所招致的，大学课程取向是以价值理性或以工具理性作为取向来进行？还是要平衡价值理性与工具理性二者来进行呢？

自然科学课程、人文科学课程、社会科学课程共同构成了大学的三大课程体系，大学课程是大学教育目的得以实现的载体和体现，也反映着大学的理想与价值追求和选择。在如今过于注重功利主义的年代，在功利化占上风的大学教育时代，国家和社会要求大学培养实用性与实用型人才，培养技术性与技术型人才，而大力强调大学多多开设自然科学课程，其次才是社会科学课程，人文课程是被置于最不显眼的位置，因为人文课程不能产生当下的经济价值与应用性价值。殊不知人文课程对于自然科学课程与社会科学课程的学习是具有潜移默化以及深远的价值意义的课程，只是不可立马产生功效罢了。三大课程体系是大学生认识和把握客观与主观世界，认识与把握世界的钥匙与工具，三大课程体系缺一不可，因为大学生的精神世界的全面提升与改观需要对这三大课程体系所构成的课程知识体系进行把握与认知。

翻开国内外大学课程开设的画卷,看看各大学的自然科学、社会科学与人文科学三大课程体系所开课的情况,就能了解功利化、实用化、工具化的导向在大学课程设置中是如何得以显现的了。哈瑞·刘易斯在《失去灵魂的卓越》① 一书中,对哈佛大学的课程改革与设置进行了批判。哈瑞·刘易斯认为当时的美国大学功利主义盛行,盛行职业技术教育,大学从事的是职业培训场所,成了职业培训、技术指导的场域,所开设的课程一味地倾注在自然科学课程与社会科学课程,人文课程在大学里大大削弱,通识教育被边缘化,人文课程的地位的下降让大学失却了应有的生命活力,虽然这样的大学有可能在技术、应用等领域是卓越的,但是这也是大学失去其生命力的表现,也是大学失去灵魂的卓越的表现。"课程在人中,人也同样在课程之中。大学的课程体现着人的生命特质,大学的课程流淌着人的思想,凝聚着人的智慧,而人的思想与智慧却又是富有生命意蕴的。大学的课程是教育人如何成为人,引导人何以成为人的知识,大学课程所孕育的人是极具生命精神的人,是生命跃升与升腾的人。"② 大学的人文课程、自然科学课程与社会科学课程共同孕育着大学的生命力,所以才会有哈佛委员会出台的《哈佛通识教育红皮书》③ 报告,1945 年,哈佛大学出版了《自由社会中的通识教育》,被称为哈佛教育红皮书,由 1943 年成立的院务委员会院长保罗·巴克领衔出版的《哈佛通识教育红皮书》就明文规定:"所有的学生都应该学满 3 门一年制的通识教育课程;1 门人文学科课程,1 门社会科学课程以及科学提供的 2 选 1 课程。"④ 这是哈佛大学大力倡导在大学里开展通识教育,摒弃功利化的课程教育,摒弃大学课程实施的工具理性取向的典型表现。

---

① LEWIS H R. Excellence Without a Soul: Does Liberal Education Have a Future [M]. New York: Public Affairs, 2007.
② 曾维华,刘洪翔. 张楚廷大学教育思想探析 [J]. 教育探索,2015 (1): 2-3.
③ 哈佛委员会. 哈佛通识教育红皮书 [M]. 李曼丽,译. 北京: 北京大学出版社,2010.
④ CONANT J B. Committee on the Objectives of a General Education in a Free Society, General Education in a Free Society: Report of the Harvard Committee [M]. Cambridge: Harvard University Press, 1945.

以上是美国哈佛大学对当时功利化、实用化与功用化、工具化的大学教育课程的反思，倡导要开展人文课程的学习，复兴通识教育，摒弃功利化的大学教育，强调要摒弃工具理性取向的大学课程实施与建设，要彰显具有价值理性的大学人文课程的显著表现。再来看看我国大学课程的建设情况。我国的大学课程是根据国家政策而建设与设置的，按照国家的方针、政策进行调配，特别是在高等教育普及率极高的今天，大学课程设置更加是按照社会需求、考生愿景与国家政策进行，课程设置上通常是唯专业是重，特别看重具有实际效用与价值的课程，如工程类的课程、技术类的课程、电子信息类的课程等设置居多。课程开设往往注重的是其应用价值与实际功效，导致的是大学课程设置是理工科课程居多、人文课程偏少。特别是在当代，我国的大学教育是伴随着科技主义、科技理性主义、功利主义与教育市场化的思潮而发展的，导致我国大学现代教育重视的是工具理性主义，而忽略了价值理性主义。也就是我国的大学教育倚重具有工具价值的专业技术性与应用性的实用意义，而忽略了具有价值理性意义的人文性意义，这种现象似乎成了世界高等教育的普遍现象。长期以来的知识中心观、教师中心观、课堂中心观的教育主导模式，造成了教育的唯知识、唯能力、唯技术，这些必然会给大学课程设置上带来消极影响，那就是开设理科、理工科课程居多，而人文素质课程偏少，这种功利化、实用化的工具主义教育观的盛行必然会消解具有长远价值的人文课程在大学教育特别是科学教育中的地位，从而消解了人文课程的价值。这是大学课程设置的一种本末倒置，显然是不利于大学全面发展人的教育目的的落实与彰显的。

二、大学精神的失落

大学作为一个学术共同体的组织机构，其作为实体性的存在，理所当然的是一个具有自由与自治特征的学术组织；大学作为精神性的存在，理所当然的是一个具有精神性与文化性的组织机构，即大学是作为一种精神生命性的存在。因为大学不仅进行物质生产，同时也进行着精神生产，大学的特性就在于它的精神性与非物质性、学术性与非政治性，这些都表明了大学是作为一种富有的精神性的存在。但是随着大学逐渐被呼吁走出"象牙塔",大学已不再是边缘化的社会机构,而是社会的中心机构与轴心机构了,"世外桃源"再也不好作为大学的修饰语了,大学在获得富足的经济利益与物质利益的同时,也给其本身就有的精神秉性带来了损伤,大学的精神受到了外界社会的各种因素的影响与干扰,大学精神的日趋消解与弱化,遮蔽了大学的精神意蕴以及大学的存在意蕴与本体价值,大学的本体价值与存在价值也因此遭遇着挑战。因此有必要重建大学精神。

(一) 大学精神的内涵和意蕴

大学是人类最古老的机构之一,自大学诞生以来,人们就对高等教育哲学命题——"大学是什么"的省思没有间断过,关于"大学是什么"可谓众说纷纭、见仁见智,但对"大学是什么"的哲学阐释,是大学理念的集中反映,是人们对好大学的向往,也是人们对高等教育理念的期许。英国著名的文学家、语言学家、神学家、教育家约翰·亨利·纽曼担任天主教大学校长期间对大学教育理念进行了系列演说,他对大学教育理念的经典回答是,"大学就是传授普遍知识的场所"[1](英文表达即'A Place of Teaching Universal Knowledge'),纽曼认为大学在于追求知识、发展知识,并以之服务于知识的发展,这种大学理念反映的是大学精神在于理性文化的张扬。在美国著名教育家、学者亚伯拉罕·弗莱克斯纳眼中的大学是民族灵魂的反映。[2] 美国学者、教育家詹姆斯·杜德斯达在《21世纪的大学》一书中认为,"大学不仅是知识的加工厂,还是一个传授经久不衰的价值观为基础的复杂的机构,……而且所有这些都旨在把知识转变为智慧"[3]。这是杜德斯达对大学作用与价值的表达,也是一种对大学理念的解读,即大学通过转识成智而创造并且引领着人类的未来。美国学者、教育家克拉克·克尔则认为现代大学是一个多元化的巨型大学(multiversity),

---

[1] NEWMAN J H. The Idea of A University: Defined and Illustrated [M]. London: Routledge/Thoemmes Press, 1994: 10.

[2] FLEXNER A. Universities: America, English, German [M]. Oxford: Oxford University Press, 1930: 230.

[3] [美] 詹姆斯·杜德斯达. 21世纪的大学 [M]. 刘彤, 屈书杰, 刘向荣, 译. 北京: 北京大学出版社, 2005: 35.

他用多元化巨型大学的理念来诠释着"大学是什么"。① 德国哲学家、教育家卡尔·雅斯贝尔斯认为大学是追求真理、探究真理、探究学术、自由思想的殿堂。② 这些都是欧美国家的学者对"大学是什么"的高等教育理念的哲学的经典性解读。

我国的学者对"大学是什么"这一具有深刻意蕴的高等教育哲学命题也有自己的独到见解。北京大学原校长蔡元培认为大学是高深学问之所，它囊括大典，网罗众家，并指出大学是思想自由、兼容并包的学术机构；清华大学原校长梅贻琦先生认为大学是大师云集的地方，大学不在乎有多少栋高楼大厦，而在于有多少硕学鸿儒、大师聚集在大学里进行探究学问、传承学问；我国当代著名教育家张楚廷先生认为，"大学是一个大写的'学'字"③。因为大学的一切活动都是围绕着"学"字而展开，学时、学期、学年、学费、学问、学者……同时张楚廷先生指出大学围绕这个大写的"学"字要做到"时为学所用，钱为学所花，物为学而在，人为学者先"④。阎光才教授认为，"大学不仅仅是一个承担其特定社会职能的物理空间场所，它的存在意义更在于它自身所应具备的文化个性与精神品格，以及由此而焕发出的旺盛创造活力"⑤。这是我国学者对"大学是什么"的大学哲学问题的省思，从不同方面反映了大学的内涵与本质。

纵观以上国内外学者对"大学是什么"的解读，其实从另一面也解答了大学精神的应有的意蕴，"大学是什么"反映的是大学的本质观以及价值取向，即具有什么样的基本观念、基本态度以及基本信念和基本准则，而大学精神也正体现了大学的价值取向、基本观念、基本态度以及基本信念和基本准则，共同反映着大学的精神境界在于追求真理、探究真理，衬托着其理性的价值追求、信仰教育与精神境界。大学之所以为大学，是因

---

① [美]克拉克·克尔. 大学之用[M]. 高铦，高戈，汐汐，译. 北京：北京大学出版社，2008：23.
② [德]卡尔·雅斯贝尔斯. 什么是教育[M]. 邹进，译. 北京：生活·读书·新知三联书店，1991：150.
③ 张楚廷. 大学：一个大写的"学"字[J]. 高等教育研究，2005（10）：1-4.
④ 张楚廷. 大学：一个大写的"学"字[J]. 高等教育研究，2005（10）：1-4.
⑤ 阎光才. 识读大学：组织文化的视角[M]. 北京：教育科学出版社，2002：290.

为大学既是实体性存在,又是精神性存在的学术组织机构,这种存在是看不见、摸不着的,而是需要每所大学长期积淀下来的文化气质、文化特质与精神气象,是一种大学人为之不懈追求的价值理念与价值信仰。

何谓大学精神?以上国内外学者对"大学是什么"的解答也是从另一个侧面解读了大学精神的。王冀生教授认为,"大学精神,是一种科学理论,它是建立在对办学规律和时代特征深刻认识的基础之上的"[①]。董泽芳教授认为,"大学精神是指一所大学在长期办学过程中形成的体现在多数人身上的相对稳定的精神状态,是一所大学的整体面貌,是一所大学的灵魂。它是无形的,但是可感的"[②]。刘亚敏教授认为,"大学精神就是大学立足于本性,在自由地实现内在超越的过程中所凝聚、体现出来的特质和风貌,是大学的质的规定性"[③]。那么何谓大学精神呢?本书认为,所谓大学精神,就是指大学经过长期的历史积淀所形成的文化特质、价值取向、精神秉性、价值理念以及价值信念与理想追求,它指涉着大学的科学民主精神、大学的自由自治精神、大学实事求是精神等内容,是大学的目标宗旨、大学理念、责任使命、价值信仰等的综合体现,并且与大学的发展相伴相随,大学精神是一所大学的文化核心体现,也是一所大学的灵魂之所在,大学精神促成并助推着大学的改革和发展。

大学精神的意蕴主要体现在以下三方面:首先,大学精神与大学人文教育相互促进、共同作用,相得益彰。大学人文教育含蕴着大学人文精神,大学人文教育衬托并彰显着大学精神。大学精神通过大学人文教育的达成,进而促成大学精神能得到更加淋漓尽致的张扬。其次,大学精神引领着大学的职能与使命得以更好地达成与实现。众所周知,大学职能经过了历史的流变,从单一的教学职能发展到现在的教学、科研、服务以及文化传承与创新、国际交流合作的五大主流职能体系,大学职能的演变史也反映着大学精神的演变,可以说是大学精神的流变史。大学职能与大学使命是一脉相承的,大学精神引领着大学使命与大学职能得以更加充分地实

---

① 王冀生. 大学精神与制度创新 [J]. 有色金属高教研究,2001(1):6.
② 董泽芳. 大学的理念与追求 [M]. 武汉:华中师范大学出版社,2003:12.
③ 刘亚敏. 大学精神探论 [D]. 武汉:华中科技大学,2004:20.

现与达成。最后，大学精神体现并映衬着大学的生命力。大学如果没有大学精神作为维系，其生机与活力也将难以在大学中彰显。没有大学精神，大学将失去其教育智慧与生命的灵动。因为有自由精神，大学学术才得以自由，学术研究才有自由的环境，学术能自由地进行探究与探讨，从而让学术更加富有生命力；因为有自治精神，大学才得以自治，学者才能有更大的学术权力去发展学术、探究学术、传承学术，学者的学术自治权得以烘托，大学的学术权力才能更加地彰显，从而让大学的学术基业长青，大学才得以基业长青；因为有批判创新精神，大学才能创新文化与发展文化、创新科技与发展科技，学术在创新中批判、在批判中创新，大学才会有新的活力与源泉，从而助推整个人类事业的发展，促进人类更好地改造世界。正是因为有了这些学术精神，大学才得以焕发出更加旺盛的生命力，失去这些学术精神，大学将无法得以更好地生存，失去大学精神，大学便也失去了其生命力与精神气象及精神命脉，大学便将难以维系与生存，因为大学精神使大学组织机构更加具有生机活力与生命力。

（二）大学精神失落的影响因素

大学精神对一所大学的形成发展、品牌经营、综合发展等各方面起着举足轻重的作用。但是在高等教育大众化时代的今天，功利主义盛行、商业主义蔓延、技术主义泛滥、行政主义至上等"主义"影响并威胁着大学精神在大学的彰显，大学的精神价值、教育价值以及学术价值遭到冲击，导致传统的大学精神遭遇式微甚至是失落的境地。

1. 商业主义在大学中蔓延

大学是学问的中心，是探究知识的场域，是学术的圣殿，不该有过度的经济事务在大学中进行，也不该有过多的商业事务在大学中展开。诚然，大学为经济建设服务是大学所需要做的，也是大学服务社会的体现，但过于强调并主张与倡导大学要始终以经济建设为中心，片面强调大学为经济建设服务的经济功能，倡导大学要站在经济建设的主战场，这容易导致大学的经济化与商业化的不良取向。大学的经济化与商业化的景象在大学蔓延滋生开来，必然会导致大学由学问探索的场所、学术探究的神殿演化成为制造知识、贩卖知识与制造文凭、贩卖文凭的"工厂"。大学被商业化运营理念与机制所操控着，一些大学开始大势地创收，市场化的生产经营模式也引入大学中，在大学里创立各种商业实体，所以才有人感叹现代的大学浮躁得连一张平静的书桌都难以安放。大学教师把教书当作副业，而从事校外的公司顾问或咨询师或技术指导当作主业，更有大学教师特别是哲学社会科学类的教师因为经济收入较其他学科教师低而辞职下海经商，想着如何获取更多的商业报酬来提高自己的经济地位，使得大学教师的育人中心工作得以削落。另外，学生的知识学习也带有强烈的商业价值取向。学生课程知识学习大多数倾向于选学热门专业、热门课程，学生从事校外经商活动者也多，他们不再担心专业的学习，因为只要 60 分就"万岁"，何况考前划重点、背重点，再加上考试的"小聪明"，过关及格不在话下，导致很多学生不认真学习，混得文凭后，在校外经商赚钱。大学也纷纷调整专业与教学计划，开设热门专业，一方面迎合学生与家长的需要，另一方面根据市场与商业的政策来调整、设置、开办当下的专业。大学"拆除围墙"来办学，与校外机构商业化合作办学，把校外很多商业化机构引入学校内部，由此让外界看来，大学似乎办得红红火火，其实是大学的一种悲哀，所导致的大学"拆除的围墙"不但是有形的"围墙"，而且还是无形的精神的"围墙"，必然致使大学的精神失落与信仰危机。

2. 技术主义在大学中泛滥

文化、政治、经济等的发展影响并制约着大学的发展，技术也不例外。科学技术在大学发展中可以说是起到了奠基性作用，而技术主义在大学中泛滥，在大学中过于技术主义显然是不利于大学的改革与发展的。技术主义渗透在大学的教学、科研、管理领域里，使得大学产生了教学技术主义、科研技术主义以及管理技术主义等不良取向。

（1）大学教学领域里的技术主义。大学教师上课、教学利用技术手段，如电脑、多媒体技术等原本是辅助性作用，对教师的教学带来便利，但很多大学教师过于依赖多媒体与电脑等辅助工具进行教学，如果电脑与多媒体等在课堂期间出现意外，如崩盘、损坏等等，教师就无法接着继续教课了，一旦离开这些技术手段，他们的教学将成为极大的障碍。教学本该是教师与学生的互动过程，是情境性、生成性教学，有利于学生人文素养的养成，但是教师们依靠技术手段照"屏"宣教，这难以加强师生之间互动交流与情境生成，难以增强学生的人文文化修养。教学成了规范化的、程序性的、可操作的一套套技术程序与步骤，这样的技术主义在教学中的盛行，脱离了人与人的互动，脱离了人与人的交流，势必会影响大学人文氛围的形成与塑造，影响大学生的人文素质与人文素养，从而影响大学的人才培养质量。

（2）大学科研领域里的技术主义。大学科研本该是一项静悄悄的、"寂寞"的事业，需要学者耐得住寂寞与清贫进行科学研究，特别是在人文科学领域，更需要清贫与寂寞，需要学者沉浸在故纸堆里钻研，去探讨人文的奥秘与曼妙。但是大学的科研管理是按照技术主义操作来进行，发表多少篇论文，申报多少项课题、项目，撰写多少本教材与专著等都是按照技术化的、量表化的指标来考评大学教师的科研成果与科研水平的等级，因为只有量表化、指标化的考评指标的科研管理与评价容易操作、简单易行，不需要管理者花费太多的心思去评定，这样的技术化、量表化与指标化的科研管理与评价必然会致使大学教师对科学研究的关注在于科研数量上，而很难关注科研的质量。大学教师为了发表论著而发表论著，这样的科研虽然有量但没有质，这显然是不利于大学的科学研究的事业的，也有损于大学求真问是的科研精神与学术精神。

（3）大学管理领域里的技术主义。大学管理上的技术主义主要表现为，采用技术化的操作程序、方式与模式对大学的教学、科研以及学生进行管理。教师按照教学管理系统进行程序化的教学，只要完成学校的教学量就可以，教学很难达到柔性化、人本化，教师为了完成教务管理系统的教学量而把教学当作完成任务的工作；科研管理的技术化手段就是学校采取量化、指标化的操作程序来考评教师的科研量，未必能考虑到科研的质量；学生管理的技术化就是学校运用学生管理系统对学生的管理进行技术化运行，学生按照教学时间表、作息时间表等进行日常生活学习，学生只要修满课程、修完学分即可毕业，这样的管理很难人性化地促进学生的全面发展。大学原本是以人为本的教育场所，大学管理理应进行人本化管理，这些管理的技术主义无疑会给大学管理者的管理带来便利，但无法达到人本教育与人本管理的人性化教育的目的,致使人与人之间的交往过少、人与人之间的人文情怀缺失,这显然是不利于大学人文教育的目的的实现与达成的。

三、信仰教育的偏离

作为人类特有的一种精神现象的信仰,是人的精神支柱与精神依托,也是人的世界观、人生观、价值观的综合表征与综合反映,它伴随着人类社会的产生而产生,对人的成长与发展起到精神导引与信念支撑的内在作用,在人的成长、发展过程中的力量是不可估摸的。信仰作为高层次的文化认知与文化认同,是教育领域不可或缺的至关重要的内容。信仰教育作为人类教育领域里的一种重要的教育活动与教育形式,是人的世界观教育、人生观教育和价值观教育领域的意识形态教育,信仰教育是人的精神共契的教育理念、教育思想,也成为人的教育内容不可或缺的内容。大学生信仰教育是大学所必须面对的课题,那么就会有人问:大学生到底需不需要信仰教育?这个答案是肯定的。但是在高等教育全球化与国际化的时代,大学教育面临着诸多问题,大学生的信仰教育也面临着诸多的问题,多元文化背景致使大学生出现了信仰危机,大学生出现了非正功能的信仰,比如,实用主义信仰、功利主义信仰、物质主义信仰等等,大学生缺乏或缺失道德信仰、宗教信仰、政治信仰、哲学信仰等等,大学生信仰教育出现了偏离,势必不利于大学人才培养中心工作的开展。

(一)信仰与信仰教育

信仰是人类的精神家园,是指引人前行的力量之灯与动力之源,也是大学生心灵的"燃灯者",指引着大学生能有着正确与合理的思想导向与行动实践,从而使其有着正确的世界观、人生观与价值观。信仰最初只是宗教领域的一个用语词汇,并没有作为学术用语语言,它扎根在宗教传统之中,所传达的是宗教教徒对其所尊敬与信奉的教义和神灵的一种主观的信念、信条与态度,所以当初一般都是一讲到信仰就被认为是宗教信仰,而并没有把它作为学术概念意义上的信仰语汇。但是随着社会的发展与进步,人类世界逐渐由单一的宗教信仰演化成多个领域的信仰,人类社会也逐步步入世俗化世界，信仰才逐步超越了宗教信仰而进入世俗世界，才有了世俗的信仰，信仰才被泛化成为学术语词概念，人们才从哲学层面去理解人类的信仰。

信仰的内涵是什么？各个学科领域的典籍与学者给出了不同的界定。德国古典哲学家路德维希·安德列斯·费尔巴哈认为，"信仰是一种主观的东西，我们对这种东西确信无疑，这种信任是有条件的，又是具体的现实的"①。费尔巴哈所反映的信仰是人们的主观世界的思想与信念，而这又是具体的、现实的并且是有条件的。瑞士心理学家、精神病学家卡尔·古斯塔夫·荣格认为"人类虽然难以回忆，但信仰确实从人类产生之初就存在了，而且就像人的身体不能缺盐一样"②。荣格的信仰观反映的是人类的产生与发展离不开信仰，人类需要信仰，信仰是人类的心理依托，也是人类灵魂化育的精神支柱。《现代汉语词典》将信仰定义为"是对某人或某种主张、主义、宗教极度相信和崇拜，拿来作为自己的行动榜样或指南"③。也就是说信仰是信仰主体对信仰客体（对象）的一种持久的信奉、尊崇的心理状态，并将信仰作为自己长久的行动指针，这体现着信仰的长期性、稳定性的特点。著名哲学家贺麟则认为信仰是指"使个性坚强、行为持久、态度真诚、意志集中的一种知识形态"④。在贺麟眼中，信仰是个性坚强、行为持久、态度真诚与意志集中的体现，即反映着人的个性、行为、态度与意志。

本书认为，作为人类一种最高价值追求的信仰，是人类的自然本能和天性，是人类的心理依托，也是人类灵魂化育的精神支柱，更是人们对终极价值执着追求的信念、态度、行为与意志，所以信仰是人特有的一种精神现象，是人的精神支柱与精神依托，也是人的世界观、人生观、价值观

---

① MURDOCH J, PRATT A. Rural Studies of Power and the Power of Rural Studies: a Reply to Philo [J]. Journal of Rural Studies, 1994, 1 (10): 83-87.
② JACKSON M R. Arts and Culture Indicators in Community Building: Project Update [J]. Journal of Arts Management, 1998, 3 (28): 201-205.
③ 中国社会科学院语言研究所词典编辑室. 现代汉语词典 [M]. 北京：商务印书馆，1996：1404.
④ 贺麟. 文化与人生 [M]. 北京：商务印书馆，1988：89.

的综合表征与综合反映。信仰教育则是指教育主体依据一定的教育思想理论、理想信念与价值信条等，并将这些教育思想理论、理想信念与价值信念等向受教育者（教育对象）进行传授与教导，以促进教育者树立正确的世界观、人生观与价值观的教育实践活动。所以教育活动离不开信仰教育的支撑，信仰教育除精神性的教育传递外，还会传递相关的知识性与技能性的教育内容。政治信仰教育、哲学信仰教育、道德信仰教育、宗教信仰教育以及学术信仰教育等都属于信仰教育的内容体系范畴。

大学生的信仰教育的功用主要体现在：大学生的信仰教育为大学生的道德形成与养成提供了良好的指引与导向作用，让他们有着良好的道德情操与道德情怀，使得他们有着良好的道德操守；大学生的信仰教育为大学生的政治信仰指明了方向，使得他们有着坚定的政治道路，如为共产主义事业奋斗终身；大学生的信仰教育为有志于从事学术职业的大学生提供了良好的学术信念、学术道德与学术领悟力，使得他们将来更好地从事学术事业，为我国的教育科研事业贡献智慧与力量；大学生的信仰教育为大学生的宗教信仰指明了道路，大学生的信仰教育能为大学生的人生成长与发展奠定基础，让他们选择正确的世界观、人生观和价值观，为其人生笃定坚定的价值信仰与抉择；大学生的信仰教育能够通过大学的哲学修养与哲学修行，让大学生把握哲学性格与哲学品格，选择他们认为的值得追求与恪守的人生哲学，从而为其人生的成长、成熟与发展保驾护航。

（二）信仰教育的偏离与缺失

随着大学逐渐由社会经济发展的边缘走入社会经济发展的中心，大学已经不再是传统的"象牙塔"，走出"象牙塔"之后的大学开始与社会保持紧密的联系与交集，大学与社会、市场、政府等形成了交集，进行着这样或者那样的联系，社会事务也越来越繁忙，特别是多元文化、经济全球化、高等教育国际化、大学市场化与产业化的侵入，使得大学更加卷入了多元化、国际化、全球化、市场化的浪潮中，随之带来的是，大学生也开始伴有功利主义思想、实用主义思想、职业主义思想等，并且会出现功利主义行动、实用主义行动与职业主义行动等。一定的功利主义、实用主义与职业主义本来是好的，但是超过一定的度会给大学生的学业与人生规划带来不利的影响。这些不利影响的出现显然与大学生的信仰教育的缺失是分不开的。

多元文化、技术主义等背景下的大学更加给大学生的信仰教育带来了挑战，使大学生产生信仰危机，出现信仰教育的偏离与缺失。

1. 大学生道德信仰教育的偏失

当代社会是一个复杂的社会，也是一个多元价值的社会，大学也是一个复杂的组织机构，也有着其多元价值的存在，大学生的道德问题、道德信仰问题以及道德信仰教育问题受到学界与社会的普遍关注，大学生的道德问题、道德信仰问题以及道德教育问题也面临着越来越严峻的挑战。在当今社会和当今大学，功利主义蔓延，虚无主义与实用主义盛行，道德信仰教育在大学生中出现了"去信仰化"的苗头，导致道德价值虚无化、道德意志薄弱化、道德认知主观化、道德理想实用化与道德行为偏激化的"五化"现象在大学生的道德信仰教育中普遍存在着。

大学生的道德信仰教育偏离与缺失致使大学生的道德信仰教育出现了以下一系列问题。

一是道德价值虚无化。道德信仰本该给予大学生良好的道德情操与道德操守，鞭策自己有着正确的道德信念与道德坚守，但是在现代社会越来越发达的今天，经济发展迅猛，物质发展快速，经济与物质的发展的浪潮也卷入了大学这一方净土，使得大学生在物质利益与经济利益的驱使下，开始追名逐利与崇拜金钱，在这些追逐中逐渐迷失了自我，把名和利看成自己成就与否的标杆，导致大学生的道德价值虚无化、虚幻化。

二是道德意志薄弱化。人由知、情、意、行四大心理品质与素养来促进进步与成长。道德意志对于人的各种价值选择具有良好的指向作用，良好的道德意志有助于大学生作出正确的价值判断与抉择。一旦道德意志不坚定，就容易使人生轨迹发生偏离，与真善美价值发生背离。如若碰到利益选择，很多大学生就会把利益选择放在个人的利益与利害得失的非理性道德因素的考量上，难以坚守其应有的道德底线而致使道德意志薄弱，使所选择的利益利己不利人。

三是道德认知主观化。大学生的很多道德认知都是凭借着自己的主观去判断，而不是从客观上去实事求是分析事情发生的原因与所带来的后果，因此很难作出正确的道德判断。道德认知是对道德规范的认知，也是对道德关系的认知，是道德情感、道德意志、道德理想与道德行为的纽带，正是因为有了道德认知，道德情感、道德行为、道德理想与道德意志才能更好地在日常生活中得以进行。很多大学生的道德认知没有与实际相联系，把道德行为与现实实际割裂开来，使得道德认知无法正确化，从而实现自我的道德认知与道德情感、道德意志与道德行为的一体化与和谐化。

四是道德理想实用化。虽然大学生生活在现实之中，但同时又必须具有理想主义的成分，因为大学是理想主义的圣地，只有拥有了理想主义，大学生才能结合其理想去为现实铺路，实现大学生的理想。而大学生作为社会的精英力量，生活在理想主义与现实主义兼具的大学之中，也需要具备现实主义与理想主义的情怀，让自己既能仰望天空，又能脚踏实地。但是在被各种功利主义、实用主义、多元主义等"主义"充斥着的大学时代，很多大学生缺乏应有的道德理想，并且其道德理想过于实用化，如学习是为了通过期末考试，争相去考级、考证而忘却了自己本真求学的目的所在，选择与自己职业生涯有关的专业、选择实用的专业去学习，使得大学里很多人文专业被旁落、经典学习与阅读被遗落。大学生的道德理想过于实用化不利于其精神层面的培育，也不利于大学的人才培养的目标的指向。因为如果价值失却了其应有的确定性，人的道德理想太过于实用化而不带有任何一丝超越世俗的理想色彩的话，那么大学生将是没有信仰和没有理想操守的人，就容易没有精神信仰，从而进入精神的空虚与虚幻的境地而陷入世俗的泥沼，这不利于大学生道德理想的树立与人生价值的确立，对于其人生发展势必带来一些不好的影响，所以树立道德理想对于大学生来说是十分必要的也是势在必行的。

五是道德行为偏激化。近些年来，大学生的杀伤性事件频频发生，屡见报端或新闻媒体。如云南大学马加爵事件、复旦大学投毒案等，这些事件的发生无不凸显出现代大学生的道德行为失范与偏激，这也进一步印证了大学需要人文关怀、需要心灵的明朗与通达，也需要人性的健全，而人性的通达与健全要求大学重视人文教育，因为人文教育是倚重人的教育，更是彰显人性的教育。大学生有良好的人文精神与人文素养，才会有良好的道德操守与道德情怀，才会树立正确的道德观与价值观。

大学生的道德信仰教育要回到生活世界。回归生活世界就意味着大学要大力倡导人文教育，注重对学生的人文情怀的塑造，让大学生树立好良好的道德操守，使大学生对道德信仰具有崇敬感，从而锻造并完善自我。

2. 价值信仰教育的偏离

当代大学是一个复杂的大学，也是一个多元化的大学，这种复杂与多元化必然会使大学生的价值信仰多元化与复杂化，也会使大学生的价值信仰偏离。

首先，大学生的价值信仰世俗化，理想目标短视化。部分大学生选择服从国家利益与集体利益，但不愿意以牺牲个人利益为代价；他们乐意帮助他人，愿意为社会服务、为他人服务，但是前提是是否对自己有利；他们在个人价值与社会价值发生冲突时，更会以个人价值作为考量依据；他们在个人目标与社会目标发生冲突时，也是首要考量个人目标是否能实现与达成；在理想追求上，在长远理想与短期理想中，他们更愿意选择短期理想，因为短期理想更易于实现，并能在当下看到成效，而长远理想需要时间的等待，是否见成效还有待长时间的验证，所以大学生对理想的追求更加世俗、更加实际。

其次，价值取向由单一走向多元化。在传统社会与传统的文化血脉里，集体主义价值观与价值取向一直是人们的坚守，集体主义成为人们的主导价值观与价值取向，集体主义也就成了一元价值取向。但是随着社会的深入发展，传统社会走向转型步入现代社会，单一的一元价值取向的集体主义价值观受到了冲刷，社会在承认集体利益、维护国家主义观的同时也尊重自由、民主、平等与多元化的价值理念与取向，当代大学生的价值取向也会由单一的集体主义走向多元化的价值取向与抉择，一元的价值取向已经不复存在。有些大学生在现实生活中经常被信仰虚幻与信仰虚无所迷惑，而导致自己理想信念不坚定、理想操守不坚守，造成了自我的理想黯淡甚至是缺失，所以才会出现大学生整日泡网吧等不良现象；有些大学生感觉大学生活毫无生机与活力，进入度日如年的窘境，这是因为大学生心中的信仰已经变得不那么重要了，以至于在心中处于可有可无的境地，信仰缺失成了当代大学生的突出的现象与不争的事实，是大学教育需要关切的问题。

最后，大学生存在着"真空"的价值信仰与迷茫的价值信仰。现代大学是一个多元化的巨型大学，大学生的世界观、人生观与价值观也呈现多元化发展的趋势。这种趋势的发展必会给大学生的价值信仰带来迷茫，导致其失去了价值抉择与判断的能力，出现信仰真空的窘境。所以才有大学生对自己没有信仰的慨叹与虚叹，甚至有些大学生深深感到自己没有理想、没有追求。人生失去了价值信仰，人生也就没有了航标，对信仰什么、不信仰什么处于游离状态，没有信仰或者信仰的状态与信仰的真空与迷茫，会导致他们缺失社会责任感与应有的担当，他们也就会排斥信仰教育，这是不益于大学的信仰教育与信仰观照的，从而不利于大学的人文教育与人的全面发展的目标的实现与达成。

3. 学术信仰教育的缺失[①]

我国著名教育家张楚廷教授认为，"大学是一个大写的'学'字"[②]。这里的"学"，主要包括学年、学时、学费、学问、学术等内容。其中最重要的当然是学术，学术是大学安身立命的根本，也是学者、教师以及学生得以高大、智慧、自由发展的根本，学术是大学存在的灵魂之所在，也是大学高深知识与高深学问的灵魂之所在。大学之所以为大学，在于其高深性、专门性、学术性，高深学问是大学产生发展的历史与逻辑基点，高深知识也是高等教育的逻辑起点与存在的合法性基础。高等教育作为高深知识发现、传播、探究、整合、应用及生产的学术中心，大学的各项活动都要围绕高深知识这一基点而展开。高深知识作为高等教育的逻辑起点，也是高等教育实践活动的对象，它是大学这一学术组织区别于其他非学术性组织的基点性标志。

---

① 本部分内容参见曾维华，王云兰，刘洪翔. 作为高深知识的高等教育 [J]. 黑龙江高教研究，2016 (10)：30-31.
② 张楚廷. 大学：一个大写的"学"字 [J]. 高等教育研究，2005 (10)：1-4.

高深学问与高深知识的活动场域是学术，教师要以探究学术、传承学术、发展学术、创新学术为使命，担当起探究、传承、发展与创新学术的责任，以使高深知识得以更好地探究、发现、整合以及应用，从而让大学的高深知识实现一个又一个新的制高点的突破，以确保大学的人才培养、科学研究、社会服务、国际交流合作以及文化的传承与创新的工作能得到更好的实现。

然而，大学生在现代大学中被功利主义、实用主义、工具主义以及职业主义等各种思潮所浸染着，导致大学生的学术信仰偏失，失却了20世纪20年代（1920年）蔡元培任北京大学校长时所讲的"抱定宗旨、砥砺德行、敬爱师友"的学术信仰与求学的学术精神和学术情怀。"抱定宗旨"就是要求学生求学不要带着功利的目的来深造，研习学问，要以学术为旨趣，要有坚定的学术信仰并将其付诸实践，研习高深学问；"砥砺德行"就是要有良好的道德品行，有学术信仰与操守；"敬爱师友"顾名思义就是要尊敬老师、与同学朋友友爱。但是令人叹惋的是当代大学生失却了那种"抱定宗旨、砥砺德行、敬爱师友"的学术信仰。正如德国教育家、哲学家雅斯贝尔斯所言说的那样"除了探索真理，没有什么可以给我们的生活带来意义，没有什么能够不被我们的求知热情所征服，最关键的，生活期望把自己置身于思索的基础之上"[①]。大学是追求真理的圣殿，需要学者信仰真理，也需要学生信仰真理，真理与学术是紧密联系在一起的，学术的探究是为了真理的寻获，所以学者与学生作为大学的主体都要对学术有信仰。但是当代的大学生被功利主义、实用主义、职业主义等思潮与行动所侵扰着，使得他们的学术理想与学术信仰被放逐。大学生在大学的学习不再是"为学术而学术""为真理而真理"，他们的学习动机，是为了找到一份更好的工作，是为了能够为父母争光，是为了出人头地，是为了赚到更多的钱……这些动机也就成了他们的学术信仰，这种本末倒置带来的是学术学习的荒芜与荒废，所以才会有"大学里连平静地安放一张书桌都成了奢望"的慨叹……鲜有大学生真正地进行学术的学习与探究、追求

---

① ［德］卡尔·雅斯贝尔斯. 大学之理念［M］. 邱立波，译. 上海：上海人民出版社，2007：20.

知识的深扎稳打，导致大学生的学术理想与学术追求以及学术信仰被放逐，大学生的学术信仰的缺失成了普遍现象，这也是值得我们深思的。大学本来就是学生求学问是、追求真理的圣地，是学生抱着"为学术而学术""为真理而真理"的学术学习信仰来学问致知的圣殿，如果与这一学术信仰与学术追求背道而驰，大学也不再是真正意义上的大学了。

第三节　大学人的自由的遮蔽：现代大学教育的困境之三

"自由是大学生命之维，离开自由，大学这一具有生命特性的组织将难有其生机与活力。"[①] 自由，作为大学教育应有的理念，也是大学需要具备的教育理念。自由在大学的营造，能为学生提供宽松的环境进行学习生活，能为其日后的专业发展与成长带来积极的促进作用；自由在大学的营造能为大学教师带来宽松、舒适的教学与科研环境，让教师自由地进行讲学、授课，为教师的专业发展铺平道路；自由在大学的营造能给予学术人员更宽松的学术研究环境，自由的行政管理与学术管理的结合，能为整个大学营造自由探究学术、自由发展学术的氛围，给大学以更旺盛的生命力。因为"自由是最低程度地受到外来干涉的一种能力与权力"[②]。自由，一直被奉为大学教育的结晶。在中世纪的大学，大学由四大学院组成，即文学院（哲学院）、法学院、神学院以及医学院，这四大学院有着自由的传统，学生自由地选课、自由地选择教师、自由地进行探讨，教师自由地讲学、自由地发表演说、自由地传播学术，行政管理在当时几乎不存在，无所谓干预可言，哪怕是到了近代的美国、德国等欧美国家的大学都极力倡导大学的自由与自由教育，纽曼、赫钦斯、洪堡等一批批先哲们都在为大学的自由庇护，并扛起自由的大旗为大学的发展摇旗呐喊，可见自由与自由教育在大学中的要义不同寻常。但是现代大学是多元化的巨型大学，伴随并夹杂着其他理念在大学中生存着，大学被多元文化、功利主义、职

[①] 曾维华，刘洪翔．张楚廷大学教育思想探析[J]．教育探索，2015（10）：3.
[②] 高晓清．自由：大学理念的回归与重构[D]．上海：华东师范大学，2003：3.

业主义、工具主义等所影响着，导致大学的自由被遮蔽，大学与大学人的自由的遮蔽也是当代大学教育的困境所在，是当代大学人文教育与人文精神滑落的原因之所在。

一、大学人的主体地位的滑落

组织得以存在的基础在于人，没有人，组织就不叫作组织了，大学作为一个组织机构，是一个特定的学术组织机构存在体，当然要有人的存在，否则大学这一组织也不叫作大学了。离开人或者忽视人的存在，大学组织就无法成为制度性存在。大学组织要实现其作用与功能，就必须充分尊重大学人的特殊性，凸显大学人的主体性，张扬大学人的主体地位。人是根本，大学组织的充分发展要基于大学人的主体性、大学人的主体地位以及大学人的主观能动性的充分体现与显现。但是大学人的主体性与主体地位在大学组织变革与运行中一直处于被悬置、被忽视的地位，大学人的主体地位与主体性遭遇滑落的境地，也是大学教育所遇到的困境之所在，这也是值得我们去省思的问题。

（一）大学应以人为中心，以培养人和发展人为其根本使命①

在大学的教学、科研、服务社会及文化传承与创新的职能中，教学与科研是两项基本职能，但教学又是最基本的职能，这一切都是围绕教学来培养人、发展人、提升人，大学的各项工作最终还是要落实到培养人这一根本任务上来，因而培养人也就成了大学的根本使命。大学以人为中心，以培养人和发展人为其根本使命就是要彰显"生本"与"师本"理念。

"生本"即以学生为根本，以学生为中心，以学生作为学校工作的出发点，并把学生视作学校发展的基点。大学就是要将大学的"人"字写得更大，写得更像人，让学生的个性得到张扬，主张培养学生的自信，让人更加高大。大学教育就在于培养学生的个性，把学生培养成为有独立个性与独立人格的人。

"师本"就是大学发展要落实教师的根本性地位，让教师成为大学发

---

① 曾维华，刘洪翔．张楚廷大学教育思想探析［J］．教育探索，2015（10）：1-2．

展的主力军与动力源,让教师在大学有更大的发展空间,促使教师为学校的发展献计献策、贡献力量。大学发展要重视人才的重要作用,人才在学校中是第一位的,因而必须重视教师的主体性地位,大力推行人才强校战略,把师资建设作为学校最重要的工作之一。如通过大力引进博士,延揽知名教授,出台优待优惠政策鼓励青年教师攻读博士学位等各种途径来提升在职在岗教师的学历与学术水平,为教师营造良好的工作、学习、生活环境。学校注重"师本"理念,"师本"理念也能为学校的学科建设与学术发展产生巨大的作用。

大学人作为大学得以存在的根本,也是大学之所以为大学的根本,失却了大学人,大学将无法维系,大学也就没有了根基,所以要大力彰显大学人的主体地位与主体性。

(二)学生主体地位旁落

"人既是发展的第一主角,又是发展的终极目标。"[①] 学生是教育的主体,促进学生成长成才成人,培养学生成为一个对社会有用的人是教育的目的之所在;提升学生的主体地位,彰显学生的主体性也是教育的目的之所在。教育的目的在于提升学生的精神生活的主动性与主体性,因为教育的本质就在于促进学生主体的充分全面的发展,从而促进学生的个性发展。自高等教育扩招后,大学生人数激增,高等教育规模逐渐扩大,学生如流水线生产般被当作模式化、订单式的方式进行教育,导致学生的主体地位很难得到凸显。

首先,个性化教育没有得到更好的体现。"个性化教育就是强调发掘学生个性潜能的优势,即寻找每一个学生身上个性的最强点和闪光点。因此,如何引导及帮助大学生有效开发及运用自身的潜能,提高认知能力和实践能力,是高等教育的重中之重。"[②] 大学生有自己的优点与闪光点,有自己的长处,有自己的潜能待开发,这就要求大学教育不能批量式、规模化、流水线式地对学生进行教育,不能千篇一律、"一刀切",而是要有针

---

① 国际21世纪教育委员会.教育——财富蕴藏其中[M].北京:教育科学出版社,1996:85.

② 刘献君.高等学校个性化教育探索[J].高等教育研究,2011(3):2.

对性地对学生进行个性化教育。2002年我国高等教育已经进入大众化阶段了，经过十多年的发展，2019年我国高等教育毛入学率已经超过50%，按照马丁·特罗教授的高等教育三阶段的指标划分，我国的高等教育已经步入了普及化阶段。而受普及化阶段的高等教育的学生规模扩容、校园面积扩大等因素的影响，导致个性化教育在大学中难以开展，个性化教育被忽略。其实个性化教育不仅仅指学生个体的个性，还指学生集体的个性，同时也指整个学校的个性，因而可以从学生个体、学生集体以及整个学校三个层面进行个性化教育。大学精神的缺失也体现在个性化教育被忽略上，大学人文教育的式微也在于个性化教育上的不足，因为单个个体的人文素养与人文素质不高及其人文教育的不夯实，才导致整体的人文教育的式微。因而个性化教育的彰显也是当代大学精神得以张扬的应有的题中之义，教育即解放，个性化教育也是教育解放与解放教育的路径依赖，进而真正促进人自由而充分地发展。

其次，个性化教学难以在大学中真正落实。个性化教学是要求教师采用个性化的手段与方式、方法进行个性化的教，这要根据学生的特点进行教的设计；个性化教学要求作为学习主体的学生根据自身的优势与特点进行个性化的学，也就是教师个性化的教要适合学生个性化的学的需要；通过教师个性化的教与学生个性化的学两方面的结合来促进学生的个性发展，促进学生人格的健全与健康发展，从而为大学生的全面充分的发展奠定坚实的根基。然而当今高等教育规模大、人数多，大学所采取的是大班授课制，大班教学给个性化教学带来困难与瓶颈，教师难以进行个性化的教，学生也难以进行个性化的学，个性化教学在大学中难以得到真正落实已经成为一个不争的事实，这是大学教育需要考虑的问题。倡导并实施个性化教学是高等学校进行个性化教育的必然选择，也是大学精神倡导要尊重人的个性与个性发展的意义所在，更是人性的完成与人的全面发展的要义之所在。

最后，大学生的生命性特征没有得到彰显。[1] 大学生是独立的生命，有其生命性特征，大学教育唯有体现其生命特征，才能彰显其活力，使其

---

[1] 曾维华，刘洪翔. 张楚廷大学教育思想探析 [J]. 教育探索，2015（10）：3.

富有个性。教育是为着人的，意味着教育需要彰显学生的生命，需要提升其生命品质，特别是大学教育，作为培养人才的高等教育机构，承担着重要的使命与责任，要把学生培养好、培育好，提高学生的生命质量与生命品质就是必须要做的工作所在。大学生要有灵魂，不是成为失去灵魂的卓越人，而是要成为既有灵魂又有卓越品质的人。哈佛大学学者哈瑞·刘易斯在其《失去灵魂的卓越——哈佛是如何忘记教育宗旨的》一书中批判了哈佛是怎样由教育机构演变成商业机构而忘却了自己的教育宗旨的。[1] 诚然，好大学是有生命、有灵魂的大学。因为每一个大学人都是活生生的个体，都是具有生命与思想灵魂的个体。如果一所好大学忘记了其以人为中心、提升人的生命品质、彰显人的思想与生命灵魂的使命与责任之所在，其所培养的人终将是"器"而非真正的"人"，这所大学终将会如哈瑞·刘易斯所言说的失去了其灵魂的卓越。因而，一所好大学，是一所真正意义上具有思想与生命灵魂的大学。从这个意义上讲，大学教育就是要体现学生的生命性特征，以彰显其个性，使其主体得到充分发展，从而让学生的主体地位与中心地位在大学得以确立，促进大学生的个性、全面、和谐与健康的发展。

（三）教师中心地位的下滑

大学教师中心地位的下滑主要表现在大学教师发展的主体性地位的缺失上。

首先，大学教师自身主体发展目标的缺失。大学教师由不同类型的教师组成，主要有教学型教师、研究型教师、教学研究型教师，而教师的发展阶段可以划分为初学型教师、胜任型教师与专家型教师或学者型教师。不同类型的教师与不同发展阶段的教师有不同的主体发展目标，因而其发展目标也应该根据自身特点与实际情况来确立。但是在当代大学中，很多高校都强调教师要走研究型道路，成为学者型教师，要求教师多做科研、多申报课题、多出版专著，以成为研究型或教学研究型教师与学者型教师，而在这种大众化的要求下，大学管理层通过科研管理来考核教师，就

---

[1] ［美］哈瑞·刘易斯. 失去灵魂的卓越——哈佛是如何忘记教育宗旨的［M］. 侯定凯，等译. 上海：华东师范大学出版社，2012.

会使得大学教师拼命挤入教学研究型教师或研究型教师的门道，从而忽视了自身的主体性发展目标，难以实现大学教师的个性化发展目标，影响其教学与科研的主导性与积极性，进而不利于大学教育的发展。

其次，大学教师主体发展的活动形式的欠缺。由于高校强调大学教师要走学者型教师与研究型教师之路，大学教师主体发展的活动形式也受到了限制，他们的主体活动形式限于研究报告与研究讲座，而讲座与报告都是请具有教授及以上职称的教师来担任主讲，且大部分都是请校外名教授与名师来主讲，刚毕业的年轻教师没有机会在报告与讲座上阐述自己的学术观点，本校教师也难有机会与场合面对本校同行阐述自己的研究心得，这样的主体交往活动形式仅仅囿于讲座或报告的形式，导致主体发展活动形式单一化、片面化，不利于大学教师的主体性的充分调动与提升，从而有碍于其主体发展的能动性，何况大部分讲座与报告都是围绕学术研究展开，很少围绕教学进行，这样也难以彰显其教学主体性，教学活动与教师主体发展活动形式的单一化、片面化以及形式化，自然而然会阻碍大学教师发展的主体性的有效实现。

再次，大学教师主体发展的主体间的交往缺乏。大学教师的发展离不开主体间的相互交往与合作，只有通过教师主体间的交流与合作交往才能促成其主体性发展。但是大学教师的合作发展困难重重，由于大学教师群体之间存在着评职称的竞争、申报课题的竞争以及发表论文的竞争等方面的利益冲突，致使教师之间不愿意交流研究心得，不愿意去合作与交往，以免成果率先被他人发表而对自身不利，特别是在人文社会科学领域的大学教师，发表论文文章等都是自己做自己的，很难有合作文章、论著等，而理工科、自然科学大多数是团队合作共同发表研究成果。这就会导致大学教师的团队合作与交往缺失，特别是在人文科学领域。教师的自我封闭以及相互间合作交往的缺乏，加上大学管理部门采用的是量化的、指标化的、体系化的、表格化的考核与评价教师合格与否、优良与否的尺度，导致教师间主体性的交往互动、通力合作缺失，教师主体间的交往与互动的愿景与目标被遗忘而使他们的交往的意愿与空间被削弱。这也是大学教师主体地位与中心地位下滑，没有得到足够彰显的原因之一。

最后，大学教师教育精神的滑落。教育精神是教育的核心，是教育的灵魂，也是教育的本真，更是教育的终极价值。教师作为教育者，更需要有教育精神，只有具备教育精神，教师才会把教育当作一项神圣的事业去做，好好地教书育人、培育人才，真正地为"为党育人、为国育才"的伟大事业而鞠躬尽瘁。作为对在大学学习的未来社会精英的大学生而言，则更加需要大学教师有教育精神，把教育当作一项伟大的事业去热爱，让作为学习者的学生有精神的港湾与依托，从而致力于未来的人生生涯的学业与职业规划中。大学教育被功利主义、实用主义、物质主义以及职业主义等所浸染，使得大学为了迎合世俗社会需要，而忘却了自己的教育宗旨，大学教师也逐渐淡漠了教师应有的教育精神，如探究学术、传播真理、传承学问、教真育爱等。教师为了迎合功利化、实用化与物质化的需要而一味从事校外顾问、校外企业等各类兼职事务，疏忽了教师本身具有的教育使命，使其教育精神被漠然。为了更好地彰显大学教育的神圣，凸显大学教育的灵性，施展好大学教育的智慧，让大学这一生命体更具有活力，大学这一学术组织必然需要彰显大学的教育精神以及大学教师的教育精神，加强大学人文教育，以期更好地促进人的全面发展。

（四）人文价值观的缺失

"关心人的本身，应当始终成为一切技术上奋斗的主要目标。关心怎样组织人的劳动和产品分配这样一些尚未解决的重大问题，用以保证我们科学思想感情的成果会造福于人类，而不致成为祸害。"[①] 正如科学家爱因斯坦所言说的那样，科学要造福于人类，要关注人的本身，而不能被技术化、功利化的科学所吞噬着人的本性，使人性泯灭。作为科学技术与文化知识传播主力军的大学，同样也要关注人的本身，让大学的科学研究与社会服务造福于人类，使人类的人性得以升华与全面发展。因为大学本来就是探索高深学问、追求真理、弘扬人性的场所，大学被冠以并赋予神圣的人文形象。但是当代大学在忙于教学、科研与服务社会的工作的同时，乏于关注人的价值、乏于传播大学人文理想与人文精神，致使大学人文价值

---

① ［德］阿尔伯特·爱因斯坦. 要使科学造福于人类［C］//张泉君. 著名教育家演讲鉴赏. 济南：山东人民出版社，1995：203.

观缺失。这已经是一个不争的事实，也成了高校的一个普遍性的问题。这种大学人文价值观的缺失主要表现在以下两方面。

其一，学术资本主义的冲击。大学作为高深学问探究的场所，追求真理，"为知识而知识"等理念本应该成为其追求的核心要义，但在强调大学要服务社会的背景下，大学越来越强调要服务市场、走向市场，所以知识的追求便与市场相挂钩，知识走向市场，知识市场化成了一种普遍现象。例如，大学生学习知识是基于"我学这种知识到底有没有用""我学了这种知识有多少用"等问题来学习，导致很多人文知识的荒芜；教师传授知识也是与社会及市场契合度相挂钩，否则那些被叫作"无用的知识"将不再成为大学课堂与学习及探究的主旋律。大学发展知识不是为着真理，探求知识不是为着真理，发展新知识不是为着真理，探求新知识也并非为着真理，真理的目标在大学知识传承与创生的过程中似乎不显得那么重要了，而是一味地着眼于大学知识的传承与创新是否有利于市场利益与社会的实际利益，所以学术资本主义在大学也得以盛行。这种学术资本主义在大学的盛行也必然给大学人文教育带来冲击与影响，大学的人文价值观也会因此受到冲击与影响，进而导致人文价值观在大学沦丧。

其二，大学学术功能的技术化的影响。学术是大学安身立命的根本，"为学术而学术"是大学应有的功能，但是大学的学术功能演变成了技能的训练场地，成了职业训练的训练场。学生来大学求学问是，大多数是为了获得一技之长，为未来谋生作准备，知识信仰与学术信仰缺失，大学生把知识当作谋生的手段与工具，使得知识工具化、技术化，而难以掌握知识除其功用价值之外的人文意蕴。大学教师则把大学当成了知识与技能技术的容器，按照社会需要与市场需求及职业角色来为大学生传播知识，给学生传授的只能是技能与技术知识，知识的人文蕴含被漠视。这也是大学人文价值观缺失的原因所在。

二、大学人的自由的束缚

与自由联系在一起的，有自由的思想、自由的思考、自由的探究、自由的演讲、自由的出版、自由的发表……这些主要发生在大学或科研院所，且是与人有关的自由的学术活动。自由可谓天然地与大学联系在一起，不管是中世纪的大学，还是现代的多元化巨型大学，自由与大学相伴相随。自由作为大学的核心要素是不可或缺的，因为大学是探究高深学问的场所，是进行人才培养、科学研究、社会服务、国际交流合作以及文化的传承与创新的事业的主阵地，而这些工作离不开大学自由的氛围与环境。正如张楚廷先生一针见血地指出的那样，"大学的自由与独立，固然是大学的需要，但首先是国家的需要"[1]。大学只有拥有了相对的自由，大学人才能更好地进行自由的思想、自由的思考、自由的探究、自由的演讲、自由的出版、自由的发表等学术活动，才能更好地推动大学从事教学、科研、服务社会、国际交流合作和文化传承与创新的工作，助推社会的进步与发展。因此，国家需要给予大学自由，大学失去了自由，就不会成为有生命力的大学。

但是在多元化巨型大学的今天，国家用各种行政手段来管理大学，学位点审批、学科点申报等都由政府来主导，导致大学为了获得国家与政府更多的支持与赞助不得不迎合国家的行政审批的需要，进行项目申报、学术研究，这冲击着大学的学术自由与教育自由，由此造成了大学的学术自由的失落以及教育自由的失落。因为大学里的自由主要是以教育自由与学术自由两大基本形式而存在，一旦学术自由与教育自由在大学中缺失，则意味着大学的自由教育也会式微。

三、学术自由的限制性

（一）学术自由的要义——高深知识之根[2]

学术性是大学作为学术组织最为根本的属性，大学的学术发展自然而然离不开自由的学术环境与自治的学术制度。学术自由与自治也是学术繁荣发展的根本，唯有学术自由与自治，大学才能基业长青，大学的学术也

---

[1] 张家. 大学的自由与独立：首先是国家的需要——兼论对自由的误读 [J]. 大学教育科学，2008（4）：111.

[2] 曾维华，王云兰，刘洪翔. 作为高深知识的高等教育 [J]. 黑龙江高教研究，2016（10）：27-31.

才能基业长青。学术自由作为经典的大学理念之一，无论是在中世纪大学，还是在今天的多元化巨型大学，都是大学始终坚守并秉承的办学治校理念。学问的高深性是大学学术的根本性特征，高深学问的学术探究自然也离不开学术自由，唯有学术自由，才能给大学高深知识的探究工作创造良好的学术环境，大学唯有创造、营建良好的学术自由环境，才能给大学的高深知识与高深学问的探究工作带来旺盛的生命力。

大学作为学术探究的场所，高深知识作为学术探究的对象，大学也就成了探究高深知识的场所，它所秉承的是对高深知识的自由探究与传播、发现、整合与应用。高深知识的获得离不开学术自由，学术自由是大学作为高深知识的学术性组织的制度性保障，作为存在于大学学术组织中的高深知识，决定着大学需要自由的学术生态环境，也意味着大学机构需要创建有利于大学学术自由的组织制度。大学的知识探索、知识生产以及知识的应用的无限性则越能得到强有力的显现与发挥。因此，坚守学术自由，也是大学传播、发现、探究、生产、整合及应用知识的根本。

学术自由作为大学产生、传播、应用与整合高深知识的根本保障，学术自由制度也是大学高深知识组织的制度根基。那么应该如何来保障大学的学术自由，以促进大学高深知识的创造活动呢？

其一，彰显学术权力，弱化行政权力。大学主要存在着学术权力与行政权力两大权力系统。随着大学机构的庞杂、事务的繁杂，存在于大学中的两大权力系统出现了失衡现象，即行政权力处于强势地位，而学术权力处于弱势地位。为了保证学术自由权的合理发挥与运行，则势必需要彰显学术权力，弱化行政权力。因为"学术是大学的重心，行政存在的合理性来源于学术，它是服务性质的。因此，学术发展的状况如何是衡量学校行政机构有效性运行的主要尺度"[1]。高深知识是学术的根本性特征，高深知识的维护与传承也需要大学学术权力的大力彰显，学术权力的彰显也是学术自由得以最大限度地落实与扎根的体现。

其二，建立学术自治制度，落实大学组织自治权。大学作为以学术研

---

[1] 曾维华，王云兰，刘洪翔. 大学内部两种权力的共存、失衡与制衡[J]. 当代教育科学，2016（1）：7.

究为己任的学术组织，教师的学术自治权需要得到合理而有效的保障，教师的学术自由才能充分尽显，高深知识的传承、创新与发展才能有良好的制度保障。"所谓学术自治，是指大学作为一个法人团体，享有不受国家、教会及其他任何法人机构控制或干预的自由。其核心在于大学能够独立自主地处理大学内部事务，不受其他因素干扰。"[1] 学术自治要求大学教师充分地享有自由学术权，作为学术组织的团体对自身学术事务享有学术自治权，而不受外界非学术性力量的干预、干涉与控制。同时建立学术自治制度的保障机制，也是落实大学自治权的题中之义。

其三，坚守学术责任。高深知识的探究工作是需要建立在学术自由与学术自治的基础之上的，高深知识的探究也需要学术责任的坚守。在高深知识的追求中，不能违背法律原则与道德底线，需要在学术伦理、法律原则、道德底线基础之上进行。高深知识的探究不能损害国家利益，不能违背国家法律，需要坚守其学术责任。"与学术自由互为补充和对应的是学术责任。但后者却鲜为人用。在我们这样的民主社会里，这二者被视为一个硬币的两面。"[2]学术自由与学术责任是紧密相连的，是大学的一体两面，学术自由意味着要坚守学术责任，学术责任的坚守也意味着学术自由不会自我丢失。

学术自由与大学自治，是近现代大学里最珍爱的学术理念，也是大学里经典的、核心的学术理念与学术制度。建设现代大学制度的根本就在于学术自由的彰显与维护以及大学自治的扎根与落实。学术自由也是大学的学术品格与学术精神，更是学术研究人员的基本权利，大学教师作为大学学术研究的主力军，在内外因素的交错影响之下受到了一定程度的限制，导致教师学术自由缺失或缺乏。

(二) 外部层面：社会、政府政治力量的过度干预

现代大学制度主要涉及大学与社会、大学与政府，以及大学内部之间的关系，学术自由的限制与规约也不例外地受到社会、政府以及大学内部之间的各种力量的影响。美国高等教育学者约翰·S. 布鲁贝克在《高等

---

[1] 曾维华，王云兰. 浅议大学内部学术治理[J]淮南师范学院学报，2010 (1)：145.
[2] [美]唐纳德·肯尼迪. 学术责任[M]. 阎凤桥，等译. 北京：新华出版社，2002：4.

教育哲学》一书中认为"在大学里,大学教师可以评判社会思想制度,并就社会思想制度保持自己的立场与喜好,这是大学教师的自由权,任何人无法干预"①。也就是说大学教师的学术自由只要在学术研究与学术言论的范围之内,外界政府与社会就要给予大学教师学术自由,教师的学术自由权如若超出其限制性的范围,并且有学术自由权以外的行动,那么外界政府与社会就要限制、规约大学教师的学术自由。

学术自由显然不是绝对的,而是有其限度的。但是社会与政府,不能过度地干预大学教师的学术自由权,以免教师无法进行自由的研究与教学,被外界力量所左右。政府与社会为了更好地产生经济与政治价值,让高校的研究成果能更快地投入生产,服务企事业单位,而将大量的财政、人力、物力投入到能产生当下功效的科研项目与科技研发,教师本该可以心无旁骛地从事自己具有长远理论意义与长远功效价值的科学研究工作,但为了迎合政府与社会的决策、规划以及需要,大学教师不得不放下手头的研究工作,而去忙着应付政府与社会的科技攻关、研发项目等,这从某种意义上影响甚至是冲击了教师学术研究的选择权,从而影响并冲击着教师的学术自由及其学术自由权。

(三) 内部层面:管理体制上的限制

"学术自由不仅会受到政府的威胁,还会受到学术组织本身的威胁,这些组织一开始有一种特定的观点,然后就倾向于压制其他观点的兴起。"② 即大学教师的学术自由除来自政府与社会方面的干预外,还有大学组织自身的干预,特别是行政管理与行政管理体制上的干预。主要体现在学术管理体制与教育经费管理模式两方面。

第一,在学术管理体制上,我国高等学校对大学教师的管理体制实行的是"教师聘任制"。教师聘任制的实行有利也有弊,实行教师聘任制是为了更好地激发教师在教学与科研工作中责任心与使命感,是为了更好地

---

① [美] 约翰·S. 布鲁贝克. 高等教育哲学 [M]. 王承绪, 等译. 杭州:浙江教育出版社, 2001:53.
② WILSON L. The Academic Man: A Study in The Sociology of a Profession [M]. New Brunswish: New Jersey, 1995:114.

避免教师岗位"一评定终身"的不良现象,也可以更好地激发大学教师教育教学能力的主动性与积极性,让教师更好地投入教学与科研工作,为大学的学术工作与事业发展积极主动贡献。但是实行教师聘任制也会给大学教师的发展带来不利的影响,一方面,教师聘任制打破了教师职位终身制的壁垒,凭借晋升上岗,这意味着教师需要按照教学特别是科研成果来上岗,教师职位聘期又非常短,一般是三年或五年,时间短必然会导致教师的学术研究工作急于求成而没有作出有质量有水准的科研成果,有些甚至出现了学术腐败现象。另一方面,现代化的学科越来越走向融合与交叉,这就需要学术研究的合作才能更好地实现科学研究的更好的成果,所以加强学术团队建设,形成学术团队与学术合作的精神已经成为学术研究工作的趋势所在。因为学术团队的合作能够打破学科"独断专行"的壁垒,实现学科间的融合与交叉,让学术有更大的新成果与生命力。而实行教师聘任制意味着教师之间有竞争上岗的压力,有竞争关系,有利益关系,教师之间为了自身利益的考量,很难产生学术合作,教师相互间的合作被物质利益所取代,难以形成团结合作、真诚协作、精诚互助的学术团队。

第二,在教育经费管理模式上。我国大学教育经费的来源渠道主要包括三种途径:一是国家政府的拨款,二是学生所交纳的学费,三是大学自己通过各种途径而筹得的款项资金。来自国家拨款的大学经费来源对大学教师的学术自由权的限制与制约是最大的,因为国家拨款就意味着会带着国家与政府的意志来把经费拨给大学,大学需要按照国家与政府的利益与意志进行学术研究工作,大学或大学教师会受到国家与政府的各种限制条件,从而导致大学或大学教师的学术自由权受到制约与限制。"教学和科研在成为完全自治的活动或受到严厉监督的时候,它们都会受到损害。"[1]筹款方以及学术方的经费制约着大学教师的学术自由,同时大学的筹款与学生自己所交纳的学费也影响并制约着大学教师的学术自由权,但限制与制约性强度没有国家拨款那么大。

---

[1] [加]约翰·范德格拉夫,等.学术权力——七国高等教育管理体制比较[M].王承绪,等译.杭州:浙江教育出版社,2001:182.

四、自由教育的缺失

自由教育是使人获得思维、理性、审美能力的一种教育，技术教育只会使人只掌握技术而不懂技术的人文性，只有技术缺乏人文的技术教育是不完整的教育。英国哲学家、教育家怀特海在其《教育的目的》一书中就专章论述了技术教育与科学、文学，技术教育与自由教育的关系。他说"把技术教育和自由教育对立起来是错误的。没有自由的技术教育不可能完美，没有技术的自由教育不可能令人满意。也就是说，所有的教育都是同时传授技术和智慧。用更通俗的话来说，教育应该培养学生既能充分了解，又能善于行动"[1]。大学教育应守护自由教育，因为自由教育能够使人更加通达，能够提升人的灵魂，即大学自由教育可以灵魂化育。但是当今我国的大学自由教育遭遇了缺失的困境。大学自由教育被技术化、实用化、功利化与职业化的大学所侵蚀而被消弭。

纵观整个大学发展的历史，无论是在古希腊时期自柏拉图创办的学园时代的高等教育，还是到诞生于中世纪的真正意义上的大学，或是到如今的多元化巨型大学，都始终将自由教育贯穿大学发展的始终，只是随着时代的发展，自由教育演化成当今的以通识教育与人文素质教育为形式，但是通识教育与人文教育的核心思想与核心理念还是依旧存在于自由教育体系中，自由教育依旧是大学的灵魂。因而自由教育始终是贯穿于整个大学的人才培养体系当中，教师与学生不受外界的干预自由地进行学问探讨与研究，学校办学自主权、教师与学生的教育自由都得到了淋漓尽致的发挥与践行。但到了现当代大学，功利主义、专业主义、职业主义、实用主义等在大学教育中盛行起来，教师的教学与科研工作更青睐于市场需要与社会需要，难以关注与人文研究相关性的教学科研工作，导致如人文社科与原理性的研究遭遇弱化，学生的专业学习也是迎合市场与社会的需要，功利主义、实用主义等也伴随着大学生的专业学习，造成了人文精神的式微与大学人的自由的遮蔽以及人文教育的边缘化。

---

[1] [英] 怀特海. 教育的目的 [M]. 庄莲平，王立中，译. 上海：文汇出版社，2002：65.

第三章

大学人文教育的价值诉求

　　大学教育的价值取向在于不断地朝着发现人、成全人、解放人进而达致人的全面发展的目标行进，大学教育要始终体现着人在教育中的本体地位，让教育真正成为实现人的全面发展的一项神圣的事业。而大学人文教育在大学教育的发现人与解放人的伟大事业中起着举足轻重的作用，大学人文教育与人的全面发展指涉人性的完整、关注健全人的培育、关注人的自由与通达，大学的人文教育与人的全面发展是对大学教育本身的一种超越，是对人与大学的超越性的一种哲学思考，更是对大学教育的一种实践形态，大学人文教育最终的旨归是"成人"，成教师之"人"，也成学生之"人"，即促成人自由而充分的全面发展。大学教育事业原本是一项"成人"的事业，因为大学的根本使命在于培养人，培养人是要将人培养成为更为智慧、更为通达与健全的人，智慧、通达与健全之人的达成需要大学的人文教育，这也便是大学人文教育的目的，即让人成为"人"，成为"自由人"。为了更好地彰显大学教育的神圣，凸显大学教育的灵性，施展好大学教育的智慧，让大学这一生命体更具有活力，大学这一学术组织则必然需要彰显大学人文教育，以实现人的全面发展的大学人才培养的目标。

　　当代大学人文教育遭遇着诸多困境，大学人文教育的式微是其困境之一，主要表现在功利主义对大学人文教育的排斥，人文学科与人文课程在大学课程中的中心地位的下降以及科学教育与人文教育的失衡三个方面；困境之二是大学人文精神的失落，主要体现在工具理性与狭隘的功利教育观念、大学精神的失落与信仰教育的偏离三个方面；第三个困境是大学人的自由的遮蔽，主要在于大学人的主体地位的滑落与大学的自由的束缚两个方面。当代大学人文教育遭遇了这些困境，这些困境的遭遇也给大学教育发现人、成全人、解放人进而促成人的全面发展的目标带来了阻力，大学人文教育为什么能达致人的全面发展？大学人文教育为什么能让人走向自由、走向智慧、走向整全？大学人文教育为什么能提升、拓展人的灵性，使人具有灵性智慧，从而达到富有个性而又充分全面发展的人？诸如此类的问题，本章将进行分析与阐述，这也是大学人文教育本该有的价值诉求之所在。

第一节 人文教育能使人摆脱无知与无能

一、知识的性质

知识问题是教育学领域里经典问题，同样也是课程教学改革领域里需要面对的现实的、实际的问题，任何教育教学与课程的改革都无法回避知识问题。对于知识的定义、概念、结构、性质等问题的回答，事关人们对教育理念与教学行为的理解与关注。对教育中任何问题的探讨与考察，都绕不开有关知识问题的探究，比如，关于知识概念的界定，关于知识来源的考证，对知识的本质与性质的探究，等等，这些都是对知识的性质的追问的表达。

（一）教育场域中的知识概念

知识的概念界定可以从社会学、哲学、科学学、教育学等学科领域进行界定。本书主要从教育场域中来理解知识的概念、性质与教育价值等问题，因为知识是教育中的一个重要的概念，也是教育中的核心概念，教育学是关注人的学科，任何教育问题都要围绕着人而展开，离开了人，教育学就成了"空壳"的学科，知识的概念、价值、性质等问题也便构成了教育的核心问题。知识的概念、价值、性质等属性问题关系到学校教育中的教学改革、教学实施、教学评价与教学评估，关系到课程如何改革、课程如何开发、课程如何设计、课程如何实施以及如何评价等问题，对知识的概念、性质、特点、价值与属性等方面的认识与开发、创造，对学校教育育人价值的实现具有重要的作用，认识不当则会阻碍学校教育的育人价值的实现与达成。

以哲学立场为视角对知识的定义，着重是以物质与意识、实践与认识的关系层面来界定的，这种界定路径为人们理解知识的来源提供了依据与方法，指明了方向，也为人们理解知识提供了具有普遍意义的世界观和方法论。依据这样的知识定义，我们可以知道主要有两种界定，一是认为"知识是人类认识的成果，又经过实践检验地对客观实际的反映"[1]。二是认为"知识是客观事物的属性与联系的反映，是客观事物在人脑中的主观映像"[2]。

科学学领域将知识划分成为经验知识（后验知识）与先验知识（非经验知识）两大块，构成知识的三大要件即信念的条件、真的条件以及可证实的条件，也就是说知识是经过了人们证实了的真的信念。因而信念也就成了知识的必要而非充分条件，信念是知识的主体因素，没有信念，也就没有知识，知识必然是信念，信念却未必是知识，知识是信念中的一种，信念必须是经过证实了的真的信念方能成为知识。因而知识是经过了证实的真的信念。也就是说作为科学立场中的知识是经过证实了的真实的信念，这种信念具有普遍性与真实性、客观性的特征，在构成知识的信念及其对象之间具备一致性、真实性，促成了知识的价值中立性、普遍性与客观性的特质。这是科学学场域中对知识概念的界定。

哲学场域中的知识界定与科学学场域中对知识的界定，都缺乏对教育场域中知识的特性、性质与属性的观照，也缺乏对教育中的人的观照。"从生命立场、过程取向和价值关怀的角度看，教育中的知识，是基于前人的认识成果，通过师生互动而产生的新的意义系统。"[3] 也就是说作为在

---

[1] 中国大百科全书出版社编辑部. 中国大百科全书：哲学Ⅱ [M]. 北京：中国大百科全书出版社，1987：1169.

[2] 中国大百科全书出版社编辑部. 中国大百科全书：教育 [M]. 北京：中国大百科全书出版社，1985：525.

[3] 郭元祥. 知识的教育学立场 [J]. 教育研究与实验，2009 (5)：4.

教育场域中的教育知识是关注知识的来源问题,关注知识的性质与属性问题,关注作为知识学习者的特性与需要问题,从知识学习者的接受知识的实际需要出发,关注学生的发展,主张通过师生互动来达成知识的意义的系统生成,以学生的发展与生命成长为出发点与落脚点,教育场域中的知识不离开具体的学生,以学生发展为中心,关注学生的成长与发展。教育场域中的知识以人或学生的立场,人的或学生发展的立场来考察知识的内涵性定义,从学生的主体性、学生的生命性、学生的生成过程以及知识的价值作用及其意义三个层面来考察知识的内涵性意义,这也恰好迎合了教育研究与教育实践的着实点与特性要求。所以说在教育中的知识界定可以概括成,所谓"教育中的知识,是基于前人的认识成果,根据学生身心成长的需要,经由筛选、改造、简化等活动,并通过师生互动而产生的一种促进学生发展的新的意义系统"[1]。

(二) 教育场域中的知识结构

哲学场域中的知识结构与教育场域中的知识结构是不相同的,教育场域中的知识结构也不同于科学学场域中的知识结构,教育场域中有着其独有的知识结构,教育场域中的知识功能与知识性质被这种独有的知识结构所决定着,知识的教育价值也被其所决定着。华中师范大学郭元祥教授在《知识的性质、结构与深度教学》[2]一文中提出了教育场域中的知识结构从内在构成上看,由表层到中层再到最高层,分为三大基本结构,也就是包括知识的符号表征、知识的逻辑形式以及知识的意义三大结构体系。知识的符号表征意味着任何一类知识都是以一定的符号形式而存在着的,并呈现在人们面前,符号是表层化的,是外显于人们的视野的,人们所能直接感知到的是知识的符号,通过符号而去感知知识的存在;知识的逻辑形式意味着人们是依凭知识的逻辑形式与逻辑存在来认识世界、感知世界,从而掌握认识世界与改造世界的方式、方法与途径。人们对世界的认知与体认的方法是由知识的逻辑形式所来反映并体现的,知识的意义则意味着知识由符号的表征到知识的意义生成,这时的知识就具备了其特有的内

---

[1] 伍远岳. 知识获得及其标准研究 [D]. 武汉:华中师范大学,2015:48.
[2] 郭元祥. 知识的性质、结构与深度教学 [J]. 课程·教材·教法,2009 (11):17-23.

涵、性质与意义。知识的意义是知识的最高层,所体现的是知识的思想、知识的品格、知识的意蕴与意涵,并通过这些来提升人们的思想境界、锻造人们的情操、提高人们认识世界与改造世界的能力与水平,从而展现出知识的应有的教育价值,即教人通过知识的意义来学会认识世界、体悟世界、认知世界并改造世界,因为"意义是知识的内核,是内隐于符号的规律系统和价值系统"[①]。

作为教育场域中三大知识基本结构的符号表征、逻辑形式以及意义之间的辩证关系,主要表现在它们三者之间是既相互区别又有着相互联系的统一体,从而更好地实现知识的教育性质与教育功能,以更好地达成知识的教育价值。

这三者之间的区别主要体现在:其一,符号表征是外化的知识符号,人们最先感知到的是知识的符号,通过知识的符号来分析、推论并体悟知识的逻辑形式与意义。其二,三者之间具有各自特殊的作用、功能与价值所在。人们通过符号表征的学习能够培养其认知能力;人们通过知识意义的学习来培养其思维与能力,并得到良好而有效的发展;人们探究并且寻获知识的意义,由知识意义的生成渠道而能够掌握到知识的思想、知识的品格、知识的意蕴与意涵,从而促进其自我生命主体性与自觉性及自主性的发展,进而达成其个性养成,成为一个更加高大的"我",更加智慧的"我",更加通达的"我",更加自由的"我",更加健全与完满的"我"。

这三者之间的联系主要表现在:其一,这三个层次的知识结构都是来源于知识本身的,并且隐含在知识体系之中,扎根于知识的本身之中,这三大结构之间相互联系、相互依存,由表层到中层再到最高层次的知识体系架构,三者之间并非截然分开与对立的,而是存在于知识体系与知识结构的架构之中。其二,人们对知识的逻辑形式与知识意义的把控与获取是需要通过知识的符号表征才能发现与寻获的,它们是层层递进的知识结构体系。人们不可能直接寻获到知识的逻辑形式及其意义,譬如,人对知识的思想、知识的品格、知识的意蕴以及人对知识的思维与能力的发展不能直接获取,但是人们可以通过知识的符号表征来寻思知识的思想,探究知

---

① 郭元祥. 知识的性质、结构与深度教学[J]. 课程·教材·教法, 2009 (11): 21.

识所具有的品格，挖掘知识所具有的意蕴，进而寻求知识的逻辑形式及掌握知识的意义生成。只有了解知识的表征符号，才能更进一步发现知识存在的逻辑形式与逻辑样态，从而让知识的逻辑形式与逻辑样态得以形成和锻造，进而更进一步让知识的意义得以生成，所以从这种意义上说知识的符号表征是连接知识的逻辑形式以及知识的意义而生成的"梯子"。

(三) 教育场域中的知识性质

教育场域中的知识是通过人的意义和主体交往的互动与交流的过程，是可以被探索，可以被分析，可以被切磋的事物，是在前人的认识成果的基础之上，通过师生之间的互动，通过知识的符号表征与逻辑形式，产生的意义生成的系统。它所体现的是教师、学生、课程实施与制定者以及教学的评价与实施等之间的互动的关系生成，所体现的是人的生命的主体性与发展性，因此教育场域中的知识性质有别于哲学场域中的知识性质，也有别于科学学场域中的知识性质。教育场域中的知识性质主要表现在以下三方面。

1. 发展性与未完成性

知识在每一个阶段都有其特点，知识并不是固定不变的。随着时间的推移，知识的发展具有其不确定性，教育知识的发展性在于发展人们认知的能力、判断的能力、选择的能力、理解的能力、批判的能力以及行动智慧的能力，让人们通过知识的发展不断掌握更多的新的知识体系，用有价值的方式方法去思考问题，促进人们的智识成长，从而达致知性与理性，促成人们过上完满与幸福的生活。教育知识的目的就在于促进人的心智的成熟、人格的健全与人性的完满，以促进、促成人的发展为旨归，以张扬人的生命性与主体性、发展人的可发展性为依归。教育知识的未完成性是指教育知识并不是处于完成了的状态，教育知识会随着教育的发展而发展成新的教育知识，教育知识永远处于一个不断地发展的状态，永远是在一个未完成的状态中，在这个时期完成了知识的转换与更新，但在另一个时期是一个新的未完成的状态，所以教育知识永远是处于一个未完成的状态之中，只有在未完成的状态中，教育知识才会实现一个又一个新的突破，推动知识的前进，否则若是完成的教育知识，那人类的教育知识将会停滞不前，人类也就无法取得进步与进展。教育知识的未完成性才能更好地发展人，促进人的发展、进步与成长。

2. 公共性与个体性

教育知识是在人类已有的知识与认知成果的基础之上形成的知识内容与知识体系，离开了前人的知识成果，人类的知识就无法承继与发展，更无法创新与创生，因为任何知识都要站在已有知识的"肩膀上"对其进行创新与创生，否则将无法进行知识的传承与创新。作为人类的教育知识，这是具有公共性的知识，这种知识属于人类所持有、所共有，这类知识是具有普遍性与公共性的，每个人，每个个体都可以从中汲取知识的养分，获得知识增长，为自身的成长与发展奠定基础，这类教育知识是具有普适性的价值的。

我们不可否认，教育知识在教育教学实践中的主导性与主导地位无法被抹杀，并且其主导地位依然并始终存在着，但是作为公共性与普遍性的教育知识依然渗透着其个体性与个人性。一方面，不同的人、不同的个体对知识的理解也不一样，知识的体验也是因每个人而异，所以对知识的体验每个个体也是不一样的，使得知识学习具有鲜明的个性特征。同样，知识的获得也具有其鲜明的个性特征，不同的人，知识会以不同的方式、样态存在于每个个体之中，每个人都会基于自身的经验与已有的知识基础去感悟、体验、体认、理解知识，进而形成了对知识的不同认识，这样，知识便呈现了个体性的特征。另一方面，教育知识的个体性对教育知识来说，更加凸显了个体的发展性、能动性、主动性与建构性等特质。教育者依据复杂的教育情境，根据受教育者的个体差异，依凭自身的知识积累与个体生活经验，合理地使用教育资源，建构好教育知识，将教育知识传授给受教育者个体，让受教育者自身汲取并建构好属于自己的教育知识。因为教育知识是在教育实践中更加地让知识的个体性与个人性得以彰显，教育知识的个体性是影响教育实践的主导力量，只有具有了个体性的教育知识，才能让每个个体从公共性与大众性的教育知识中获取属于每个个体的知识，进而促进公共性的教育知识转化成为属于自己的自身性知识，促进公共性与共有性的教育知识转化成个体性与个人性的教育知识。

3. 生命性与人文性

教育知识需要与人的精神、情感、生命相耦合。教育知识与人的生命相契合，教育知识对人的生命的观照，方可体现教育知识不但具有物性的特征，同时也具有其生命性、精神性以及人文性的特征，教育知识也只有通过物性、神性与生命性及人文性相共生，才能彰显出教育知识的教育价值。教育学是人学，这是教育学界的呼吁并成了一种共识，人是教育知识的出发点，也是教育知识的逻辑归宿，这是教育理论与教育实践所要倡导与实现的。教育原本就是一项生命性、精神性、人文性的事业，这就要求教育知识需要体现出生命性、精神性与人文性，教育知识除了其科学性、现实性之外，要摆脱其现实性的桎梏，要回归教育的生命属性与人文底蕴，从而关注人、尊重人、理解人、关怀人；教育知识要摆脱工具主义的藩篱，超越功利主义与实用主义，引导人对人的生命意义与价值的追求，并实现人的生命意义与生命价值，引导人实现自我的生命价值与理想追求，是教育的信仰，也是教育对人的生命与人文性应有的信仰观照。教育知识的出发点与落脚点在于彰显并显明教育知识的生命性与人文性的特质，同时教育知识的生命性与人文性也是教育知识应有的价值追求，教育知识的生命性与人文性也更加衬托出了教育知识的教育价值所在，通过这种生命意义的实现与对人的人文价值的关怀，才能更好地在教育过程中充分体现教育对人的生命的锻造，对人的发展的形塑，对人的意义的生成……这些都是教育知识所具有的生命性与人文性的彰显与衬托。因为"教育过程首先是一个精神成长过程，然后才成为科学获知过程的一部分"[①]。雅斯贝尔斯的这句经典名言也为教育知识的生命性与人文性价值追求给予了一个有力而充分的注解。

二、知识的教育立场

所谓立场就是指人们思考问题、明辨问题与处理问题、解决问题时所持有的观点、态度、行动取向，以及所拥有的场域与位置关系。同理，所

[①] [德] 卡尔·雅斯贝尔斯. 什么是教育 [M]. 邹进, 译. 北京：生活·读书·新知三联书店, 1991：30.

谓教育立场就是指人们思考教育问题、明辨教育问题与处理教育问题、解决教育问题时所持有的观点、态度与行动取向，以及所拥有的场域与位置关系。一切教育活动的出发点和依据在于教育立场，教育立场不同，则教育活动的取向与选择向度不一样，不一样的教育立场便有着不一样的教育活动的取舍点。知识是教育活动的核心要素，也是教育活动的质素，如果缺失了知识，也就意味着教育活动没有教育性，教育活动没有了知识性，这也就意味着教育活动成了空洞无物之物，失去了知识要素的教育活动就失去了教育的本真，所以知识属性与教育立场二者之间的关系密不可分。因为不同的教育立场，有着不一样的教育论，不一样的教育论，就会有着不一样的教育知识取向与属性。在不同的时期，人们所持有的知识不同，所持有的对知识的态度、观念以及位置关系不同，便会拥有不同的教育立场。

（一）古代教育知识：以政治立场为主的教育立场

教育的政治立场在古时期的中国与希腊都得到了良好的体现，在古代，教育者传授知识与受教育者接受知识都是围绕着政治而进行的，教育者为政治而传播知识、传播文明，而受教育者也为政治而吸收知识与接受文明的传扬。这个时期的教育知识兼具了政治属性，教育立场则站在政治立场上。

古代中国的教育知识以儒家学说为主，儒家学说强调的是仁政，重视授业教师传授"四书""五经"，而来此接受学习的学习者都是学习"四书""五经"，为施政者的仁政服务。古代特别是在春秋战国时期的诸子百家都是主张"学而优则仕""尚贤"等施政的仁政、贤能治国的教育理念，很多受业者都是奔着仕途的目的读书学习，通过学识的优劣来做官。科举考试制度便是一个通过读书学习来选拔国家官吏的典型的选官制度，科举考试制度史也是我国的一部选拔官吏的历史。科举制度与科举时期的政治、教育、文化紧密地关联在一起，将封建国家的知识教育与政治统治紧密地依附在一起，通过"四书""五经"的传道与学习，达到封建统治阶级的政治统治的目的。由于"学而优则仕"的影响，读书人来读书的目的不是为着"为学术而学术""为真理而真理"的学术信仰与知识信仰，而是为着功名利禄、为着做官、为着能有仕途的目的而来求学,科举考试因此而成了古代知识分子获取仕途之道的依凭门径,也成了知识分子获取功名利禄的通途。这种知识教育必然导致教育的畸形化,也就是这种教育知识的传承与弘扬完全成了为政治服务、为政治献身、为政治而教育的工具。这也是教育知识的政治立场主导价值,体现着教育立场的政治理性主义的取向。

众所周知,西方文明源自古希腊,古希腊这个神圣的地方被誉作西方文明的"摇篮"。最早的欧洲高等教育同样也是在古希腊诞生,当时是以学园(Academy)为高等教育形式。古希腊的教育以"希腊三贤"即以苏格拉底、柏拉图以及亚里士多德的学说为主要教育内容,他们的主要教育内容也是以如何为统治者的政治服务为目的,教育立场站在政治立场的高度上。这一时期的教育目的是培养城邦的良好的公民,培养公民忠诚于城邦,为城邦的执政地位出谋划策、贡献力量。古希腊的教育强调着由国家来控制教育,教育知识的传授出于政治的需要,培育国家治理与服务所需要的政治家、哲学家、军事家与学者、商人等。苏格拉底认为,"政治制度是教养人们的东西,高尚的政治制度教养出好人,低劣的政治制度则教养出坏人"[①]。苏格拉底提出"知识即美德"的思想理念,认为有好的知识才有好的教养,有好的教养才能更好地服从于国家政治建设的需要,苏格拉底强调教育知识的学习是为了获得"美德",而"美德"的学习是为了更好地服务于国家,也就是说苏格拉底主张教育就是服务于政治并依附于政治的,离开了政治,教育将不再存在。培育人、教养人的最终目的是为国家输送更多更好的从政人才。让他们能够更好地从政,维护国家政治与城邦国家,这也是苏格拉底典型的"专家治国论"的教育思想。柏拉图教育思想的典型特征是把教育同国家的政治命运紧密联结在一起,主张教育是国家的事业,教育应该由国家来举办,教育所要做的是为国家服务、为国家培养负责的统治人才。柏拉图把人分为三个等级,分别是作为统治者的哲学家,作为国家护卫者的军人与作为劳动阶层与农民阶层的劳动

[①] 柏拉图. 柏拉图《对话》七篇[M]. 戴子钦, 译. 沈阳: 辽宁教育出版社, 1998: 135.

者。哲学家是国家的最高统治者，象征着智慧和理性，国家应该由哲学王来统治；军人是国家的维护者、社会秩序的保卫者，象征着勇敢和意志；劳动者是处于劳动阶层的手工业者和农民，象征着节制。三个等级的人要各司其职，各安其位，共同维持着国家的正常运转。柏拉图在其《理想国》中阐明了其"理想国"的教育思想主张，倡导由哲学王来治理朝政，统治整个国家，因为哲学王更具有"善"的理念，能更好地用"善"的理念来治理国家，维护国家政治。亚里士多德则主张，"教育所要达到的目的既然为全邦所共同，则大家就该采取一致的教育方案。我们不应假想任何公民可私有其本身，我们毋宁认为任何公民都应为城邦所有"[1]。他的思想是把教育问题完全归结为政治问题，讨论城邦与教育的问题就是讨论国家与教育的问题，教育在城邦中处于中心而不可动摇的位置，教育对于城邦的建设与发展起着中流砥柱的作用，唯有教育才能将人引导向善，拥有着善德，也唯有教育才能实现城邦的长治久安、维护国家的政治统一，祛除霍乱，教育知识的学习与获得完全是为国家的政治需要，而几乎没有考虑为学术与文化发展的需要。

在古代的中国与希腊，教育知识的获得都是从政治角度来看待教育问题，这种教育知识以政治立场为主的教育立场具有政治理性主义的取向，这在当时的社会是具有进步与积极意义的，推动并促进了这个时代的政治与经济的进步与发展。

（二）现代教育知识：以经济立场为主的教育立场

古代的教育知识是以政治立场为主的教育立场，再也难以适应现代经济社会的发展，这就要求现代的教育知识需要转向，不是单纯地以政治为导向，而是要以经济发展为导向，以经济建设来助推教育知识的更新与发展，从而让教育知识为当下的经济建设服务。因为21世纪是知识经济的时代，这就必然要求现代教育知识的经济立场的导向。知识经济是依托知识生产和信息生产，并依凭知识和信息的生产、分配与使用的基础之上而产生的经济效益与功用的经济。知识经济体现着经济的知识性、技术性、

---

[1] 亚里士多德. 政治学 [M]. 吴寿彭, 译. 北京: 商务印书馆, 1965: 406.

信息性等具有知识属性的经济。它是以教育为中心、以知识传承与创新为基础的经济。

18世纪60年代工业经济时代来临，科学技术与知识生产需要通过教育转化为生产力，科学教育也就盛行起来，人文主义传统被科学主义所取代，致使人文教育开始式微，而科学教育成了工业经济时代的弄潮儿，自工业经济时代的到来，科学教育也就成了之后的主流，教育特别是科学教育成为经济发展最为不可缺少的重要环节，教育便成了为经济建设与发展的主旋律，特别是人力资本的提出与盛行，更要求教育要为经济服务。教育知识的学习成了知识经济的发动机与动力源，抓住了教育就意味着抓住了知识经济的根本。现代教育知识成了以经济立场为主的教育立场，而难以关注到人的发展、注重人性的张扬与彰显，这也势必导致教育知识学习的片面化与单一化，使得教育畸形化发育与发展。

在知识经济的大肆侵袭下，各种教育的不良现象在教育领域里存在着。教育公司在教育领域成了一种普遍存在的典型性的现象。当今很多大学都开办了各种教育培训机构，开办教育公司，挂着教育的牌子，却做着与教育真正要做的培养人、发展人的宗旨相违背的事情，大部分教育公司唯利是图，迎合职业需求与市场导向，而开设各种职业培训、职业训练。大学教育虽然也要进行职业教育，培养学生的职业技能与能力，但不能过于注重职业性培训与训练，因为大学除了职业培训的目的外，还有着更为根本的目的——培养人、发展人，培养人性与发展人性，让人更加通达与健全，而不是成为一位只懂得技术，只会技术操作的职业人或技术人。所以才有美国高等教育专家亚伯拉罕·弗莱克斯纳大学不能盲目跟风，而是需要遗世独立的呐喊。[①]

在知识经济的大肆侵袭下，学术资本主义也席卷着整个大学教育。学术资本主义是一种以市场导向为主的知识生产与知识转化的方式，大学的学术研究与学术生产以市场价值为取向。学术研究人员与管理人员参与到学术资本化的过程之中，从事大学教育所不该有的过度的营利性活动，从

---

① [美]亚伯拉罕·弗莱克斯纳. 现代大学论——美英德大学研究 [M]. 徐辉, 陈晓菲, 译. 杭州：浙江教育出版社, 2001: 3.

而从中营利,如开办校办企业、大学科技园,出售教育产品与教育服务,这些活动都是以创造更多的收入与利润为目的。学术资本主义所导致的是学术资本的持有者将学术资本当作交易的商品来进行知识生产与转化,看似为公共部门服务,实质上是为个人或私人部门创造利润与价值,从而赚取资本,牟取更丰厚的利润与资本。学术资本主义在大学的盛行,完全把大学教育当成了"经济人"的教育,教育知识以经济为纽带,忽视了人的存在,这在一定程度上是异化了教育的根本。

教育知识的经济立场,导致教育知识具有经济理性主义的取向,使得教育忽视了人的存在,忽略了人的真正价值,而把"经济"作为教育的出发点与归宿,使得教育所培养的人是"经济人",成了没有人文价值与人文关怀的人,这样的"经济人"必然导致人性的缺失与沦丧,成了割裂了的、异化了的"经济人"。现代大学教育进行的教育知识的传承与创新的教育立场是什么?教育需要培养什么样的人?培养被割裂了与异化了的"经济人"还是"整全人"?教育到底是不是需要指涉人文关怀与人文价值及人文精神?达致人的全面发展的教育知识的教育立场到底是什么?这些问题成了值得人类普遍关注与需要解决的问题。

(三)教育知识的应然立场:以人性立场为主的教育立场

古代的教育知识是在"学而优则仕"的思想主导下以政治立场为主的为施政者培养"政治人"的教育立场,现代的教育知识是在知识经济的主导下,以教育为经济服务,教育以经济为中心的为国家经济建设培养"经济人"的教育立场,无论是古代的教育知识的政治立场,还是现代的教育知识的经济立场,所培养的人都是被割裂了的、被异化了的"政治人"或"经济人",所培养的人是片面化的、没有个性的人,这是与教育本有的宗旨,即培养全面发展而又富有个性与自由、通达与健全并且充分发展的人的宗旨相背离的。"政治人"与"经济人"的教育立场所指涉的是政治理性主义与经济理性主义的人,导致了人的工具理性的主导地位,忽视了教育对于人的价值理性的张扬,教育中的人被简单地视为改造社会、解放社会的工具。无论是教育知识的政治理性主义立场还是经济理性主义立场,都是教育中"目中无人"的体现,未能很好地体现教育知识的应然立场,即以人性立场为主的教育立场。因为教育的根本问题是人，教育所要回答的也是"人是什么"的问题，教育是以人为根本的，人是教育的核心质素。

人性化的高等教育是合乎人性发展轨迹与路径，能够不断完善人性，促成人性的完满并且能够最大限度地发挥人的潜能与潜质的教育，人性化的高等教育契合了高等教育的培养目标，也契合了大学的使命与责任担当，人性化的高等教育更加与教育知识的学习相吻合，也达成了大学人文教育的解放人与发展人的目的。

那么，高等教育与人性这二者之间存在着一种什么样的关系呢？众所周知，高等教育是一种培养人、发展人的社会活动，高等教育是以其人才培养、科学研究、社会服务、国际交流合作及文化传承与创新为使命与责任。大学的根本使命在于培养人、发展人，并且大学以培养人与发展人为其根本，这就意味着高等教育培养人的活动必须关注人的生存与发展，提升人的生命品质，彰显人的生命质量并凸显人的生命价值与生存价值。人性自然而然地需要成为高等教育的根本出发点与归宿。因而高等教育所培养的人是需要具有完美人性的人，培养成为崇真、向善、求美的人，培养成为具有独立人格、具有灵性与智慧的人，把人自己培养成为自己，让人成为更为高大的自己、更富有的自己、更通达与健全的自己、更智慧的自己，因为高等教育本身就是一项使人能够得以成为"人"的真正的伟大事业，高等教育具有"成人"品格，只有这样的高等教育，才有可能是合乎人性的高等教育，也才有可能是整全的高等教育。正如英国教育家、哲学家怀特海先生所讲的那样，"一所大学的理想，不是知识，而是力量。大学的职能就是把一个孩子的知识转变成为一个成人的力量"[1]。高等教育的成人性质与成人品格也就让人成了智识上丰厚，德性上完满，知性上善良、智慧的人，促进人成为具有勇敢、智慧、节制、正义、善良、道德、审美、合作、友爱、求知、热情、向上、积极、创造等好的美德与德性的人。这恰好与大学人文教育的人性教育目标的旨归是一脉相承的。

---

[1] [英]怀特海. 教育的目的 [M]. 庄莲平，王立中，译. 上海：文汇出版社，2002：38.

大学教育中产生了诸多弊病，尤其是以功利主义、唯科学主义和工具主义在大学教育的滥觞，功利主义、工具主义与唯科学主义的教育价值取向导致大学教育不再是"成人"的教育，而是"成器""成材"的教育。人性化的高等教育培养的不是精致的利己主义者。"学校并不只是个体升学的扶手，而是个体灵魂上升的阶梯；不是实现个人私己性欲望的工具性场域，而是促进人的公民性生长、发育完整而健全之人性的教化性场域。"① 大学不是为了培养精致的利己主义者的教育场域，也不是为了满足个人私利与欲望的教育场域。功利主义与工具主义以及唯科学主义的大学教育所培养出来的人很容易成为精致的利己主义者，他们为了谋得一份好的职业而来大学求学，为了与未来职业挂钩而学习专业，凡是与自己将来职业不相关的专业与课程不去学习与钻研；大学生来大学接受教育知识的学习只是为了掌握一门技术，一门对求职有利的技术与技能，而忘却了原理性知识的学习与钻研……这些都是精致的利己主义的表现，这种功利主义、工具主义与唯科学主义教育所造就的人必然会成为精致的利己主义者，造成了教育的不完整性。人性的完整性与完满性在精致的利己主义教育中遭遇了迷失，导致了人性化高等教育的缺失，造成了人性立场的教育知识的学习的脱节，这也就造成了人性养成在大学教育中的滑落。

三、通过人文教育使人摆脱无知与无能

教育场域中的知识具有发展性与未完成性、公共性与个体性以及生命性与人文性的性质，而教育知识的这些性质恰好与人文教育的思想与品格相契合、相融通。也就是说人文教育也具有教育知识所具有的发展性与未完成性、公共性与个体性以及生命性与人文性的性质。因而，通过人文教育能够使人摆脱无知与无能。

（一）通过人文教育使人摆脱无知

1. 人文教育能使人"认识你自己"

"认识你自己"是哲人苏格拉底先生的至理名言，也成了每个人都要

---

① 刘铁芳，刘艳侠. 精致的利己主义症候及其超越：当代教育向着公共生活的复归 [J]. 高等教育研究，2012（12）：7.

思考的问题,近几千年来,每个人都在思索并践行着"认识你自己"这句叩问每个人灵魂深处的至理名言。"认识你自己"也就是要求我们每个人去认识我们自己,我真的认识了我"自己"吗?我们真的认识了我们"自己"吗?我自己到底是什么样的"自己"?我们自己到底是什么样的"自己"?……这些问题的寻获,人文教育能给予更好的诠释。

"认识你自己"是亘古不变的哲学命题,这也恰好反映了人们在现实性上不能做到真正地认识好自己,辩证地认识好自己,由此而无法更好地认识世界、体认世界并改造世界,进而无法达到认识自身、完善并完满自身,让自己走向自我的幸福,这样也就造就了教育的现代性危机,造成了人的自我认同感的缺失、人性的异化与人性的自由的迷失,这是教育的现代性危机的表征,这也是导致人的无知的症候所在。

由于科学教育的倚重而人文教育的偏离导致了现代社会与现代教育的功利主义、工具主义以及现实主义的大肆浸染,造成了人们忙于生计、迎合世俗与物质需求等等而忽略了更多的精神信念的信仰与追求,难以思考"认识你自己"这一形而上的哲学命题。其实"认识你自己"也是教育学命题,特别是人文教育领域里特别关注与倚重的教育命题,因为教育学本真就是人学,教人如何成"人",教人更要如何"精神成人",这也是人文教育的诉求所在。"认识你自己"恰好也是人文教育领域里关注的根本的教育学命题,进而让人摆脱无知,祛除愚昧,达到有知,使人有理性、有智性美德。因为"科学本身主要地既不缔造教育,……'人是什么'?这个问题是对任何教育哲学不可避免的开场白"[①]。

"人是什么"是教育的第一问,也是教育哲学所需要解决的根本命题。教育哲学作为人文教育的一个基本的存在样态,"认识你自己"是教育哲学的开场白,"认识你自己"自然而然就成了教育哲学所要回答的问题,教育哲学回答着认识人的问题,认识人自己的问题,也是逐步开启人的"知"的状态,让人逐步摆脱被遮蔽的状态,逐步走向"知"的进阶,这与人文教育旨趣是有着异曲同工之妙的。祛除愚昧、摆脱无知与破除障碍

---

① 华东师范大学教育系,杭州大学教育系.现代西方资产阶级教育思想流派论著选[M].北京:人民教育出版社,1980:289.

与世俗的藩篱也恰好是为了更好地达到人去认识世界与体认世界并改造世界。人文知识与人文学科被实用化与功利化所"裹挟",导致人文教育的过程被程序化、标准化与实用化,使受教育者的知识的认知学习被功利化、实用化、标准化、程序化所遮蔽,进而使得自己是思想与精神上的"无知"。而人文教育与人文学习是让人摆脱人的"无知"状态的"不二法门"。因为人文教育是关注人的教育,人文教育是关注世界的教育,人文教育也是观照人的教育,是观照人与人自身关系的教育。人通过人文教育能够更好地反思与反观自己,进而学会欣赏自己、认同自己、认可自己并且能够更好地提升自己,更加彰显自我价值与意义所在。通过人文教育能提高人认知世界的能力,提升人认知世界的水平,从而增强作为人应有的社会担当与社会的责任感,形塑人的公共理性品质以及公共认知能力与水平。

2. 人文教育能使人"开化文明"

2005年7月29日,时任国务院总理温家宝去看望科学家钱学森先生,钱学森问:"为什么我们这么多年培养的人才,在人文方面没有一个像民国时期那样的大师,在科学方面也没有一个诺贝尔奖得主?"[①] 这就是教育界知名的"钱学森之问",撇开科学方面的诺贝尔奖得主来说,连人文都难以培育出一个像民国大师那般的杰出人才,这也足以说明,人文教育在大师培养方面的重要作用与功用之所在,除了这方面的重要功用,人文教育重要的基础性作用在于能使人开化文明、摆脱无知。这是人文教育的"文明之道"与"教育之道",也就是说现代大学教育所培养的人是只有专业技术取向、商业逻辑思维、功利主义取向与工具理性抉择的人,而缺乏人文修养与文明教化以及教化养成的修为,缺乏人文教育应有的"教育之道"与"文明之道"。人文教育的"教育之道"与"文明之道"主要体现在以下两方面。

一方面,人文教育的"教育之道"在于人文教育不仅仅是"教育"所应该具有的应然之义,也是"教育"的本真意义。中西传统文化与教育

---

① 李斌. 亲切的交谈——温家宝看望季羡林、钱学森侧记 [EB/OL]. (2005-07-31) [2024-08-20]. https://zqb.cyol.com/content/2005-07/31/content_1151562.htm.

理念中的"教育"原本就蕴含着"人文教育"的意蕴，只是到了我们近现代教育体系中，特别是大学教育中，"教育"被科学与技术所挤兑着，导致现代教育，特别是现代大学教育被科学主义、技术主义所浸染，致使功利主义、工具主义、实用主义等在教育中大行其道。师生在接受教育中都是抱着功利、实用与工具的态度与行为去传授与探究和学习知识教育，"教育"的"人文性"被淡化，并越来越被淡化，被人们所忽视，被忘却，甚至被人们所掩盖，"教育"不再"人文"，"人文教育"也不再"人文"。当今时代在"教育"二字中增加"人文"一词，提出并宣扬人文教育，也是为了烘托出"人文教育"的"教育之道"，让教育追本溯源，回归到其本源性上。人文教育按照其理论路径与实践逻辑来说就是一种"教人入道"的教育，让人通过人文教育具有理论智慧与实践智慧。在理论智慧上，能够对事物的思索有理性，有感性，有知性，有智性，更具有人文性，不会对事物的看法与观念单一化、片面化，而无法通达全面与整全。在实践智慧上，让人通过人文教育能够在行动与实践上，具有自己的智慧路径选择与依赖。在实践与行动上，不但注重实践与行动对象上的工具价值，而且还注重实践与行动对象上的理性价值，达到工具价值与理性价值、工具理性与价值理性的和谐统一，这也便是人文教育的理论智慧与实践智慧的"教育之道"。

  另一方面，人文教育的"文明之道"在于让人有教养，经教化而富有教养，富有素养、修养与修为，达到精神的文明与通达，从而让行动具有文明行为，这就是大学人文教育的"文明之道"。那么要怎样才能达成"文明之道"呢？最好的捷径是阅读古典与经典著作，古典与经典著作能促成个体教养性教育的养成，从而提升其素养与素质，达成开化文明的境界。"大学作为人类思想产生的重要场域，人类应去守护大学所诞生的富有生命灵魂意义的思想，而大学思想的保守性就在于大学思想保守的是人类的经典永恒的东西，这些经典思想需要我们一代代人去守护。回归古典教育，守护经典、保守传统是我们当今大学教育所要做到的。那么哪些著作与思想是人类的经典呢？古希腊的'自由七艺学科'延续至今，它关乎的是人文、自然与社会的现象与规律，具有永恒的思想与教育及学术意义。柏拉图的《理想国》教育人如何成为一名哲人、智者，教人达致完美人格与人性的卓越，具有教化意义，这一经世著作延传至今仍为许多教育学者与哲学学者等去解读其深意以飨世人。康德的《纯粹理性批判》，亚里士多德的《形而上学》以及我国的《大学》《论语》《中庸》《孟子》等中西方经典哲学、教育著作对理性、自由、平等、幸福、德性等的解读，并且这些也是人类所追求与不断完善的要素。大学唯有将其承继好，人类才会有其精神意蕴，除了守护这些经典核心价值元素外，人类势必要对这些东西进行超越与创新，只有超越并创新才能助推人类文明的进步与发展，使人类的灵魂走向更高的层面与境界，从而达至人类生命幸福的福祉。"[①]

（二）通过人文教育能使人摆脱"无能"

人文教育能使人摆脱"无能"主要体现在人文教育能使人达致"转识成智"的目的上。"转识成智"顾名思义就是把"知识"转化成"智慧"，如果教育不能"转识成智"，那就意味着这样的教育是无能的教育，是不成功的教育，因为这样的教育不能实现人的能力的发展，更不能实现人的智能的发展，"转识成智"也是当代教育的一种价值取向。"转识成智"意味着人是在理论知识的基础之上，通过实践在认识世界与改造世界的征程中，由不知到知，由知之不多到知之较多，由知之较多到知之更多，以致知之的丰富性与完满性，从而达到人的智慧生成，也就是由无知到知，由知识到智慧的生成的辩证发展历程，达到体认世界并"认识你自己"的目标。简而言之，所谓"转识成智"就是人在认识世界与改造世界的过程中，达到由知识到智慧的转向目的。

"转识成智"是人的主体性的需要，也是人的自由与人的全面发展的需要。当代社会是信息化社会、知识化社会，知识的不断更迭与演变，信息技术的不断摄入与深入，导致了知识价值、信息价值与智慧价值的冲突与矛盾，这就要求知识化时代需要呼唤智慧化时代的到来，信息化时代需要呼唤价值重构与多元化的选择路径，这也需要呼唤智慧化时代的到来，

---

① 曾维华，刘洪翔，王云兰. 略论"四美"大学观[J]. 牡丹江大学学报，2016，25(1)：165-167.

从根本上改变教育实践中的知识与智慧的"两张皮"现象,达到理论智慧与实践智慧的合一,即教育知识与教育智慧不脱节,烘托出人的自由自觉发展与人的主体性的发展以及人的全面发展的旨归,体现出人的自由自觉秉性,彰显着人的创造性与主体性的特质。

自近代以来,人类的知识被打上了"工具性""技术性""科学性"以及"非价值性"的烙印,使得人类的教育知识呈现着"工具化""技术化""科学化"以及"非价值化"的特性,人们更注重知识的工具性价值、技术性价值、实用性价值,导致了知识的工具论价值取代了知识的本体论价值,这势必会造成人文知识与社会科学知识处于旁落或附属的地位,自然科学知识则越来越成为社会的主导性知识而占据着主导地位。长此以往的结果是工具性知识价值观和功利性知识价值观成了知识教育的主流,也成了知识教育的基本信仰,技术教育与科学教育成了知识教育的主导性力量,人文教育得以式微甚至是失落或偏离知识教育的轨道,人文教育价值的滑落,这会导致人文价值观的缺失,进而引发人对生命意义与生命价值的追寻的动摇。人的主体性与发展性以及人文性的弱化,不利于人的主体性与发展性以及人文性和生命价值与生命意义的凸显。

"转识成智"是将人的智慧发展建基于知识的基础之上,通过知识与智慧在教育过程中的交互性作用,通过知识与智慧二者的共同作用与生成转化,"化知识为智慧",用智慧来促进知识的深层次的生成与创生,以达成"转识成智"之目的。"转识成智"是当代教育的价值取向与路径依赖。我们今天的知识教育如果忘却了智慧,只是单纯地依凭科学、技术、信息等来发展教育,来为社会谋福祉;如果我们今天的教育知识只是纯粹地重视信息、科技与技术,而不赋予知识教育以理想、信念与信仰;如果我们今天的知识教育只是看重其工具价值与技术价值,忽略其理性价值与人文价值,那么我们的知识教育即便进行得再好再繁荣,也难以解决人类生存的信仰教育与价值教育问题,人类的生活与生存及其生命价值终将失去其应有的灵性与灵魂。因此,在科学教育与知识教育中唯有贯穿更具有基础性与根基性的人文教育,才能不至于科学技术、信息知识的学习及获得与智慧的达成产生脱离、分离与脱节的状态,因为人文教育能够解决上述问题，使人真正地走向"转识成智"的彼岸。

大学人文教育能够更好地处理知识教学、知识传授与智慧教育、智慧养成的辩证关系，让"转识成智"成为大学人文教育的价值取向与路径选择，不可让知识传授、科学技术知识的学习获得、信息的捕获与智慧培育、智慧生成产生脱节甚至是偏离"转识成智"的轨道，这也是人文教育的应有之义。智慧教育是理性知识属性与价值知识属性的辩证统一，是理性智慧与价值智慧的合一，现代知识教育在"技术至上""科学至上"的主导下，出现了功利主义知识、实用主义知识、工具主义知识的价值取向，导致了现代的知识教育培养出来的学生只是掌握了科学技术、信息技术、技能技巧，这是一种狭隘的智慧教育，只是倚重了知识的外在价值与外在的社会功能，而并没有注重在知识的内在功能与本体功能上。"转识成智"的人文知识教育做到了工具理性与价值理性、科学知识与人文知识、科学价值与人文价值的辩证统一，做到了知识性格与智慧性格、知识教育与智慧教育的辩证统一，进而促成人的教育智慧的达成。"把一个人在体力、智力、情绪、伦理各方面的因素综合起来，使他成为一个完善的人，这就是对教育基本目的的一个广义的界说。"[1] 这是科学知识、信息知识与技术知识教育所不能达到的目的，而人文教育贯之以知识教育的科学性、技术性之外还兼具人文性、精神性、灵魂性，这是人文教育的"转识成智"的走向与目标，也是大学教育，特别是素质教育、人文教育的走向与目的的旨归，即由掌握科学、技术、技艺、技能的单向度的人走向全方面发展的人，这种人既能掌握科学技术、信息技术，又能赋予其人文素养、人文修为的人，进而达致人的主体性得到充分的发展，达到人的自主、自觉与主体性发展，达到人的自由而充分的全面发展，促成人性的通达与人的全面发展。

---

[1] 联合国教科文组织国际教育发展委员会. 学会生存——教育世界的今天和明天 [M]. 上海：华东师范大学比较教育研究所，译. 北京：教育科学出版社，1996：195.

第二节　人文教育能使人超越功利与欲望

一、教育功利的三层次

教育功利作为衡量教育效用、功用与效益、利益的指标，是内隐于教育之中的，教育功利所指涉的是教育的功能、作用、效用、功用与效益，与教育所取得的回报与报偿紧密挂钩，特别是关注当下的利益与功用。正如当代著名教育家张楚廷先生所言教育"有用无用？何以有用？何处有用？何时有用？大用小用？对谁有用？谁知有用？这都是教育功利要考虑的问题。只是看我们的教育是否意识到了并如何去回答"[①]。教育急功近利，过于倚重教育的工具价值、实用价值与功利价值，而忽视了其应有的理性价值、人文价值与精神价值，主张人获得教育是为了实现个人财富的增加与社会福利的增长，这种教育功利观并不是以教育本身为目的，而只是以教育为手段，凭借教育的桥梁中介作用来谋求外在的物质利益的最大化，谋求经济福祉的最大化，只是注重物质与经济的教育价值追求，而忽视了教育本身的应有的科学价值与人文价值、工具价值与理性价值、物质价值与精神价值并重的教育价值追求。

教育不是"制器"而是"育人"，这是教育的根本，只有把握了这个根本，教育才能得以完成培养人才、发展科学、服务社会、交流合作的国际化以及创新与传承文化的责任与使命。所谓"育人"，所说的是教育所培养的人是德智体美劳全方面发展的人，是自由而充分的全方面发展的人，强调所培养的人是具有人文素养、拥有人文情怀的人，注重人文精神的传播与宣扬，让人富有人文精神，提高其人文素质，达到所培养的人既拥有知识技能、科学技术、信息技术等工具性与实用性技艺，又同时拥有知性美德、人文素养、人文情怀与修为以及人文精神的全方位发展的人

[①] 张楚廷．教育哲学 [M]．北京：教育科学出版社，2006：94．

才,培养的人是整全的人,并非单向度发展的人;所谓"制器",则与"育人"相反,即所培养的人只懂得知识技能,只会技能操作,而不具备人文素养、人文修为与人文精神的人,"制器"教育也就是职业式的教育,所培养的人是职业人,是单向度的人,人文精神教育与人文素质教育只是成了教育的附属物,这也是当下教育的功利的存在样态。

诚如美国教育家杜威先生所讲的那样,[①] 教育过程除了它自身以外再也没有其他的别的目的了,也就是说教育就是教育,不会被其他功利目的所左右。但是在现代化社会里,教育被物质世界与物质力量所浸染,且是被一股强大的物质力量所侵蚀,导致教育的功利化现象与事实的存在。知识经济时代,知识更新与技术更新时间周期短,科技日新月异,伴随而来的是知识的力量、技术的力量与科技的力量以及物质的力量在膨胀,并左右着教育,教育也卷入物质世界与物质力量的浪潮中,物质世界、现实社会与人的精神诉求的矛盾重重。教育功利主义、教育科学主义盛行,而教育的人文主义与教育的人本主义被遮蔽,教育的人文性、人本性以及教育的理想主义缺失,科学主义、实用主义、工具主义占据上风,唯知识论占主导,等等,所有这些现象与事实,都是教育功利主义的表现。

蒋冀骋教授将教育的功利区分为三个层次,一是形上功利,二是形中功利,三是形下功利。形上功利主要体现在灵魂教育上,形中功利主要体现在道德教育上,形下功利主要体现在知识教育上。[②]本书也按照蒋冀骋教授的教育功利的三层次划分方法对教育功利进行解析,即教育功利分为形下功利、形中功利以及形上功利三个层次类别。

(一) 教育的形下功利:知识教育——教与学的异化

知识教育是一种比较狭隘的唯知识论的教育,是一种比较狭隘的唯科学论的教育,是一种彰显着以知识为本的教育观,是一种彰显以科学为本的科学观。这种知识教育所带来的结果是教育以知识为中心、以知识为本,并非以人为中心、以人为本,必会导致教育的教与学的异化,这是教育的一种形下功利。英国教育家纽曼认为大学是教育的场所,而不是教学

---

① [美]约翰·杜威. 民主主义与教育 [M]. 王承绪,译. 北京:人民教育出版社,1990.
② 蒋冀骋. 论教育功利的三个层次 [J]. 大学教育科学,2013 (1):3-5.

的场所，他说"知识是一种习得的精神启示，是一种习惯，是一笔个人的财富，是一种内在的禀赋。这就是为什么我们觉得把大学称为教育场所（place of education）而不是教学场所（place of instruction）"[1]。如果单纯把大学教育当成知识传授与学习的教与学的教育场所，必然会导致教与学的异化，从而导致教育的异化。

1. 在教的异化上

教师的教学只是纯粹地为了完成学校的教学任务与教学计划而教书本上的知识，只完成教科书的知识内容，而不再拓宽教科书以外的知识点与知识内涵、外延等内容，特别是在大学的教学上，学生除了学习教科书的知识内容，还需要学习教科书上所没有的知识内容，比如，未来职业生涯规划、理想信念等方方面面的内容，以扩大其视野、增扩其知识视界。教师只是一味地灌输着知识内容给学生，而没有注意知识的灵活性、广泛性与自增性等特性。

教师只是为了完成其教学量而围绕教科书传授知识点给学生，不将其在教学之外的所作的科学研究与科学发现告知学生。教师只是在课堂中单纯地教知识点，而没有考虑到知识以外的人文素养的传递、人文知识的传授以及人文情怀的锻造，导致学生只是掌握了知识，只是有着知识的单向度的人，造成教的负面影响，所教的学生只拥有知识与技术的一身本领，而失去了知识以外的人文精神、人文涵养与人文素养，难以达到充分而自由的全方位的发展。教师完成了教的教科书知识任务以外，很难有时间与学生探讨、交流，课堂教学很少有这样的互动，更别说课堂以外的非教学时间了。教师除了教学以外的时间，基本都是忙着去申报课题、申报项目、申请基金，为自己的科研与学术争取更多的资金来源，以便为自己更好地做学术与科研工作，而把教学特别是课堂教学当成了完成任务式的副业，把原本是大学的主业的教学工作置于旁落的境地。这其实也是教学的异化，即把教学当成了纯粹的知识传授，唯教科书而教，拓展性、拓宽性的知识很难在课堂中展现与呈现，把教学当作副业，教学时间以外，争相

---

[1] [英] 约翰·亨利·纽曼. 大学的理想 [M]. 徐辉, 等译. 杭州：浙江教育出版社, 2001：33.

疲于报课题、跑项目、争基金等等有悖于教学的不良现象。教学的异化必然会导致教育的异化，这就要求教育与教学都要复归到其原初，即以教学为本、以教学为中心，以人为本、以人为中心，而不是以物为本、以利为本，也不是以物为中心、以利为中心。

2. 在学的异化上

美国高等教育学家伯顿·克拉克有言"迅速变化中的知识成为能力、智力、权力和财富一个主要来源"①。在现代社会里，知识成了权力、能力、智力与财富的象征，知识成了走向权力、能力、智力与财富的通道，所以学生来大学求学问是，只是为了获得知识而学习知识，为了知识而知识，把知识当作自己获取功名利禄的砝码。伯顿·克拉克一针见血地指出"大学在知识和探究的基础上的位置，仍旧是一个没有被很好理解的现象。这个问题在把大学的重心放在第一级学位（本科）专业学生发展的领域的观点中被回避了"②。因而大学生的学习被当下的权力、利益等功名利禄所浸染着，导致其学习有着很强的功利主义目的。

大学除了知识教育，大学生除了学习知识，还要对知识进行探究与发现，而不是纯粹地学习知识、背诵知识、接受知识，用知识获取权力、财富等功利性的东西，因为大学除了是教学的场所，还是学习的场所，同时又是探究的场所，没有探究，知识将无法更新，无法得到传承与创新发展。学生来大学不是为求学问是，而是带着浓厚的功利意识而来。他们上大学是为了谋得一技之长，以便为将来就业与从事的职业奠定基础。课程学习上大学生选择与职业有关的课程，而与职业没有联系的课程被置之门外，致使大学里很多课程选修人数少，甚至是无人选，特别是人文课程处于被旁落的境地，这已经成为不争的事实。大学生的学习不关乎人文素养与人文精神的养成以及人文素养、人文素质与人文精神的提升与锻造，他们把读书与知识学习当作了实现功名利禄的工具，而并不是想着通过读书

---

① ［美］伯顿·克拉克. 探究的场所——现代大学的科研和研究生教育［M］. 王承绪，译. 杭州：浙江教育出版社，2001：277.
② ［美］伯顿·克拉克. 探究的场所——现代大学的科研和研究生教育［M］. 王承绪，译. 杭州：浙江教育出版社，2001：278.

与知识学习来实现自身的文化素养、文明修为与人文素质以及人文精神的提升与锻造，并没有思考过学习是为了实现着对文化知识的吸收，从而实现对人类文明的承继与继承，让知识得到更好的传承、创新与发展。

（二）教育的形中功利：道德教育——道与德的形式化

道德教育是教育中的一个重要组成部分，也成了教育的不可缺少的环节，从幼儿园到大学，甚至到了硕博士阶段都要开设道德教育课。学校的道德教育课以思想品德修养课、政治理论课等为典型代表。道德教育原本是用来约束每个人的行为，让其所言所行合乎道德与法律规范，而不触碰道德与法律底线。因为道德原本就是约束，约束有自我约束与社会约束之别，有道德约束与法律约束之分。人是在自我约束与社会约束以及道德约束与法律约束中不断规范自己的品德与行为的，使得自己成为符合社会规范的人，成为符合道德规范与法律规范的人，通过道德教育与教养性的养成，在道德教育中不断促使自己有修为、有素养，成为一个有教养的人。人的道德化、社会化过程就是教化过程，即促使自己有人文素养、有人文精神，涵养人文底蕴而使自己更加通达与健全，从而获得自己个性的张扬，达到人性的通达的功能与作用，这便是道德教育的形中功利。但是在道德教育过程中过于形式化而使得道德教育有着其不良的负面影响。

1. 道德教育的去道德化

我国的道德教育一直被贯以"思想政治教育"的代名词，即把道德教育等同于思想政治教育。我国的道德教育通常是把国家的政治思想与法律法规体系等内容通过课堂的教学途径来传授给学生，培养的是学生的政治性，使其对政治有认可度，培养其高度的政治责任感、认同感与归属感，这种道德教育具有浓烈的政治色彩与意识形态色彩，这是道德教育的政治性的突出表现，而忽视了道德教育的道德性与教育性，这其实是道德教育的一种典型的去道德化的表现。

道德教育的去道德化意味着道德教育难以达到其提升人的道德水平的目的与完善人的道德人格的目的，因为道德教育的政治性的政治色彩与意识形态色彩的赋予难以让施教者澄明事物与社会行为或事件应有的道德价值。价值澄明难以实现就意味着道德教育的道德性与教育性功能难以实现。柏拉图曾言"美德即知识",拥有知识就意味着就拥有着美德,拥有着美德也就意味着拥有了知识,前提条件是要把美德付诸实践才能促成美德即知识的目的,但是知识只有在道德教育过程中赋予其道德性与教育性,才有可能达到知识的美德境界,这也印证了"德性可教"的说法。道德原本是可以教的,人一生下来,没有道德可言,人只有在家庭教育、学校教育与社会教育的过程中逐渐培养其道德情感、道德情操,促成其道德认知,使其获得道德体认,达到道德教化的目的。如若道德教育只是以政治性与意识形态为重,而忽视了其道德性与教育性的根本特性,那么道德教育难以达到其道德化的目标,达成道德教化的目标,从而难以把人培养成有道德修养、道德修为与道德境界的人,这种人也只是单向度的"道德人",而不是整全的"道德人"。

2. 道德教育的修道之教单一化

大学生的道德教育的渠道或者路径较为单一化,在教学过程中只是在思想道德修养课、思想政治教育课或法律基础课等道德类的课堂上教授道德教育知识。除这些道德类的课堂外的课则很少或者几乎不可能教授道德教育知识,要么就是只会在道德类课堂上一味地灌输道德知识,告诉学生要怎么去修德、修道,而除了课堂灌输很少或者几乎不可能将道德之教付诸道德实践,即修道之教的道德教育才是真正做到了理论与实际的统一、理论与实际的结合,修道之教的道德教育不但是形式之美,也是实质之美。

其实除了纯粹道德类的课堂教学的道德传授,其他专业知识的教学过程也可以适当辅之以道德知识教育,不能一味地只给学生或受教育者传授专业知识,训练其思维能力,培养其思维品质。受教育者除了这些专业知识、思维品质、思维能力的培育,还需要有道德情操、道德情怀、人文素养、人文精神等富有人文德性之类的东西,所以在专业知识授课之外还需要注重培育学生的道德精神,提高其道德认知,涵养其道德情操,培养其价值理性,让其具有道德价值判断能力,具有价值认知水平,启发受教者的价值理性。否则,如果只是单纯的专业知识传授而无道德知识教育的修饰,所培养的学生掌握的只能是工具性的知识,而缺失道德品质的涵养与提升，培养的学生也只能成为有知识但无道德、无文化的单向度的"空心人"，这样的道德教育是一种单一化的"修道之教"。道德教育的单一化意味着道德教育只是专业化的道德教育，专业知识教育中的道德教育与专业化的道德教育相脱节、相脱离，导致道德教育与知识教育相分离、道德教育与道德实践相脱节，出现道德与知识、道德与实践"两张皮"的现象，道德教育、道德实践与学生的主体性及其发展性相背离。

（三）教育的形上功利：灵魂教育——教育之魂

德国教育家雅斯贝尔斯对教育的灵魂有着自己独特的见解，他认为"教育是人的灵魂的教育，而非理智知识和认识的堆集"[①]。雅斯贝尔斯是存在主义教育哲学的典型代表人物之一，他十分关注人的精神与灵魂，所以强调教育的本质在于唤醒人的灵魂，使人获得安身立命之本。诚然，教育是人与精神的共契，是人的灵魂的通途，而不是纯粹知识的堆积与认知的累积，只有达到人与精神共契的教育，才是有灵魂的教育，让人的灵魂得到安息，而不是让教育走得太快而失去了灵魂。有灵魂的教育意味着让人的精神有个栖居的场所，有灵魂的教育意味着让人的理想有个安放的场域，有灵魂的教育意味着让人的信仰有个得以存放的"心房"。

1. 知识的内在价值被忽视

我们当下的教育世俗化、功利化趋势比较严重，倚重知识教育，而忽视了人的精神教育与灵魂教育，忽视了知识的内在价值，继承的也只是教育的形式。知识具有真善美的内在价值，真善美是知识的永恒追求，也是教育的终极追求目标。大学生学习知识，只是学习了知识的外在形式，只是学得了知识内容，并不领会知识所具有的意蕴，只是背诵了知识点，但不知道知识的真正用途。学生学习知识是为了求真，把"真"当成了一种教条，表面看似在做真人、做真事，但为人处世圆滑世故、老道成熟，不像学生身份本该有的处事之道，为了一己私利不惜牺牲他人利益，俨然成了精致的利己主义者。只把求真当作幌子而忽视了人的精神的锻造与人性的塑造，忽略了善与美的耦合。学生学知识求善，却把真给挤兑了，把善

---

① [德]卡尔·雅斯贝尔斯. 什么是教育[M]. 邹进, 译. 北京：生活·读书·新知三联书店, 1991: 4.

当成了人与人之间的关系来处理问题，当作了关系之学，学生求善是为了搞关系、搞人脉，为自己以后的人生找好门路，善变成了关系与门路，而真不在其中，学生把善的真正意蕴给曲解了，忽略了真与善的真正关系意蕴。学生学知识求美，却忘记了美只有在真与善的共存之下才具有其实质之美，美也只有在真与善共存的前提下才能激发人的自由精神与创造能力。知识真善美的内在价值是统一于知识本身的，不是割裂开来的，也不是形式化、表层化、表皮化的，是深入教育的骨髓与灵魂的，因为教育原本就是一项让人崇真、向善、求美的事业，是成人的事业，成人就意味着人要有真善美的合一，不但形式上要具有真善美，内容上也要真善美，达到真善美的形式美、实质美、和谐美的完美统一。只有这样，知识才具有真善美的真正品质。因此受教育者与教育者学习知识，需要达到真善美的合一，真正让知识的内在价值得以显现，让人真正有灵魂、有气质、有精神，达到精气神的统一。

2. 大学的灵性教育被荡涤

大学的灵性是一种力量，这种力量能够指导大学进行知识生产与创造，能对知识与技能进行创新与创造，同时是能对大学的智慧与智慧教育产生指引、引导的力量。大学不仅仅是一个以学术为其立命与安身的学术组织，还是一个具有灵性的学术组织，同时也是一个需要在大学进行灵性教育的学术组织。大学只有充盈着灵性，大学只有进行灵性教育，培养出的大学生才会有灵气，培养出的大学生才会具有其应有的智慧。因为"教育的全部目的——就是使人具有活跃的智慧"[1]。使人获得智慧是教育的最高目标，也就是说大学教育的最高目标就是使人达致智慧，而灵性教育是使人获得智慧的通途，也是人获得教育智慧的坦途，所以大学要倡导并真正实施灵性教育，以给予学生智慧，促成其成为智慧的人、高大的人与通达的人。"大学教育是学校教育的'最后一公里'，理当肩负起灵性彻底拓展与提升的责任和使命。"[2] "大学教育的价值选择应该回归大学教育的本

---

[1] [英] 怀特海. 教育的目的 [M]. 庄莲平, 王立中, 译. 上海: 文汇出版社, 2002: 51.

[2] 侯长林, 张新婷. 论大学之灵性 [J]. 教育研究, 2016 (7): 102.

真，以发展人的灵性为重点；大学教育的责任和使命，是培育、提升大学生的灵性。"① 大学教育的最高追求是促成大学生的灵性的达成与锻造，灵性也是大学教育的最高目标，因而大学需要教育的灵性与灵性的教育。

在多元化巨型大学的今天，我们的大学似乎已经把培养大学生的灵性给淡忘了？我们的大学教育似乎把灵性教育置于在技术教育、技能教育之下了？我们的大学教育似乎不再在智慧教育与灵性教育上狠下功夫了？我想这个问号也是句号或者感叹号，因为在现实的大学教育中，我们的大学确实是把培养大学生的灵性给淡忘了，确实是把灵性教育置于技术教育与技能教育之下了，我们的大学教育也确实是不再在智慧教育与灵性教育上狠下功夫了。认为灵性教育是无用的教育，是没有经济价值的教育，是不能来得快的教育。诚然，技能教育、技术教育、知识教育在大学教育中固然重要，大学生需要掌握技能、技术、知识，才能凭借其所掌握的知识、技能、知识谋求生存与发展，但是倘若所掌握的知识、技能、技术缺乏灵性，没有精气神，这些知识、技能、技术是难以走向深入的，也是难以发挥其智慧的功效的。赋予这些知识、技能、技术以灵性，才能促成这些知识、技能、技术以智慧生成。英国教育哲学家怀特海先生曾经说过"智慧高于知识"②。同理，智慧也是高于技能与技术的，只有通过掌握知识、技能与技术达致智慧，人才能获得自由，因为达致智慧便是获得了自由。达到自由则意味着掌握了自由知识，自由知识是有关事物的原理与原因的知识，它探究的是事物的因和故的知识，而自由知识的达成显然是离不开大学的灵性教育的，因为大学的灵性教育是高于技能教育、技术教育以及知识教育和智慧教育的，灵性教育是教育的形而上，是形上教育，是在技能、技术与知识教育之上的教育，唯有灵性教育，大学才成为有灵魂的大学，大学生才成为有灵魂、有精气神的大学生。

---

① 侯长林，张新婷. 论大学之灵性 [J]. 教育研究, 2016 (7): 102.
② [英] 怀特海. 教育的目的 [M]. 庄莲平, 王立中, 译. 上海: 文汇出版社, 2002: 43.

二、教育功利化的审视

人是教育的第一问,人是教育的对象,是教育的根本,教育不是人为的教育,教育是人之为人的教育。"教育是为人的,而非人为的教育。教育要服务人,而非控制或利用人。"[①] 教育是为人的教育,意味着教育不是功利的,不能为当下的经济与实用价值所蛊惑。教育要合乎人性,不能功利化,教育要与人性共通共融,教育也要与人性共生才能达致教育复归人性的目的,否则教育一旦功利化,将不再是与人性共通共融共生的人性教育。

在科学与技术、市场与经济高速迅猛发展的今天,工具理性成了主导之势,而价值理性成为工具理性的附属或附庸。"制度化"和"意识形态化"的工具理性占据着社会生产与市场运作的主导权,同时在教育领域,工具理性也占据了其现实性的主导权,工具理性在教育领域的张扬意味着教育更多考量的是教育的现实性、实效性、价值性与功用性,而难以考量其应具有的人文性,这难免会削弱人文精神在教育领域本该有的地位,同样更会对人们的主体价值和精神生活带来一些负面影响。这是教育功利化的体现,对教育功利化进行审理也是必须与必要的。

(一) 大学教育价值观的功利化

教育与知识、人、社会三者之间是紧密联系着的关联体,教育的教育价值观所秉承的是以知识为本位的教育价值观,人的教育价值观秉承着以人为本位的教育价值观,而社会的教育价值观当然是以社会为本位的教育价值观。高等教育的职能由单一的教学观到教学科研共存的教学科研观,再到教学、科研、服务社会三者于一体的三重职能共生共存观以及发展到当今时代的教学、科研社会服务、国际交流合作及其文化传承与创新的五重职能共济于高等教育。高等教育越来越注重服务于社会的需要,迎合社会的需求,导致高等教育价值观以社会为本位的教育价值观,更加重视的是社会服务与社会效益,把人培养成为一种工具性的存在体——为社会服

[①] 孙志文. 现代人的焦虑和希望 [M]. 陈永禹, 译. 上海: 生活·读书·新知三联书店, 1994: 44.

务的工具，而忽略了人的培养的根本价值在于培养人性，提升人本身应具有的价值，这种价值不仅仅是工具价值，更重要的是有精神价值与理性价值。大学所培养的人不仅仅是社会人，还是个体人、富有个性的人，这种个体人有智慧、有思想、有灵魂，这才是以人为本的教育价值观所具有的根与魂。受教育被科技化、教育被社会化服务的思潮的影响，高等教育的以社会为本位的教育价值观占据着教育的主导价值观，以人为本的教育价值观以及以知识为本位的教育价值观成了教育价值观的"支流"，知识教育与人的教育都是围绕着为培养服务社会的工具而展开，教育的价值与教育的功能日趋工具化、功利化，导致高等教育价值观的功利化，这是大学教育的异化与缺位。

大学教育价值观的功利化主要体现在学科建设与课程设置上的功利化上。

大学的基石是学科，大学的文化丰富性与广博性体现在大学学科的种类的多样性与繁杂性上。大学学科种类与门类越繁多，越是能体现出大学知识体系的广博性与丰富性，如若学科种类偏少或单薄，则大学的文化势必也单薄，知识体系也变得窄化而让整个大学变得没有知识根基。正如南京师范大学王建华教授所言："学科是大学进行知识生产与传播的基本单位，只有以学科为基础，大学才能实现高深知识生产与传播的目的。"[①]现代大学是多元化巨型大学，这就意味着大学越来越走向综合化，综合性是建立在多科性的基础上，也就是说综合性大学也必然要求大学学科的门类、种类要越来越繁多。综合性大学之所以为综合性大学，就体现在它是拥有着多学科、跨学科及交叉学科的多科性综合大学。

现代大学的教学、科研、服务社会工作的开展也是在多学科、跨学科以及交叉学科的学科领域中进行。教学只有通过更多的学科的整合、跨学科的探究才能将更好的、更多的知识传授给学生，以培养更多、更好、更合格、更优秀的人才；科学研究工作也不例外地需要在多科性的综合性大学中进行，每一个发现与创造都是通过学科间的整合与联系而获取的；通过跨学科与多学科的教学与研究工作，也是为了更好地为社会提供智力服

---

① 王建华. 大学变革的双重逻辑[J]. 中国高教研究，2011（8）：40.

务、提供智力与人才支撑，用更多、更高、更好、更优的多学科所培养的人才与所获取的成果来服务于社会、造福于社会。因而大学所进行的人才培养、科学研究与社会服务的工作也都是在多科性、交叉性的学科平台的基础上进行的。大学的学科体系包括人文科学、社会科学以及自然科学等三大学科体系，大学的专家团队齐聚于三大学科体系中，组建良好的学术团队以传承、发展并创新学科知识，学生的培养也必须通过人文科学、自然科学与社会科学间的联合与整合，才能培育、培养出全方面、全方位发展的人才，以更好地为社会发展谋福祉。美国的欧内斯特·博耶所提出的大学的四大学术之一的整合的学术就是体现学科间的关联性、联系性所在，整合的学术也是跨学科、多学科的融通的题中应有之义。[①]

前面已述及，学科是大学的基石，学科建设固然对于一所大学的发展与规划发挥着不可磨灭与难以估摸的作用，而学科自然包括自然科学、人文科学、社会科学三大学科体系，学科建设当然要兼顾到自然科学、社会科学与人文科学三大学科体系的平衡关系。但是在大学教育功利化的现当代，大学的学科建设愿意把更多的人力、物力、财力等投入自然科学的学科建设中去，而人文科学与社会科学特别是人文科学的学科建设处于被遗落的处境，虽然"素质教育"在大肆渲染，但是人文学科建设还是处于比较薄弱的境况，这样所导致的结果必然是科学课程与人文课程处于人为的割裂状态，所以在课程设置上，大学也是更加倚重自然科学课程，社会科学课程次之，人文科学课程再次之，导致了通识教育类的课程在大学中被遗落、被式微的境地。

课程设置的功利化显然是不利于大学的建设与发展的。因为，"大学的课程是由一代又一代思想名家、学术名师、教育学人传承下来的，它是思想名家、学术名师与教育学人的经典思想、观点与方法的高深知识的智慧与智识融通，从而构成课程的经典，后人能将课程的经典与高深知识转识成智。大学课程中的经典性高深知识也融合着人文科学课程、社会科学课程、自然科学课程等三大课程板块的知识体系，从而促成着人文、社会

[①] 曾维华，王云兰，刘洪翔. 作为高深知识的高等教育 [J]. 黑龙江高教研究，2016 (10)：27-31.

与自然三大课程体系的经典知识走向高深化。学生通过学习人文科学课程、社会科学课程与自然科学课程的经典的高深性知识，能更好地促进其自由、全面而富有个性的发展"[1]。大学教育在国民财富的增值上与生产建设的发展上发挥着越来重要的作用，也是其中不可低估的角色力量，所以教育经济化、教育资本化在社会上也成了重要的思潮，社会想通过教育来使国民财富增值，使社会生产发展提速，导致了大学教育中的学科建设、课程设置出现了功利化的取向。教育知识的选择也出现了功利化取向，学科与课程之间、知识与学科之间出现了博弈。在这种教育经济化与教育资本化的教育思潮影响下，人文科学所获取的经济补偿处于劣势地位，自然科学当然处于强势地位，因为自然科学所获得的经济效益与回报是更多的，所以在学科建设上教育更加青睐自然学科，课程设置上也是青睐自然课程，自然学科与自然课程更加迎合社会经济化的需求，这种教育所带来的后果就是使得所培养的人只知道会如何去认识并改造世界，而不具备人文性与教育性，缺失的是人文性的培养与塑造。

（二）教育主体的虚无化

教育的目的本来是对教育主体的全面发展的塑造与完整完全或整全精神的锻造，但是教育功利化导致了教育主体的虚无化，使得受教育者的自由自在的主体性被功利化所异化。主要表现在两方面：一是学生自我性的倚重，二是教师教育性的偏离。

1. 学生自我性的倚重

一是学生道德动机的自我性。道德动机是我们进行道德行动的依凭缘由，也是催生我们道德行为的直接动因所在，道德动机促成了人们进行道德行动与付诸道德行为或道德实践。"'有道德的人是综合的'，既有道德认识，也有道德情感，更有道德行为。"[2] 大学生在功利化教育的思潮冲击下，道德行动也变得越来越功利化，任何道德行动都要以自我利益为中心，采取行动也要考量是否对自己有利，是否有助于自身利益的获取，如

---

[1] 曾维华，王云兰，刘洪翔. 作为高深知识的高等教育 [J]. 黑龙江高教研究，2016 (10)：27-31.

[2] 高德胜. 道德教育的时代遭遇 [M]. 北京：教育科学出版社，2008：64.

若与自己的利益相背离则不采取道德行动。在道德行动中完全以自我为中心,没有他者。可是在人的道德社会化中,离开他者,将难以成为一个有道德的人、有德性的人、有德行的人。只有生活在他者中,人的道德才能在他者中得以增码,以符合社会的公序良俗,促使自己的道德行动符合社会的道德规约,促成自己成为一个有道与有德的人。

三是学生学习与职业取向的自我性。大学生来校学习不再是抱着"为知识而知识""为学术而学术""为真理而真理"的目的,而是为了获得一纸文凭,为了获得更好的职业选择与就业机会,学习以自我性为主,完全以个人的职业兴趣为着力点,专业选择以当下的社会热门专业为准绳。当下就业好的专业就选择热门专业,与职业挂钩紧密的专业成了紧俏专业选择,导致作为教育场所的大学完全沦为职业培训机构与就业训练场所。"大学既不必要也不应该各种各样职业性的培训。"① 职业性的培训应该由校外培训机构或培训公司来承接,而不是由大学来包办,因为大学不是职业培训机构,而是教育的场所。但是当下教育功利化的趋势使然,使得不得不在专业上设置更多的与市场导向相关的专业,以便迎合学生的需要,迎合学生的专业诉求以及将来的职业取向及其就业选择。学生的专业学习及其职业选择几乎完全是以自我为中心,以自我性为主,从某种程度上,是自我的迷失,完全失去了自我,专业选择与职业取向不以自己内心的向度为依归,而是以社会热点专业与职业为取向。大学教育被功利主义、实用主义、物质主义以及职业主义等所浸染,使得大学为了迎合世俗社会需要,而忘却了自己的教育宗旨,大学教育为了摆脱过于职业主义、专业主义、功利主义与实用主义的束缚,就必然需要呼唤大学人文教育与人的全面发展,以促进人由自我性走向他者性,达致自我的人与他者的人走向统一而促成其人性的完满与通达。教育功利化导致了学生主体性的虚无化,学生在教育功利化的浪潮中丧失了其应有的主体性。学生自我性的倚重,其实也是一种对自我的认识的不足,更是一种自我的迷失,难以达致先贤圣哲苏格拉底所言的"认识你自己"的目的。这是学生教育主体性的虚无

---

① [美]亚伯拉罕·弗莱克斯纳. 现代大学论——美英德大学研究[M]. 徐辉,陈晓菲,译. 杭州:浙江教育出版社,2001:152.

的表征所在。

2. 教师教育性的偏离

德国教育家赫尔巴特提出了"教育性教学"的著名论断，也就是说任何教学是具有教育性的，是不存在"无教学的教育"的。教学需要通过教育来呈现，教学中需要贯穿教育者的教育性，以启迪、启发受教育者。教学是教育的一个必要前提，没有教学，教育的目的将无法实现，教育性教学也将无法达成。所以教师在教学过程中要贯穿教育性，要有教育性教学，让学生不但能从中吸取知识，还能从中受到教育的启迪与启发，感悟教学的教育性存在。教育性教学为的就是在教学过程中富有教育性，将知识与德性、学问与人生、教育与教学这几者之间做到完美的结合与融通，教师在教学中贯穿教育性，将知识与德性、学问与人生通过教学的教育性传授给学生，让学生在教学的学习中不但学到了知识内容、获取了学问，更重要的是从中获得了德性，领悟了人生的价值与意义。

然而，在大学教育功利化、实用化、技术化、专业化、工具化的今天，大学教师的教学偏离了其教育性轨道。教师在教学过程中，为了迎合学生对知识与专业的需求，也为了迎合社会的专业热门需求，教师只是为了传授知识而传授知识，只灌输或讲授与职业、就业、热门专业相关的知识，而不会穿插其他知识点，也不会在过程中向学生传授德性、伦理纲常、道德规约等教学知识以外的东西，导致学生只是掌握了知识，而很难掌握知识以外的学生本应该具有的东西，造成了学生只懂得技术，而无法在技术中、在操作中贯穿技术以外的人文性、道德性与精神性，这是教学的教育性的缺失所导致的负面效应。因为教师的教学手段与教学目的本该具有道德性，只有在教学手段与教学目的中贯穿道德性的因素在其中，学生才会领会技术以外的人文性、精神性，从而提升学生的人文修养与人文修为。同样，教师的教学内容也该具有道德性，只有在教育内容中贯穿道德教育的内容等，才能让学生更加塑造成知识与德性、学问与人生兼具的人，促成其成"人"，成为一个不仅仅是技术人，还是精神成人的人。因为真正的教学是具有教育性的教学活动，在教学中贯穿教育性、伦理性，使教学具有丰富性与完满性，达成教学的"成人"之目的。

三、通过人文教育能使人超越功利与欲望

（一）人文教育能使人超越功利

在当下社会，社会与人的竞争过度追求效率与效益、功用与效用，考虑更多的是其实际功利，功利化追求也就成了社会竞争中过度追求效率与效益、功效与价值的通病。功利化追求反映的是人的一种急功近利、贪欲价值的心理表征，这其实从某种程度上扭曲了人们认识与评判事物的方法与尺度，使得人们发生价值观念的偏离、精神追求的缺失、义利观念的偏颇，从而陷入以满足世俗生活为诉求的实用功利性境地。在社会功利化与大学教育功利化思潮的大肆影响之下，高等教育也无法规避功利化教育的浸染。而大学人文教育为规避教育功利化的不良取向提供了一剂良方。人文教育的理念是在功利化教育的反思和否定中提出来的，并以此来彰显人文教育批判功利化教育所带来的不利影响，张扬的是人的人文精神性与人的人文性以及提升人的人文修为与人文修养。人文教育用其超越性、非世俗性的特性对抗现实功利与功利化教育以及工具理性，使受教育者摆脱人性异化和割裂所造成的单向度的人，从而促成其走向全面、自由的发展，促成其个性的张扬与人性的通达。

作为社会中的人，只有通过超功利的追求与在超功利的追求中实践着超功利，并有着超功利的实践的情感心理体验才能捕获自身生命与生存意义的存在感，达到自身与他者的精神世界的自由，因为人类的精神和本质是在超功利的体验和实践过程中获得自我确证感与存在感的。因而当在现实世界中，无法满足人类灵魂与智识的双重追求之时，为了满足现实世界中现代人对灵魂与智识的追求，超越功利化的教育诉求，让人超越功利性，超越与摆脱功利，对功利的超越性无疑也就成了现代人精神救赎的指向并将矛头转向了人文教育，因为大学人文教育能使人摆脱功利，超越功利，树立正确的义利观。人文教育具有超越功利的价值，使受教育之人不再为当下或当前的功利与效用价值所左右。人文教育让受教育者的心性得到锻造，由自我走向本我再走向超我的人生境界。因此，人文教育就成了**规避功利主义教育、实用主义教育、工具主义教育以及专业主义教育所带**

来的人的教育的异化的一剂良方。科学精神、科学背后蕴藏的人文意义、人文精神,以及价值思辨、价值理性、人文价值、道德思考、道德理性、数理推理、数理逻辑、文化素养、文化修为等领域的东西是科学教育所不能企及的,这需要诉诸人文教育以实现,这就需要科学教育与人文教育的共通共融,以期从人文教育中找到修复人性、实现完满人性的一剂良方,建立道德信条,树立道德信仰,提高人生境界,提升人生超功利性的价值,摆脱工具理性与工具主义的负面效应,重设感性生存论和价值论的位置。

然而,众所周知,人文教育并不是万能教育,在实际情况中,即便是人文教育被高度渲染并被高度重视,也将是困难重重,这种困境主要表现在,人文精神与人文价值如果一直被尊奉到很高的高度,而忽视了人文精神与人文价值以外的科学精神与科学价值,就难以适应市场对人才的"速成"的需求,这样所导致的必然是传统的人文教育方式与现代生活方式相互脱节,难以达到人文教育与现代生活的耦合的状态,促成学生道德修养与人格完美的统一,这是人文教育在现实生活中所遭遇的一种困境;另一种困境就是人文教育难以适应现代人的竞争生存之需,那么人文教育也只能被边缘化并被架空,倘若我们的教育只是为了迎合功利化教育的需求,就不存在教育特别是人文教育所具有的超越性的立场了。教育特别是人文教育被功利化所"绑架"而成了功利化的一部分。也就是说如果人文教育被功利化所"绑架",那么人文教育就没有了其超功利性的立场存在。

我们应该认识到,在大学教育阶段,要想改变我们当下大学的人才培养方式的功利化,人文教育不能只是纯粹地坚守超功利性的阵地,不仅仅是单纯地坚守其超世俗性的精神立场,除此以外,人文教育还要在"此在幸福"与"彼在世界"中找到平衡的支点来实现最终的和谐。这个支点,就是需要对大学的学科结构与课程结构进行重构与调整。在学科结构中,要适度地增加社会科学,特别是人文科学在大学学习中的比例,在课程设置中,增加人文课程,特别是通识教育课程。因为在教育活动中,知识体系与知识图谱是整体性的,也是关联性的,不同领域与不同学科的知识与知识之间是有意义联结的,是可以相互贯通的。在实践中,教育者要用超越性与超功利性的教育立场与教育信念去监督和指导现实功利,让学生超越过于功利化的现实诉求。超越功利,倾听内心诉求,达到内心的心性的完满,从而引导学生在受教育过程以及未来的社会实践中能够不断提升自我认识、完善认知结构、塑造自我价值、锻造自我涵养,从而增强对人自身本质属性的认识和把握,进而对功利化的价值认识体系进行重构与重塑。因为大学人文教育的目的就在于,它是要通过对知识全面性的架构和联结,实现学生在功利化的现实生活与功利化教育的浸染中,依然能摆脱功利的束缚与绑架,能够保持本我与超我的一种超功利与超世俗的状态,坚守着其独立的人文思想和价值理念,坚守着其应有的人文精神和人文内涵,应对并超越功利化所带来的精神危机与道德困境,促成其在功利化与世俗化的现实社会中保持其本真,回溯其生命的本真状态。

(二)人文教育能使人超越欲望

人性中的一部分当然少不了欲望,人的欲望及人对欲望的满足离不开文明与教养,离开了文明与教养的欲望将会是异化了的欲望,这种欲望合乎不了社会规范与社会契约,因为人的欲望是合理的,也是需要的,但不能超越欲望的限度,否则欲望就成了异化了的欲望。人超越自然欲望(主要是物质欲望)不仅是可能的,也是应然的。人通过教育摆脱欲望而超越欲望,人更通过人文教育摆脱欲望而超越欲望,进而走向重建并重塑信仰的目的。"在人类的精神生活中,信仰是全部价值追求的指向机制、定向机制和导向机制……它所激发的人们的意志、情感和激情的力量,从来要比许多知识和信念更强大、更有力、更持久。"[①] 信仰要高于信念,信仰对人的生存与发展具有指向、定向与导向作用,所以人除了需要信念,更加需要信仰。

教育是有信仰的,唯有具有信仰的教育才称其为教育。无信仰的教育是没有方向的教育,也是没有未来的教育,没有教育的信仰,将会成为空壳的教育。有信仰的教育需要人超越欲望,并因超越欲望而重建信仰。然而,在价值多元化的冲击下,人们越来越被世俗的欲望与庸俗的欲望所牵

---

① 李德顺. 价值论 [M]. 北京:中国人民大学出版社,2007:207.

绊，人们越来越世俗化、庸俗化，对物质欲望、自然欲望的热切追求，把教育当成了谋生的手段，而不是当成成全自我的场域，把教育视作走向功成名就的铺路石，而不是当作形塑自我的坦途，通过教育来实现自我对自然欲望与物质欲望的满足，开始丧失了自我对教育的崇高信仰与追求，不会去思考、思索教育与真善美的关联，也不会思考美好事物与教育追求二者之间存在的关联，不会去思索"教育到底是什么"的教育学的伟大命题，更不会去思索教育与信仰的关联度，人们因此而陷入了信仰危机。

"教育须有信仰，没有信仰就不成为教育，只是教学技术而已。"[①]"现代性发展到今天，蜕变非常厉害：……反而呈现畸形的一面。"[②] 现代性虽然促进了社会政治、经济、文化等各方面的进步与发展，但是所带来的物质主义、功利主义、实用主义、享乐主义等问题或困境，也给人们带来了功利的欲望、物质的欲望、享乐的欲望与贪婪的欲望，势必造成了人们的信仰危机、精神世界的"空心"，信仰困境与信仰危机已成为不争的事实，因此，重建并塑造信仰，成了教育，特别是人文教育的责任担当所在。

人文教育中有经典、古典文化、文学、古典史、精神史等富有精神性的素材，富有锻造人心性与精神操守的素材，通过与古典与经典人文的交流而提升人的精神世界、塑造人的心性品格，让人通过人文教育摆脱过度的欲望追求，超越过度的欲望奢求，人通过人文教育摆脱欲望而超越欲望而重建并塑造信仰。因为人文教育的目的在于通过人文知识的学习与修炼，突破知识世界而走进人的意义世界，从而生成人的生命意义与精神价值，重建并塑造其合理与科学的信仰，进而提升人的价值与人的尊严，建构并塑造人的人格，凸显人的个性与品性及其品格。

[①] [德]卡尔·雅斯贝尔斯. 什么是教育 [M]. 邹进，译. 北京：生活·读书·新知三联书店，1991：44.

[②] 秦晓. 当代中国问题：现代化还是现代性 [M]. 北京：社会科学文献出版社，2009：150.

第三节 人文教育能拓展人的灵性而走向灵性智慧[①]

一、相关概念界定

(一) 灵性

人与生俱来具有灵性的潜能与潜质,人生来就有着灵性的"种子",只是这颗灵性的"种子"在后天的中小学教育的升学等应试性教育的重压之下被压制甚至被毁灭,以至于在大学教育中重申要重新挖掘人的这颗灵性的"种子",以开启学生的灵明,点燃并激发其灵性,提升并拓展其灵性。

灵性能够开启人对人及其生命意义与价值的思悟,使其具有人文关怀并具有对人的灵性关怀,对大学生进行灵性培育能使之更加明白人之为人的意义与价值之所在。对大学生进行灵性培育的要义在于使其智慧更具有灵性,进而达致灵性智慧。大学生的灵性智慧包括灵性的教育智慧、灵性的知识智慧、灵性的成人智慧以及灵性的生命智慧等方面的内容。

感性、理性、悟性、知性、诗性、哲性、神性、灵性是人的认识的八个层面,灵性是最高境界之"性"。灵性源于宗教学或神学领域,随后才逐渐延伸至哲学、社会学、医学、心理学与教育学等领域。在西方,灵性被描述成"与万物和谐、与上帝合一、永恒的此刻、空虚和自我消亡的意义"[②]。抑或是把灵性界定为"个体与超自然神圣力量关系的经验和人格层面"[③]。我国学者朱新卓教授给予灵性的定义是"生命的活性促成主动的存在趋向;灵动的意识形成独立的认识和体验;自我意识引导反思性、生

[①] 曾维华,胡云生. 论大学生灵性智慧的培育 [J]. 煤炭高等教育, 2018, 36 (4): 117-122.

[②] 郝敬习. 精神性:心理学研究的新主题 [J]. 山东理工大学学报 (社会科学版), 2009, 25 (2): 86-89.

[③] HILL P C, PARGAMENT K L, HOOD R W, et al. Conceptualizing religion and spirituality, points of departure [J]. Journal for the Theory of Social Behavior, 2000 (1): 51-77.

成性的生存；灵明的萌发开启超越的精神向度"①。在古汉语中，灵性是指精、气、神，即一个人所具有的精神、神情、精气、神气、灵气、神性，是人所具备超越于感性能力、理性能力的一种聪慧才智的能力。在现代汉语体系中，灵性表征着人具有智能，是人由聪明走向聪慧，进而超越智慧的秉性。灵性，在英文中是用 spirituality 表示，说明它是源于精神性且高于精神性、超越精神性的东西，是一种超越性的东西，也就是说灵性是为了让人的精神达致最高的境界，并且使得这种境界具有可能性，这种境界超越知识性、超越精神性、超越技能，也超越智慧。灵性意味着具有智慧，但是智慧并不意味着具有灵性，因为灵性是超越智慧的。总而言之，灵性是根植于人的特性之中，是人所具有的聪明、智慧的特性，这种特性具有灵动的生命意识、灵动的自我意识和灵动的反思、生成意识，因灵动而开启灵明，进而促成自我性的成长与超越。

（二）灵性智慧

何谓智慧？这是在哲学、教育学、心理学等领域必会碰到的语词概念。"智慧"一词最早是用来表达人的高阶能力的，即是用来描绘人的。最早可见于《墨子·尚贤》中，其曰"若此之使治国家，则此使不智慧者治国家也，国家之乱，既可得而知已"②。《辞源》认为智慧具有两种含义，"一是聪明、才智，二是破除迷惑，证实真理的识力"③。张汝伦教授认为"在日常用法中，智慧首先指与日常生活有关的那种明智，如对生死的理解、对生命目的的反思、对行为方式的斟酌、对实践事情的判断和洞察以及对价值取向的决断"④。每个人对智慧的理解不一，笔者认为，所谓智慧，是指人类利用知识经验、技术、能力等来解决问题、化解矛盾、破解难题的智识和聪慧的能力，是集能力、智力、智识、智能、才智、德智、德性与美于一体的综合素养的表征，是人的灵性的集中反映，也是理论智慧、实践智慧、理性智慧与价值智慧的统一。灵性智慧是一种超越技

---

① 朱新卓. 教育的本体性功能——提升人的灵性 [J]. 教育研究，2008（9）：23.
② 墨子 [M]. 方勇，译注. 北京：中华书局，2015：63.
③ 辞源 [M]. 北京：商务印书馆，1979：1443.
④ 张汝伦. 重思智慧 [J]. 杭州师范大学学报（社会科学版），2010（3）：2.

能智慧、知识智慧、智力智慧、智能智慧的一种智慧,灵性智慧与技能智慧、知识智慧、智力智慧、智能智慧相关,但是一定是超越在它们之上的,否则也成不了灵性智慧。所以灵性智慧是智慧的高阶状态,灵性智慧在于人的自我生成,这种自我生成意味着在人的交往过程中人的精神得以成长、灵魂得以陶冶、灵性得以拓展,由自我生成而促成人的灵性在沉睡状态中苏醒,从灵性的苏醒走向灵性的觉醒,使人具有灵性的生命精神,达致人的生命的活性、健全的自我、灵明的敞开、灵动的意识,进而走向智慧的高阶状态,即灵性智慧。

二、大学生乏于灵性智慧的缘由

如果教育不能唤醒人的智慧,如果教育不能启迪人的智慧,如果教育不能点燃人的灵性,那么这种教育便是无意义的。我们的大学教育不仅仅是用来训练人的心智的场域,还担当着更为重要的功能,那便是唤醒人的智慧、启迪人的智慧,最终因唤醒、启迪人的智慧而启悟人的灵性,让人具有灵性智慧,这也是教育的价值取向。

然而当下教育传统是统一化、模式化,注重技术知识的追求,倚重效率外显化的诉求,忽视了人的心灵,忽视了人的灵性,更忽视了人的灵性培育,进而让人的灵性智慧难以促成。灵性作为人的本质属性中最为灵动与智慧的特有禀赋与秉性,作为以人才培养为根本使命与责任的大学学术组织,有必要对大学生开展灵性教育,以提升并拓展大学生的灵性,更好地培育大学生的灵性智慧。

大学生乏于灵性智慧,主要是由于大学生的灵动的意识被遏制。何谓灵动?灵动就是机敏灵活,有灵性、灵气的动力状态,也就是人的意识与思维的机敏灵活、伴有灵气、具有灵性的动力状态。教育因凸显人的生命的灵动而更加具有生命力,大学教育的生命力也需要生命灵动地凸显,只有具有灵动的意识,大学生的成长与成才才具有智慧,而这种成长成才的智慧也会因为大学教育的灵动而有着灵性智慧,即大学生的成长成才的灵性智慧超越了技能智慧、知识智慧、智力智慧、智能智慧的层级,走向着其心灵的攀登与精神的解放。人的心灵的攀登与精神的解放是灵性智慧的诉求，也是我们大学教育的指向。张楚廷先生认为，"教育是心灵与心灵的映照，如果有一方（师生双方，特别是教师一方）俨然以教育者自居，或者误以为自己仅仅是教育者，就不可能有这种映照"①。教育就是要求教师不遏制学生的灵动意识，要激发学生的灵动意识，使学生从生命的自然灵动转向生命的灵性觉醒，进而达致其生命的自觉灵动。然而，我们的教育遏制了学生的灵动意识的生成。

一方面，教师所传授的是技能性、功利性知识的教育，而未能传授灵性知识的教育。随着知识经济的到来，知识越来越成为获取资源的资本，特别是在高等教育机构，知识成了大学教师获取学术资本的法宝，因此学术知识变成了资本获取的渠道，高等教育与市场紧密联系，高等教育市场化必然引起学术与市场的紧密结合，学术、知识与市场三者紧密与高等教育机构特别是大学组织机构的耦合，使得掌握学术资本的大学教师越来越多地参与市场、运用他们的学术资本获取经济效益、经济利益与经济价值，也就是大学教师将学术与教学、科学研究与市场价值紧密挂钩，这就是我们通常所说的"学术资本主义"，而学术资本主义意味着是学术知识创生过程的市场化行为。

高等院校的科研导向浸染着学术资本主义的气息，同样大学教师学术科研的市场化行为也浸染着学术资本主义的气息。学术资本主义影响大学教师的教学科研的导向更加向市场倾斜，当然这势必会影响大学教育，也会影响大学教师注重对学生知识的传授关注的是对功利性知识、技术性知识、实用性知识的教育，而忘却了对学生本该有的灵性的知识的教育，因为灵性知识的培育能够更加激发学生的灵动意识，促成学生愈发具有灵动的智慧，进而促成其灵性智慧的生成。灵性知识的教育是涉及人的心灵的攀登与精神解放，这方面的灵性知识的教育是一个长期的积淀过程且经济效益来得慢，但是其长远价值在学生的未来发展中是可以得以展现的，相当一部分教师不愿意从事灵性知识教育的教学与科研工作，而是选择产生当下实际功效的知识教育，势必导致学生的灵动的萌芽与灵动的意识生成被遏制。

---

① 张楚廷. 张楚廷教育文集·第4卷[M]. 长沙：湖南教育出版社，2007：499.

另一方面，灵性生命的觉醒力度欠缺。教育是为了优化、升华生命的品质，生命品质的优化与升华则需要灵性生命觉醒的唤醒。回归教育的本真就意味着需要打开教育觉醒的窗户，回归生命教育的本真意味着需要打开生命教育觉醒的窗户，而教育觉醒与生命教育觉醒的窗户的打开离不开学生灵性生命的觉醒的开启。大学生生命的灵性觉醒力度还不够甚至是欠缺的，大学生有生命的觉醒意识与状态，但其生命力是没有灵性力，其灵性生命力是式微的。我们当代大学生原本是一个个富有灵魂的生命个体，同时也是一个个有魂灵的生命个体，但是在当代大学教育功利化、功利主义、职业化、职业取向主义等的影响之下，大学生能动性的发挥、创造力的施展被束缚，大学生生命的灵动难以涌现，致使大学生的个性、特长、情趣等具有的灵性的生命品质难以激发，势必会使其生命的个性、生命的灵性、生命的全面性、生命的和谐性无法充分地发展。之所以大学生的灵性生命的觉醒难以在大学教育中被激发，是因为大学教育未能很好地把大学生当作鲜活的生命个体，没有将大学生看成是有其个性的生命个体，更没有把大学生视成有魂灵的生命个体，而是把大学生当作物来对待，因为物是没有灵动生命的意识的，更不会有灵动的生命的觉醒，这些必然会压制大学生的生命的成长，弱化大学生生命的创造力。因为"高等教育最需要做的，是通过生命的转型去专注于每一个灵动的生命体，而不是冰冷的建筑和刻板的规训"[1]。

三、人文教育通过拓展人的灵性而达至灵性智慧

大学教育的本真是人的知识的自我生成与人的自由发展，其目的在于促成人的灵性的拓展，通过人的灵性拓展而促进人的灵性智慧的生成，促成人成为具有灵性智慧的人。

（一）灵性的知识智慧：转识成智

大学不是给学生提供零碎性知识的场所，也不是给学生提供专门职业训练的场所，大学除了给学生提供知识学习与职业训练，更为重要的是丰

---

[1] 李海龙，王建华．作为生命生长的高等教育[J]．现代大学教育，2016（1）：15．

富学生的心灵，完善其灵性的需求，拓宽学生的见识与辨别事物的能力。人之所以高贵于动物，其原因之一就在于人通过知识的习得而有智慧地思考世界与事物，并掌握或获得其思考世界与事物的成果，使其知识更加圆满与丰富，进而促进人突破并超越自然界的界限，把控认识世界与改造世界的能力，通过知识的习得而不断超越自我、突破自我，由自在走向自为，成为更加完善、完美的自我。这就是知识智慧，即将知识转化成智慧，能够通过知识而使人增长智慧，借此来更好地认识世界、改造世界，"转识成智"也是灵性的知识智慧。

知识是先于智慧的，人只有具备了一定的知识才会具有智慧的能力，智慧是建立在知识基础之上的。知识的目的在于探究真理，智慧的目的在于追求良善，知识与智慧的紧密耦合才会达致真理与良善的统一，由知识走向智慧是与人的自我发展相紧密联结的过程。智慧既高于知识又超越知识，由知识走向智慧是人的德性之知，更是人的灵性之知，所以从知识走向智慧是人通向灵性智慧的路径依赖。由转识成智抵达的灵性的知识智慧需要对知识加以甄别。"知识就是力量"的说法是失之偏颇的，因为知识必须要有智慧加以"运作"，知识才可能成为力量，并且不是所有的知识都是力量，人通过努力勤勉学习可以掌握知识，有些知识或许因为过时而被淘汰，有些知识或许因为有其糟粕而无法应用到人类的生产与社会实践活动过程中，有些知识如果没有人的智慧的把控，是不利于人类的长远发展的，只有运用智慧对知识加以甄别，才能发挥好"知识就是力量"的良性功用。

由转识成智抵达的灵性的知识智慧需要灵性的教育智慧。灵性的教育智慧是超越知识教育、技能教育、智识教育、智慧教育的教育，使知识、技能、智识、智慧具有生命力，即知识、技能、智识、智慧有着灵明的敞开、生命的活性、灵动的激扬的显明，直至自我性的生成、自我性的成长与自我性的超越。英国教育哲学家怀特海先生曾言"教育的全部目的就是使人具有活跃的智慧"[1]。

---

① [英]怀特海. 教育的目的[M]. 庄莲平，王立中，译. 上海：文汇出版社，2002：66.

一方面，需要有教育智慧水平比较高的教师。正如印度学者克里希那穆提所言："教育者的智慧，远比教育的知识更重要。"① 灵性的教育智慧是一种自由、和谐、开放而富有创造性的教育状态，而这种状态又是具有生命的活性、灵明的敞开、灵动的生成、灵性的拓展，并且在真正的此在与彼在的意义之中尊重生命的活性，尊崇人的个性，崇敬人的智慧禀赋，契合人的灵性需求。这就要求教师在教育教学与人才培养的活动过程中要有先进而丰富的教育理念，要有丰厚的知识学养，要有教真育爱的教育情感，要有对美好事物的追求的向上的教育价值观以及要有"转识成智"的教育机制，教师将这些融合在一起，才能更好地将学生培育成为具有灵性的人，从而使之成为具有灵性智慧之人。

另一方面，也需要有教育智慧水平比较高的学生。我们大学教育所培养的学生不是要成为理想家，也不是要成为有着机械化心智的人。我们的大学教育所要培养的学生是要成为具有灵性智慧且是自由而全面充分发展的完整的"整全人"与"灵性人"。"如果我们受教育仅是为了出名，找到一份更好的工作，那么，我们的生活将是肤浅而空洞的。如果我们受教育只是为了成为科学家，成为死守书本的学者，或成为沉迷于某种知识的专家，那么，我们将助长世界上的毁灭与不幸。"② 如果大学生接受教育是为了达到只为找工作、只为成为固守书本的学者等的目的，这就说明我们的大学教育是失败的，因为大学教育不仅仅只为用来训练人的心智，同时还要唤醒人的智慧、启迪人的智慧，最终提升与拓展人的灵性，促成大学生成为具有灵性智慧的人，这才是真正的大学教育智慧。要使学生具有这样的教育智慧，这就需要大学生具有灵性力，这种灵性力包括大学生的灵性生命力、灵性教育力、灵性想象力、灵性思维力、灵性创新力以及灵性创造力。

（二）灵性的生命智慧：精神成人

众所周知，高等教育是一种培养人、发展人的社会活动。高等教育是

---

① ［印］克里希那穆提. 一生的学习［M］. 张南星，译. 深圳：深圳报业集团出版社，2010: 24.
② ［印］克里希那穆提. 一生的学习［M］. 张南星，译. 深圳：深圳报业集团出版社，2010: 25.

以其人才培养、科学研究、社会服务、国际交流合作及文化传承与创新为使命与责任，大学的根本使命在于培养人、发展人，并且大学以培养人与发展人为其根本，这就意味着高等教育培养人的活动必须关注人的生存与发展，提升人的生命品质，彰显人的生命质量并凸显着人的生命价值与生存价值，人性自然而然需要成为高等教育的根本出发点与归宿。因而高等教育所培养的人是需要具有完美人性的人，培养成为崇真、向善、求美的人，培养成为具有独立人格、具有灵性与智慧的人，把人自己培养成为自己，让人成为更为高大的自己、更富有的自己、更通达与健全的自己、更智慧的自己，因为高等教育本身就是一项使人能够得以成为"人"的伟大事业，高等教育具有"成人"品格，只有这样的高等教育，才有可能是合乎人性的高等教育，也才有可能是整全的高等教育。

正如怀特海先生所讲的那样，"一所大学的理想，不是知识，而是力量。大学的职能就是把一个孩子的知识转变成为一个成人的力量"[①]。高等教育的成人性质与成人品格也就让人成了智识上丰厚，德性上完满，知性上善良、智慧的人，促进人成为具有勇敢、智慧、节制、正义、善良、道德、审美、合作、友爱、求知、热情、向上、积极、创造等好的美德与德性的人。这恰好与大学人文教育的人性教育目标的归旨是一脉相承的。灵性的生命智慧意味着大学生需要有灵性的生命精神，促进其精神成人。"教育就是教育，教育就是人的教育，是特别关注人的生命的教育。作为培养高级专门人才的高等教育是特别关乎人的生命品质与生命素养的教育。"[②] 为了培育大学生的生命精神，我们可以从以下三方面做起。

其一，加强经典教育以滋养生命。经典是人类智慧的结晶，也是人类记忆的矿藏，这就要求我们大学生要阅读经典，回归经典，不能总被"快餐文化"所侵蚀。经典意味着大学生要加强古典教育，通过古典教育来滋养我们的生命。古典教育的目的在于追溯、回顾人类的原初的生命精神，借此来寻获现当代人最为基本而又必需的生命滋养。《理想国》《形而上

[①] [英]怀特海. 教育的目的 [M]. 庄莲平，王立中，译. 上海：文汇出版社，2002：38.

[②] 曾维华，刘洪翔. 张楚廷大学教育思想探析 [J]. 教育探索，2015（10）：2.

学》《纯粹理性批判》《大学》《论语》《中庸》《孟子》等古今中外的经典著作无不含括着人类的生命智慧与生命精神的精髓，经典之所以为经典，那是因为它们是人类心智的典型代表。通过阅读经典，能够使我们的灵魂得以洗礼，内心得以丰富，自我得以敞开，帮助我们的心灵得到充分发展，生命智慧得到深层次提升，生命精神得到拓展，进而升华我们灵性的生命智慧，促进个体心灵的充分完满发展。

其二，超越自我以充盈生命精神。我们每一个人的生命都是有限的，但我们可以在有限的生命中活出生命的自我精彩。我们通过超越有限的生命，实现无限的生命价值；我们通过超越有限的生命，追求无限的生命精神。生命教育的要义就在于唤醒并激发大学生的超越意识，导引大学生树立远大的人生志向、确立正确的人生目标、选择坚定的人生轨迹，生命教育也要点亮大学生的心灵的航灯，为他们的心灵敞开更多的窗户，使其能够尽情地去超越自我，尽情地充盈他们的生命精神，走向他们生命幸福的福祉。

其三，提升灵性生命力以促成自我生命的无限展开。大学生命教育的根本旨在更加强旺而富有生机地展开大学生个体的生命，彰显大学生个体的生命活力，增强大学生的生命活性，从而促成大学生具有灵动的生命活性、灵动的生命意识与灵明的心灵空间，进而促成自我性生命的无限展开，实现自我性的成长与超越。这也是大学生命教育所具有的独特的品格特性，所有这些的达成就需要大学生不断地提升其灵性的生命力。大学生灵性生命力的提升在于其对真、善、美以及利的追求。生命的真在于合乎自然与社会的规律性，尊崇人类世界的科学精神；生命的善在于生命的良善，彰显人与社会的生命价值，崇尚人类世界的生命精神；生命的美在于生命的美学价值，体现着人类对生命的感受力与感受性，弘扬人类世界的审美精神；生命的利在于其生命向着美好，生命的价值取向向着美好，显现生命的价值性与良性发展，凸显人类的价值精神。因而大学生在提升其灵性生命力的过程中，要做到真、善、美、利四者的统一，才能够更好地拓展大学生的精神生命，实现完整人格的锻造，达成灵性生命力拓展的目的。

（三）灵性的人文智慧：以文化人

大学生要成为灵性智慧的人，离不开大学的人文教育，通过人文教育可以使其成人，即"以文化人"。灵性的成人智慧意味着人的全面发展，而人的全面发展是一个过程，是人越来越走向整全的过程，是人的自由度的不断跃升，人的全面发展意味着人的自由不断得到发展，人的全面发展意味着人的自由得到不断维护，让人成为自由人，也就是促进人自由成人。人因为自由成人而不会被现实中过于物质与过于功利的东西所束缚与限制，人因为自由成人而能自由地思考，从而发展与维护人的自由，人更因为自由成人而让自己更加能积极主动地融入社会，更好地谋划职业与人生，让自己的人生更加富有生机与生命力，不但有眼前的苟且还有诗与远方。人的全面发展也意味着人性的通达与健全，是人不断走向自由而又充分富有个性的全面发展的人，能够超越功利与欲望，摆脱无知与无能，人进而能够达到自我的认知、自我的认同、自我的欣赏，让人走向学会审美、学会独立思考、学会求知、学会做事、学会生活、学会生存，这也是人的全面发展的表征所在。

西方先哲说过，教育不是把篮子装满，而真正的教育在于把灯点亮。也就是说教育在于点亮人的心灯，让人的心灵更加通达，使人能够走向整全，走向健全，走向灵性智慧。让人不断向自由度攀越而不被世俗与现实所奴役，即教育确实是能够达致人的灵性智慧而走向全面发展。这也恰恰与古希腊哲学家、教育家西塞罗先生的有关教育的至理名言"教育乃是摆脱现实的奴役，而非适应现实"是有着异曲同工之妙的。既然教育能达致人的全面发展，走向灵性的成人智慧，那么何种教育能够达致人的全面发展、走向灵性的成人智慧呢？也许有人会问，难道科学教育就不能使人达到人的全面发展、走向灵性的成人智慧吗？只有人文教育才能使人达到人的全面发展、走向灵性的成人智慧吗？诚然，人文教育并不是人的全面发展与走向灵性的成人智慧的唯一路径，科学教育也能使人达到人的全面发展、走向灵性的成人智慧，这种全面发展与智慧生成是间接地指向人的全面发展、走向灵性的成人智慧，而人文教育对于人的全面发展与走向灵性的成人智慧是更为直接的，人文教育是使人达致全面发展与走向灵性的成人智慧的最好的坦途。

当今时代，科技越来越发达，物质也越来越富足，科学技术充斥着整个大学教育,科学教育在大学教育中占有一席之地也无可厚非,科学教育与人文教育在大学教育的争衡而达致二者的融合,才是大学教育之途,但是科学教育挤压人文教育已成为一个不争的事实。科学教育在大学的挤占导致人文教育在大学遭遇旁落,境地式微。大学的人文学科不被重视,人文课程开设率不高,特别是理工类高校的人文学科、人文课程遭遇旁落,人文教育在大学教育的式微与失落,导致大学生掌握了科技而缺乏人文,懂得操作机器而缺乏科学素养,人便成为只懂科技而不懂人文的"空心人",这是单向度发展的人,这显然是与大学教育的目标相悖,因为大学教育的最终目标在于培养自由且全面充分发展的人,走向灵性智慧的人,而不是畸形发展、片面发展的人,大学教育在于使人的人性不断得到张扬,灵性智慧不断得以提升,进而达致人的自由与整全。而大学人文教育为这一目标的达成提供了最好的坦途。

人文教育是关乎人文价值、人文精神、人文素养与人文知识的教育,人文教育给人以精神,使人的精神特别是人文精神得以彰显和升华;人文教育给人以自由,使人的自由不断得到维护与发展,从而使人的自由度不断地得到跃升;人的自由度的跃升能更好地促进人不断走向全面发展、走向灵性智慧,人的全面发展与人的灵性智慧的生成原本就是一个过程,是一个自由度与灵性度不断增加的过程,更是一个自由度与灵性度跃升的过程,人因自由度与灵性度的跃升而促进人更加达到思想的自由与人格的独立,进而不断走向全面发展,不断富有灵性智慧,使人更加像人,使人更加高大、更加智慧、更加通达与自由。人文教育的作用便是发展人的自由,促进人创新精神的达成,人文教育因发展人的自由而使人自由成人,使人自由自觉地走向哲学自觉,进而达致人的全面发展与灵性智慧生成的目标。因此,我们也可以说人文教育是人的全面发展的教育,是人的灵性拓展与提升的教育,同时也是人走向灵性智慧的教育。

第四章

走向人的全面发展的大学人文教育的路径

第一节 体制:保障大学的自由

一、大学与自由的关联

(一) 大学应崇尚自由、珍爱自由教育[①]

大学是崇尚学术自由的,因为只有有自由的学术环境,学者们才有宽松的外部环境去发现并寻获真理。从中世纪大学到现在的多元化巨型大学,无论大学发生怎样的变化,学术自由是学者们所珍爱的,学术自由是学者的生命,也是大学的生命。"大学学者们天然地要学术自由,就像花草树木天然需要雨露和阳光一样。"[②] 自由是大学生命之维,离开自由,大学这一生命特性的组织将难有其生机与活力。学术自由是学者的权利,谁也剥夺不了学者的学术自由权利。有了学术自由权的保障,学者们才能更心无旁骛地去追求、探究、发现、整合及应用学术。学者拥有了学术自由权的保障,才能更好地去追求卓越。通过对教学、课程、学术进行研究,达到教学学术、课程、学术研究的卓越。"在任何领域,追求卓越可以超

[①] 曾维华,刘洪翔. 张楚廷大学教育思想探析 [J]. 教育探索, 2015 (10): 1-4.
[②] 张楚廷. 高等教育哲学通论 [M]. 北京:高等教育出版社, 2010: 202.

越娱乐——追求卓越可以是一种美，它能给人类的灵魂带来深深的满足感。"① 学术是学者的生命，学术自由是与大学相伴相随的。诚然，自由与大学相伴相随，大学珍爱自由，自由维系大学。诸如，哈佛大学、斯坦福大学、牛津大学等世界一流大学，无不是高水平的大学，又都是自由的大学。同时自由与自治紧密联系在一起，大学越自由，那么这所大学的自治程度越高。

现代大学制度的根基在于大学要有自治与自由的环境，这就需要大学需要有学术自由与大学自治作为保障，这样的大学才有可能基业长青并葆有永久的生命力。因而，好大学是崇尚自由、珍爱自治的大学。当然学术自由并不是可以随意地自由，也不是可以任意地自由，它是有条件的，是有限度的，它需要在国家相应的法律法规的保障之下，也需要遵从国家的法律法规及其法律制度。如若大学的学术自由不按照这些规则去履行，那么大学的学术自由将会危害大学的发展。真正的自由并非不计后果的随心所欲。"自由是选择和责任、个人需要和社会需要之间的一种平衡。"②

雅斯贝尔斯认为大学是追求真理的自由之所，大学人自由地探索真理而不受外界的干预。"大学是一个人们可以在这里自由地探索真理，教授真理的地方，也是一个人们可以为了这个目的蔑视一切想剥夺这种自由的人的地方。"③ 学术自由的缘起发轫于欧洲中世纪的大学，以博洛尼亚大学、巴黎大学为代表的中世纪大学的一大批知识分子秉承学术行会（guild）的自治传统，拒斥大学之外的教会势力和世俗势力对大学的干涉或干预，中世纪的知识分子以学术自由为自己的方向标而不断追求真理、探索真理、传承真知。中世纪大学的知识分子是来自世界各国的，秉承科学没有国界，追求学术自由。因而，中世纪大学的学术自由是一笔宝贵的遗产，并且成为后世大学的垂范。"由于它的成员是来自所有有可能的国

---

① ［美］哈瑞·刘易斯. 失去灵魂的卓越：哈佛是如何忘记教育宗旨的［M］. 侯定凯，等译. 上海：华东师范大学出版社，2012：217.
② ［美］哈瑞·刘易斯. 失去灵魂的卓越：哈佛是如何忘记教育宗旨的［M］. 侯定凯，等译. 上海：华东师范大学出版社，2012：132.
③ ［德］卡尔·雅斯贝尔斯. 大学之理念［M］. 邱立波，译. 上海：上海人民出版社，2007：12.

家的教师和大学生，由于它活动的性质，是没有国界的科学，由于它的眼界开阔，主张普遍教学的自由，要求有到处进行教学的权利，规模宏大的大学的毕业生享有这种权利。它和其他社团组织相反，没有对地区市场的垄断权。它的领域是基督教世界。"[1] 教师的教学与研究自由以及学生的学习自由是大学教师与学生所具有的学术自由的两大主要内容。发表文章的自由、出版自由以及言论自由等学术领域里的自由等都属于教师所享有的学术自由。而这些自由的享有需要大学这一学术组织的自治。中世纪大学的知识分子就在为大学免于政府、社会等各种势力的干预而努力斗争，为取得自治权而力争获得特许状（charter）与办学的印章。

美国高等教育学者布鲁贝克在其《高等教育哲学》一书中指出学术自由的合理性是建立在认识、道德与政治的高等教育哲学基础之上，才有其学术自由的合理性的存在。[2] 就学术自由问题的看法，人们普遍是基于认识论方面的。作为高等教育的悠久传统之一的学术自治，布鲁贝克指出："在知识问题上，专家应该是一个自治团体。"[3] 作为介于已知与未知之间，深奥并让人晦涩难懂的高深知识，只有大学教师才享有，并掌握其知识产权，所以教师对知识的解读等方面享有自治权，即他们自己掌握该传授什么样的内容，怎样传授这些内容等都由教师自行去把控。"由于他们最清楚高深学问的内容，因此他们最有资格决定应该开设哪些科目以及如何讲授。"[4] 然而大学自治并不是绝对的，它是相对的，布鲁贝克进而又指出"传统的高等教育自治现在不是，也许从来都不是绝对的。首先完全的自治必然要求完全的经费独立，这种程度的独立是根本不可能的"[5]。

---

[1] [法]雅克·勒戈夫. 中世纪的知识分子[M]. 张弘，译. 北京：商务印书馆，1996：65-66.

[2] [美]约翰·S. 布鲁贝克. 高等教育哲学[M]. 王承绪，等译. 杭州：浙江教育出版社，2001：46.

[3] [美]约翰·S. 布鲁贝克. 高等教育哲学[M]. 王承绪，等译. 杭州：浙江教育出版社，2001：31.

[4] [美]约翰·S. 布鲁贝克. 高等教育哲学[M]. 王承绪，等译. 杭州：浙江教育出版社，2001：31.

[5] [美]约翰·S. 布鲁贝克. 高等教育哲学[M]. 王承绪，等译. 杭州：浙江教育出版社，2001：31.

第四章 走向人的全面发展的大学人文教育的路径

赫钦斯认为大学的建立与存在不应以外在的实用性价值为目标,不能去迎合外界的需求,而需要追求自己内心所往与所望,坚持真理、追求真理、探求学术,大学是学术自由之地,是独立思想之地。"我能够想得出的大学的最好定义,就是大学是一个独立思想的中心。大学也可能具有其他的意义,不过,如果大学不能成为独立思想的中心,则大学也就归于失败了。"① "一个大学的各个组成部分,都有一个共同的目的,此目的可能,而且应该就是为追求真理而追求真理。"②

自由教育是大学的一颗童心,"就世界范围而言,自由教育始终伴随着大学,无论经历了怎样的曲折,大学仍然与自由教育难舍难分。自由教育作为大学的'一颗童心'尤其在一些著名大学依然完好保留"③。自由教育在大学中的意义、作用、地位在英美国家学者所倡导的自由教育理念中可见一斑。英国学者纽曼在《大学的理想》④一书中极力倡导大学的自由教育,他认为大学是传授普遍知识的场所,而传授普遍知识的目的就是培养人的理智,培养人的理智的途径便是通过大学的自由教育来进行。美国学者赫钦斯在《美国高等教育》⑤一书中抨击了大学过分地强调专业教育、职业教育,大学过于注重专业、职业教育导致了大学的专业主义与职业主义教育的困境,从而难以培育知识通达、广博的人才,由此他倡导大学教育要进行永恒主义教育,阅读经典,阅读具有永恒意义的名著。哈佛学者哈瑞·刘易斯在《失去灵魂的卓越——哈佛是如何忘记教育宗旨的》⑥一书中抨击了大学舍本逐末的做法,倡导大学要进行通识教育、博雅教育,以培养的人才更通达、更自由。

---

① HUTEHINS R M. The Conflict in Education in a Democratic Society [M]. London: Hurperk Brather, 1953: 10.
② HUTCHINS R M. The higher learning in America [M]. London: Transaetion Publishers: 1995: 95.
③ 张楚廷. 高等教育哲学通论 [M]. 北京: 高等教育出版社, 2010: 207.
④ [英] 约翰·亨利·纽曼. 大学的理想 [M]. 徐辉, 等译. 杭州: 浙江教育出版社, 2001.
⑤ [美] 罗伯特·M. 赫钦斯. 美国高等教育 [M]. 汪利兵, 译. 杭州: 浙江教育出版社, 2001.
⑥ [美] 哈瑞·刘易斯. 失去灵魂的卓越——哈佛是如何忘记教育宗旨的 [M]. 侯定凯, 等译, 上海: 华东师范大学出版社, 2012.

现当代的多元化巨型大学也十分重视自由教育,如哈佛大学为了推行自由教育成立了哈佛学院,复旦大学成立了复旦学院等。哈佛学院、复旦学院等的成立是为了通过大学的通识教育、自由教育(博雅教育)让大学培养的人的人格更加健全、培养的人更加通达,尤其是在普及化高等教育的今天显得尤为重要。大学是崇尚自由、珍爱自由的大学,是有良好学术自由环境、让学者能潜心学术研究的大学,是坚守自由教育、推行博雅教育和通识教育的大学,是让培养的学生更加全面、健全和通达的大学。

(二) 大学离不开教育自由

大学教育自由指涉人的自由,关注人的自由,大学的教育自由是对大学本身的一种超越,是对人与大学的超越性的一种哲学思考,更是对自由教育的一种实践形态。教育自由最终的旨归是"成人",成教师之"人",也成学生之"人",大学教育事业原本是一项成"成人"的事业,因为大学的根本使命在于培养人,而培养人是要将人培养成为更为智慧、更为通达与健全的人,智慧、通达与健全之人的达成需要大学的教育自由,这也便是大学的教育自由的目的之所在,即让人成"人",成为"自由人"。

雅斯贝尔斯在《什么是教育》一书中认为教育的意义就在于使人成为自己,成为一个整全的自己。教育的意义在于培养学生的个性,使其成为健全与整全的人,而非单向度发展的人。"教育正是借助于个人的存在将个体带入全体之中。个人进入世界而不是固守着自己的一隅之地,因此他狭小的存在被万物注入了新的生气。如果人与一个更明朗、更充实的世界合为一体的话,人就能够真正成为他自己。"[1] 而只有成为整全的人方能成为自由人,这就是教育的意义,即教育的意义或作用在于使人成为自由的自己,成为自由人,"教育帮助个人自由地成为他自己,而非强求一律。教育诉诸自由,而不是人类学上的自然事实,教育以从自由中不断获得的东西为其内容。如果教育变成了权威,那它就失败了"[2]。雅斯贝尔斯强调

---

[1] [德] 卡尔·雅斯贝尔斯. 什么是教育 [M]. 邹进,译. 北京:生活·读书·新知三联书店,1991:54.
[2] [德] 卡尔·雅斯贝尔斯. 什么是教育 [M]. 邹进,译. 北京:生活·读书·新知三联书店,1991:55.

自由，反对权威，因为权威会压制人的个性，会干涉或阻碍人的个性与自由发展。在这里，雅斯贝尔斯强调教育需要诉诸自由，教育离不开自由，自由与教育是难舍难分的。这是从教育的意义上去谈及教育与自由的关系的。雅斯贝尔斯认为大学是追求真理的自由之所，大学人自由地探索真理而不受外界的干预。为了更好地保障大学人的教育自由，国家和社会层面就要做好本职工作，国家和社会要建设好的制度、营造好的教育自由环境来保障大学的教育自由。国家需要保证大学免于受到外界政治权力的干涉与干预，"国家既然已经授予大学不受政治权力干涉的豁免权，那它也应该尊重大学，保护大学不受其他一切形式的干涉"[①]。"国家担保大学享有开展科学研究和教学活动的权利，而不必受党派政治的控制，也不必受任何通过政治、哲学或者宗教意识形态所传达的高压的控制。"[②]

伊曼努尔·康德在《论教育学》中论述了教育与自由的难舍难分的关联。他说，"离开了教育的人就不知道如何运用其自由"[③]。在康德心里，自由是一种能力，需要人去充分把握与驾驭，只有接受了教育的人，才能更好地去享有自由，才有驾驭自由的能力。这是以运用自由的能力的维度来谈及教育与自由的关联的。在怀特海那里，自由是通过智慧来获得的，智慧需要掌握知识，而掌握知识需要教育。"智慧是掌握知识的方法。它涉及知识的处理，确定有关问题时所需知识的选择，以及运用知识使我们的直觉经验更有价值。这种对知识的掌握就是智慧，是可以获得的最本质的自由。"[④] 怀特海是通过智慧与自由的关联来说明自由与教育的关系的，他认为人是通过教育，接受并掌握知识，从而达致智慧便获得了自由。

大学从其诞生之日起，大学的教育原本就是一项"成人"的伟大事业，而这一事业的完成需要大学里的教育自由。为了更好地彰显大学教育

---

① [德] 卡尔·雅斯贝尔斯. 大学之理念 [M]. 邱立波，译. 上海：上海人民出版社，2007：174.
② [德] 卡尔·雅斯贝尔斯. 大学之理念 [M]. 邱立波，译. 上海：上海人民出版社，2007：185.
③ [德] 伊曼努尔·康德. 论教育学 [M]. 赵鹏，等译. 上海：上海人民出版社，2005：13.
④ [英] 怀特海. 教育的目的 [M]. 庄莲平，王立中，译. 上海：文汇出版社，2002：42-43.

的神圣，凸显大学教育的灵性，施展好大学教育的智慧，让大学这一生命体更具有活力，大学这一学术组织必然需要教育自由。大学教育自由是大学办学自主权、教师主体发展与学生个性发展的必然要求，构建好大学教育自由的理论体系有助于更好地为大学自主权的落实提供理论依据与指导依据，有助于教师主体性与学生个性发展的落实，也有助于让大学里的人更能成"人"，因为大学从其诞生之日起，大学的教育原本就是一项成"人"的伟大事业，而这一事业的完成需要大学里的教育自由。

二、大学需要守护自由

（一）大学自由精神需要科学与寂寞精神的守护

大学精神所张扬的是大学人的共同的理想信念、信仰操守与价值守望。大学精神对大学的发展具有精神引领作用，大学精神为大学功能的实现提供价值导向作用，也为大学使命的达成发挥着指引的效用与功能，因而可以说大学精神体现着大学的神性，也是大学卓绝与否的象征。"大学精神是在某种大学理念的支配下，经过所在大学人的努力，长时期积淀而成的稳定的、共同的追求、理想和信念，它是大学生命力的源泉，是大学文化的精髓和核心之所在，是对大学的生存起决定性作用的思想导向。"[1]德国古典大学主要有四大核心价值观，即德国的四大古典大学观在于修养、科学、自由、寂寞，这四个关键词也体现了德国古典大学的大学精神所在，这四大古典的大学精神放在今天的大学何尝不适用呢？答案当然是肯定的，也就是说德国古典大学观的四大核心理念的科学、自由、寂寞、修养在当今大学也是同样适用的，所以科学、自由、寂寞、修养的大学精神具有永恒的价值意义。大学的自由精神作为大学制度的根本性精神之一，要求大学要有自由的氛围和自由探索的精神，而大学自由精神的维护当然离不开科学精神与寂寞精神的守护。

1. 在大学的科学精神上

大学的科学精神在于"为科学而科学""为真理而真理"的精神。科

---

[1] 刘亚敏. 大学精神探论 [J]. 未来与发展，2000（6）：61.

学精神的概念源起于古希腊文明时期,是希腊的人性自由思想的一种文化形态的存在,它所关注的是真理的内在推演。我们不能简单地将科学精神看作科学知识、科学方法、科学观念,也不能狭隘地理解科学精神只是单纯的自然科学精神或社会科学精神,而忽略了人文科学精神。科学精神与自然科学精神、社会科学精神、人文科学精神一道成了大学精神的综合体,它们的共通共融才成全了科学精神的精神共契。所以说科学精神映衬的是整个社会的文化形态,表征着科学的哲学精神和文化精神,彰显着科学世界的哲学意蕴与文化意蕴,反映的是人类对"真、善、美"的向往与追求,促成着科学精神成了人类共有的精神和文化信仰。科学精神与大学文化是紧密相连在一起的,它反映的是大学文化的生存样态与生存境界,为当代大学的思想、信念提供动力支撑,体现的是大学的文化自觉与文化自信,凝聚着大学的向心力、生命力以及感召力。大学文化由物质文化、精神文化、制度文化、形态文化等层面构成,其中体现着大学文化的核心要数精神文化了,精神文化也是大学文化的重中之重,精神文化所具有的意蕴更加彰显着大学文化的灵与魂。因此,从这个意义上讲科学精神与大学文化,特别是作为大学文化核心与重点及灵魂的大学精神文化存在着价值契合。科学精神与大学文化一道为大学的生存与发展、共生与共融提供着强大的支撑与后盾,铸成大学有文化、有精神、有科学、有人文、有灵魂。

2. 大学的寂寞精神上[①]

大学的学术工作是需要寂寞的,寂寞与学术工作难舍难分。大学作为高深知识的传承、探究、应用与发现的场域,当然需要寂寞性的守护。因而大学在寂寞精神上主要表现在守护寂寞是高深知识之基。因为学术工作本来就是一项清静的事业,它需要排除外界对学术工作者的干扰、侵扰。学术具有高深性,学术的高深知识需要大学教师的寂寞性,学术与寂寞二者不可分离,紧密联系在一起,学术需要寂寞,寂寞是学术工作的基本保障条件之一。只有耐得住寂寞,坐得住冷板凳才能解决教育、哲学、科技

[①] 曾维华,王云兰,刘洪翔.作为高深知识的高等教育[J].黑龙江高教研究,2016(10):27-31.

等学术领域的艰深的难题，因为学术是一项寂寞的、静悄悄的事业。

北京大学学者陈洪捷教授认为德国古典大学观的核心要素主要体现在四个关键词上，即修养、科学、自由及寂寞，寂寞这一大学学术研究工作者所需要有的情怀便位列其中。可见，寂寞也是学术工作者所需要坚守的学术品格，学术的高深知识离不开寂寞的研究环境，也离不开学术工作者的寂寞坚守。德国教育家洪堡把自由与寂寞视作大学的两大根本组织原则，同时又把"寂寞、自由、科学、修养"作为古典大学的四大核心要素，其实"科学、修养、自由、寂寞"对于现代大学也适用，也可以作为现代大学的四大核心要素。"学术工作中的寂寞似乎包含以下四层含义：第一，寂寞与交往相对举，……所以甘于寂寞的背后常常是对其学术工作的强烈爱好和兴趣。"[1] 笔者认为，寂寞是一种生存状态，是人远离浮躁、焦躁的外部环境，不为外界焦躁、浮躁的环境所干扰而潜心于自己的事业的一种生存状态。大学的学术寂寞就是指大学教师对高深知识的探究、发现工作不能被外界所侵扰，大学生特别是将来有志于从事学术研究工作的硕士、博士生对高深知识的学习也不能被外界所侵扰，大学师生要潜心于自己的学术工作，自由地进行学术研究。在物质有保障的前提下，不为外界的功利与物质利益所左右，对高深知识的学术的传授、探究、应用、学习有着强烈的好奇心、兴趣与激情，安心、静心于高深知识的学术研究的一种学术工作状态。

寂寞之于大学与学术有着十分重要的作用。

首先，寂寞有利于学术的繁荣。学术的繁荣是离不开寂寞的，正如金耀基先生所言："喧闹是教育和学术的天敌。"[2] 寂寞能为学术的繁荣创建有利的工作环境，寂寞并不是意味着学术工作者不与外界接触或打交道，而是学术工作者要有寂寞的能力，坚守寂寞不为外界功利与利益所侵蚀，有寂寞的情怀与理想，心无杂念，专心、安心于自己的学术研究工作，为学术的繁荣与发展贡献自己的智慧。

其次，寂寞有利于高深知识的寻获。大学教师坚守了寂寞，才能够静

---

[1] 陈洪捷. 论寂寞与学术工作 [J]. 北京大学学报（哲学社会科学版），2002（11）：138.
[2] 金耀基. 大学之理念 [M]. 北京：生活·读书·新知三联书店，2008：23.

悄悄地进行高深知识的探究、发现、整合与应用工作，在寂寞的坚守中去探究新的高深知识，在寂寞的研究中去发现高深知识的一个又一个制高点，从而更好地寻获高深知识。

再次，寂寞有利于保障自由。寂寞与自由是现代大学所需要秉承的两大组织原则。寂寞能让从事高深知识的研究者自由自在地进行学术研究工作，让学术工作者自由地思想、自由地想象、自由地假设、自由地论证，从而得出新的结论，为自己的发现开拓出另一番天地。寂寞是学术工作者的一个重要的条件，也是自由得到保障的条件之一。

最后，基础理论研究、尖端科学技术研究领域等的高深知识的研究工作需要寂寞的守护，即寂寞为高深知识在基础理论研究领域与尖端科学技术领域的研究工作提供了坚实的屏障。因为每一项新的高深知识的突破都不是注重当下的价值与功用，也不是当下即可彰显效果与成绩的，而是需要学术研究者去坚守长期致力于高深学术研究的孤独、独处、宁静，不为外界纷扰所困扰，不为功名利禄所驱使，寂寞地去守护学术的纯粹性。因为"学术生活方式有其特点：简单、高贵、超脱"[①]。学术生活方式的简单、高贵与超脱的特性恰好也体现了大学与学术的寂寞性品格的特性。

（二）大学自由的守护需要学术为魂的坚守与确立[②]

大学的自由受到大学的学术权力与行政权力的两大权力系统的限制，这两大权力系统的限制也给大学人的自由学术的探究带来了不良的影响。这就要求在大学的学术权力与行政权力之间寻求一个制衡点，在大学中确立以学术为魂，以寻求二者的平衡点，让师生更好地进行自由的探究与学习。对大学的定性与定位不准确，这是大学内部行政权力和学术权力严重失衡的根源。各级政府以从上到下的方式对大学进行严格的行政控制，把大学视为政府行政机构的隶属机构或延伸机构。因而，行政权力而不是学术权力在大学内部起主导作用。大学的办学自主权总是有限，其面向的是

---

① ［美］亚伯拉罕·弗莱克斯纳. 现代大学论——美英德大学研究［M］. 徐辉，陈晓菲，译. 杭州：浙江教育出版社，2001：263.
② 曾维华，王云兰，刘洪翔. 大学内部两种权力的共存、失衡与制衡［J］. 当代教育科学，2016（1）：7-9.

政府办学而非社会自主办学。大学是学术组织，出人才、出成果是大学的两大最基本职能。"以学术创新和人才培养服务于社会需要和国家目的是大学本质属性的体现。"① 立足人的发展和学术发展是其两大基本任务，传播知识、发展知识、传承与创新知识，是大学所要进行的主要工作。大学作为一个独特性的学术性组织机构，具有自身学术发展的运行逻辑，对大学的学术管理也要遵循其学术运行的逻辑，政府要按照大学的学术发展规律办事，这样的大学才能真正发展好、运行好。建立中国特色的现代大学制度，大学内外需要对大学进行准确定性和定位——大学的本质是学术组织，进而围绕知识与学术来进行大学内部的制度安排。学术为魂、师生为本，体现大学的根本价值。

许多大学抱怨现行社会和政治经济体制等外界的东西对我们的干扰、束缚和控制太多，使大学失去了更多的民主和自由。但大学需进行自我反思：我们大学是自觉抵制外界的干扰还是随波逐流呢？自由的丢失是行政权力的泛化致使？正如张楚廷教授所言："大学应该主要问责于自己。大学让自己的行政权力漫无边际地延伸到了何种程度，难道自己不负主要责任？谁叫你这样蔓延？由此造成的学术自由、思想自由的大量自我丢失，大学能把责任推诿于他人吗？"② 实际上，大学内部事务拥有很大的自主权，课程开设、教学日常管理、教师招聘、学生奖学金评定、教学经费支配等方面拥有自主权，大学人应该利用现有这些自主权和自由权，真正地淡化行政级别，彰显学术权力，按照大学内部自身运行的规律与逻辑来建设好现代大学制度。"我们依法积极主动向大学以外尤其是政府主管部门争取我们应有的权力。中国学人不应仅抱怨是外在的制度自由，更重要的是内省自己坚守寂寞的能力。"③ 不管什么时候，应坚守大学学术自由的立场，抵御来自内部和外部的干扰，专心学术，致力于学术自由、把握自由、驾驭自由。

---

① 张应强. 把大学作为学术组织来建设和管理 [J]. 中国高等教育，2006 (19)：17.
② 张楚廷. 学术自由的自我丢失 [J]. 高等教育研究，2005 (1)：5.
③ 张志勇，高晓清. 寂寞的能力——关于学术自由的另一种思考 [J]. 现代大学教育，2009 (4)：63.

三、给予自由的制度支撑①

行政权力在大学中占据上风地位,而学术权力处于旁落甚至是式微的地位,从而导致了行政化,这就给大学的学术自由与大学人的自由带来了一定的限制,去行政化也恰好给大学人的全面发展提供了一剂良药,这就要求政府与大学共同给予大学的自由的制度支撑。

大学去行政化并不是说大学需要去掉行政管理,尤其是在多元化巨型大学的今天,大学规模越来越大、事务越来越复杂,去掉行政管理对大学而言是根本行不通的,也是不可能的,因而行政体系与行政管理在大学是需要的。大学去行政化就是要去掉行政管理的官僚化模式,树立行政管理服务于学术管理、行政权力服务于学术权力的理念与意识。学校的行政管理要为大学的培养人才、发展科学、服务社会、国际交流合作以及传承与创新文化而工作,保证行政管理的科学性、合理性,确保大学的行政能服务于大学的学术性与教育性的活动的运行,从而促使大学能更好地实现其目标与使命。

大学去行政化的可行之道便在于优化与完善大学治理结构。大学治理结构包括两大层次:一是大学的外部治理结构,主要是理顺大学与社会、大学与政府之间的治理关系;二是大学的内部治理结构,主要是理顺大学与大学、大学内部行政系统与学术系统、大学内部各系统要素之间的治理关系。

(一) 复归学术本位——营造行政服务学术的氛围

"大学去行政化必然要求克服行政化倾向、取消实际存在的行政级别和行政化管理模式化,在学校外部推进政校分开、学校内部实行管办分离,还大学学术组织的本质属性。"② 大学的发展离不开学术事业的传承和探究,离不开学术的继承与创新发展,大学无法失去其学术根基,如若没有学术作为大学存在的合法性依据,大学的学者将无所依托,大学也就动

---

① 曾维华,王云兰,蒋琴.大学去行政化的拐点:优化大学内部治理结构[J].广西社会科学,2017(1).
② 郭平.大学去行政化研究现状与当下之思[J].黑龙江高教研究,2011(11):37.

摇了其存在的根基,失去了学术,大学学者便失去了其精神信仰,大学也就成了没有精神的空壳。因此,大学作为一个以学术为本质属性的组织机构,始终要树立学术至上的理念,践行学术至上理念,让行政服务于学术,复归大学的学术本位。

首先,打造服务型行政模式。服务型行政是政府行政部门要以公民利益为中心,以百姓福祉为出发点,淡化甚至是取消行政命令、指令等控制性权力措施,以民主型方式来执行其行政管理。服务型行政模式就是要求政府部门成为服务性组织,确保民主、民生权力的最优化、最大化。服务型行政模式用于大学,就是要求大学的行政管理要淡化甚至取消其行政化官僚管理模式,秉承学术至上的行政服务理念,让行政权力服务于学术权力,行政权力不插手非行政性事务,让学术的归学术,行政的归行政,强化学术权力,淡化行政权力,让服务型行政模式在大学扎根,回归大学的学术本位,彰显大学的学术权力。

其次,重建大学精神屏障。大学因行政化而使得很多学术人员为了获取更多的资源,而争相去谋得一官半职,以获取更多的学术资源,致使学术人员与学术队伍行政化;大学也因其官僚化的影响,学术也按照行政级别来划分其等级,给予学术人员以职位,使得学术级别行政化。这些学术人员行政化、学术队伍行政化以及学术级别行政化,究其原因就在于大学人的精神的沦丧,大学人的精神式微,失去了其精神信仰,而把权力奉为精神依托。这是一种本末倒置。大学的最为核心的精神信仰是需要秉承为"真理而真理,为知识而知识,为学术而学术"的理念,大学的行政管理也要以这一学术的精神信仰为理念屏障,才能让大学行政真正服务真理、服务知识、服务学术,而不是让真理、知识、学术成为大学行政的附庸。

再次,重新调配行政权力与学术权力的关系。离开学术权力,高校就丧失了其存在的根基,因为大学是探究、传播、发现、应用高深知识或高深学问的场所,而高深知识的探究、传播、发现与应用离不开大学的学科与教授,学科与教授存在于大学的学术场域开展其高深知识的活动的,学术权力因此也就成了大学内部权力的核心。行政权力是为了大学得到有效运行而合理、科学地存在的,因其行政管理是为了更好地将大学教授们聚集在一起，在学科共同体、学术共同体中朝着共同的目标而有效地运作。行政权力与学术权力的分离的关键在于不能用行政权力代替学术权力，也不能用行政权力的机制来取代学术权力的运行机制，学术权力的运行机制与行政权力的运行机制是有区别的，需要区别对待、区别运用。行政权力的行使需要围绕学术权力而展开，学术权力的充分有效运行也能为行政权力的服务性营造好的环境。

（二）建设现代大学制度——以学术自由、大学自治原则为基准

建立和完善现代大学制度是我国实现高等教育强国的必然选择，也是推动高等教育健康、稳定、科学、可持续发展的制度性保障。完善大学内部治理结构是我国高等教育领域必须面对的问题，也是我国高等教育领域所要面临的改革与发展的重中之重。提升大学治理能力，完善大学治理体系，完善并优化大学内部治理体系与治理结构的关键在于现代大学制度的建立和健全。现代大学制度是大学制度的根基所在，这就要求我国的大学建立健全"党委领导，校长负责，教授治学，民主管理"的现代大学制度。作为大学内部治理结构的基石的现代大学制度，大学去行政化的关键和核心就在于优化、完善大学内部治理结构，这也是大学去行政化的根本，而现代大学制度的建设也为大学内部治理结构提供了最为牢靠与稳固的制度性保障。

现代大学制度主要包括宏观的现代大学制度与微观的现代大学制度。宏观的现代大学制度主要指国家层面的现代大学制度，即指大学与政府、大学与社会、大学与国家以及大学与大学之间的关系构架，而微观的大学制度是大学自身层面的现代大学制度，即指大学制度内部包括大学的行政权力、学术权力、学生权力、教师权力、民主权力等各种权力之间的关系架构。而现代大学制度的根本就在于学术自由（academic freedom）、学术自治（academic autonomy）、学术责任（academic responsibility），即"3A"原则。

1. 保障学术自由

大学的行政化是不利于学术自由的，行政化的科层管理体制与运行模式使人会按部就班，不容易出新思想、新观念、新方法，因为"大学的行

政化倾向必将会束缚学术自由，扼杀人的创造性思维"[1]。因此，保障学术自由的基本保证在于大学要着力去行政化，作为现代大学制度的根基的大学自治与学术自由容易被行政化所遏制。"大学学者们天然地要学术自由，就像花草树木天然地需要雨露、阳光一样。"[2] 学者天然地热爱学术自由，并希望维护好、发展好学术自由，因为学术自由从一定意义上讲是学者的生命，更意味着是大学的生命。

那么如何保障学术自由呢？可以从以下三方面着手。

其一，摒弃"官本位"意识，营造宽松的学术自由环境。大学是从事学术研究的地方，是从"学"而非从"商"，也非从"政"的场所。行政化的官僚管理模式，科层等级森严给大学带来的是处处充斥着"官"味，以至于他们有自己的学术思想而无法自由表达，这种"官本位"意识压制着学术人员的自由思想、自由研究与自由表达，因而只有摒弃"官本位"意识，行政人员用行政服务学术的理念来为学术人员的学术研究工作营造良好、自由、宽松的学术环境，才能让大学的学术研究得以繁荣发展。

其二，建立健全学术自由的法律保障体系。学术自由是不能架空的享有，而是需要有法律制度体系来保障，才能让学术自由有法可依、有章可循，也让学术研究人员在国家的法律法规框架下进行自由的发表、自由的出版、自由的演说等，否则学术自由失去了法律制度体系的保障也将会无边无界而丧失了其合理性、合法性。

其三，让教授治学形成优良传统。在行政化管理模式运营下，行政人员与行政机构执掌教授的学术事务，行政化管理模式带来的后果与危害就是教授难以成为治学的主体，教授的学术自由受到行政权力系统的压制，其学术自由权与学术权力被架空。"长期以来，高校内外部管理的行政化，甚至行政权力凌驾于学术权力之上，教授治学在实践中面临与原有制度所形成的惯性以及与现有其他制度之间的嵌入性等问题，导致尽管已经出台关于教授治学的相关制度，但制度作用的发挥却受到很大程度的制约。"[3]

---

[1] 季飞. 大学为什么要"去行政化"[J]. 现代教育管理, 2010 (9): 20.
[2] 张楚廷. 高等教育哲学通论[M]. 北京: 高等教育出版社, 2010: 202.
[3] 金久仁. 教授治学的应然性与实现路径研究[J]. 黑龙江高教研究, 2015 (11): 48.

只有学校拥有更大的办学自主权,教授拥有更多的学术自由权,教授的治学权才能够得到最大限度的发挥,形成教授治学的优良传统,营造学术自由的良好氛围,大学的学术之树才能常青,大学的学术与生命力才会更加旺盛。

2. 落实大学自治

"自治是高深学问的最悠久的传统之一。"[1] "失去了自治,高等教育便失去了精华。"[2] 大学自治体现着大学的自治精神,大学自治与学术自由共同建构了现代大学制度的根本,办好大学离不开自治。大学在行政化的官僚管理模式下,国家、政府对大学干预、把控得过多,政府部门的管控贯穿于高等教育的各个环节与部门,是不利于大学发展的。

大学去行政化就是要求政府、国家给予大学更大的自主权与自治权,把更多权力下放给大学,而不是对大学严加管制。给予大学办学自治权,能够让大学自主设置专业、自主招生,能够根据社会的需求而适度调整专业,否则办什么专业、在哪些领域进行招生等都需要政府来调配,将不利于大学盘活办学资源、增强办学活力;给予大学以自治权,是为了更好地加强大学与大学之间、大学内部系统之间的竞争,通过竞争来挖掘大学间的优势资源,整合大学内的课程、专业与学科的资源建设,从而促进大学的发展,否则由政府对大学"一刀切"的管理无法让大学通过竞争而竞相发展;给予大学自治权,也是给大学的学术自由与教授治学营造环境,提供环境与制度性保障。

大学自治、学术自由、教授治学这三者之间是一脉相承的,大学失去自治,大学的学术自由无从谈起,大学的教授治学也无从谈起。大学在行政化的官僚管理模式下,势必会造成行政权力占据主导地位,而学术权力处于弱势地位,导致学术人员行政化、学术队伍行政化、学术等级级别化,这终将危及大学教授治学的优良传统,不利于大学学术的良性发展。

---

[1] [美]约翰·S. 布鲁贝克. 高等教育哲学 [M]. 王承绪,等译. 杭州:浙江教育出版社,1987:31.
[2] [美]约翰·S. 布鲁贝克. 高等教育哲学 [M]. 王承绪,等译. 杭州:浙江教育出版社,1987:31.

大学去行政化就是要求政府给予大学自治权,让大学去"官"化,保障大学的学术自由与教授治学。当然,大学的自治并不是绝对的,而是相对的,是有其权力边界与界限的,这就需要大学要有自律,大学要有高度的自律自觉意识,在国家法律法规、政府教育部门法律法规体系下行使其自治权,政府加强对大学的宏观调控,从方针、政策等上正确引导大学走向自治,保障学术自由与大学自治。

第二节　观念:认识人文教育的重要性

一、人文教育的价值

人文教育的最终目的是培养人,使人的自由度不断增加,逐步走向人格的独立与生命的整全,从而达致人的全面发展,这种全面发展不仅是物质上的发展,更是精神上的发展,也是心灵上的发展。但是在当下社会,教育被各种工具主义、功利主义、职业主义、实用主义所蔓延与浸染,导致在整个教育过程中忽视了大学教育的真正指向是在于提升人的精神、提升人的人文素养,使人走向更加自由、更加通达与健全的人,达致人文教育的最终旨归,即求得人的全面发展,因此,在大学教育中要重启人文教育的价值。

(一)人的全面发展的核心和标志在于人文精神和科学精神的协调与同步

人文教育的最终目的是为着促进人逐步走向全面发展,而人的全面发展有赖于人文精神的提升,有赖于人文素质的提高,因而人文教育的价值也是建基于人文精神的价值之上的。因为人文精神体现着对人的主体价值与生命意义的关怀,关注着人的素质与人格完满的提升、提高,指引着科学精神朝着更好的方向发展与迈进,从而更好地探求真理、追求真理。人文精神是人的全面发展的核心与标志所在。人文教育体现着其精神价值,这种精神价值就是人文精神。

1. 人文精神体现着人的全面发展的精神，人文精神和科学精神构成了人的全面发展的基本内容

人的全面发展学说是教育学领域里一个重要的基本命题，并在马克思主义理论学说中占据重要的位置，涵括了人的个性全面发展、人的劳动能力的发展以及人的社会关系的丰富等方面的内容，是马克思、恩格斯思想的出发点与归宿。本书从教育学领域对人的全面发展学说进行相关阐释。

在教育学学科视角里，对人的全面发展学说有着丰富与重要的论述要数我国著名教育家张楚廷教授了。张楚廷教授在《全面发展的九要义》[①]一文中对全面发展从人的解放、人的权利、学校和社会的义务、个性发展、自由发展、审美发展、和谐发展、基本面发展与发展着走向全面九个方面进行了独到的分析与阐述。从张楚廷先生对人的全面发展学说的解释中我们可以知晓人的全面发展是渗透着人文精神与科学精神的，人的全面发展也包含着人文精神与科学精神的。人文精神体现着人的全面发展的精神，人的全面发展意味着是以人文精神为灵魂与导向，是以人文精神与科学精神为基本内容的全面发展。人文精神的意蕴在于促进人发展成为人，使人成为有品质的人、有道德的人、有操守的人、有情怀的人、有价值的人等，而这一意蕴与人的全面发展具有同样的旨归，即人的全面发展在于促进人提升并锻造其本性，涵养其品质，保持其操守，塑造其情怀，升华其人生境界与价值意义，这些人的全面发展的目的也体现出了人的全面发展的本质内涵，可谓人文精神体现着人的全面发展的本质要义之所在。

在当今科技发达的社会时代，人要实现其全面发展的目的，面临着科技、科学与人文、感性与理性、人道与理性、理智与理性、智能与智力、道德与智力等方方面面的博弈，人的全面发展除了需要人文精神的支撑外，当然还需要有科学精神的臂膀予以维护，也就是说科学精神给予人在实现其全面发展过程中实现其真、善、美，因为科学精神同样为着科学的真、善、美。即人的全面发展在于促成人的科学精神与人文精神的协调发展与共同耦合，人文精神与科学精神的充分而自由的发展体现出了人的全面发展的核心要义及本质内涵。

---

① 张楚廷. 全面发展的九要义 [J]. 高等教育研究, 2006 (10)：1-6.

2. 人文精神是人的全面发展的助推器和动力源

人作为活生生的生命个体，具有其自身的主观能动性，人在其人生发展目标与发展方向的选择时会发挥其本身的主观能动性，而其人生发展目标与发展方向的选择必然会有其精神气脉作为导引，以帮助其作出更好的选择，这种精神气脉就是我们所言说的人文精神，一般而言，一个人的人文精神越高，意味着这个人的人生境界、思想境界与人生追求也就越高。因为人文精神涵养着人的世界观、人生观与价值观，蕴含着人对人的生命价值与人生意义的思索、理解和领悟，体现着人对人的人生理想、人生目标与人生发展的旨趣与追求所在，人文精神也就成了为着人的全面发展提供指南针与方向盘的作用，是人的全面发展的助推器与动力源。

人在全面发展过程中，需要其精神动力作为支撑，也需要精神来源。人在其自身发展过程中具有认知的需要、美学的需要、实现人生理想的需要、维护自我尊严的需要，而这些需要离不开人的美学要素，美学要素当然也是人文精神所应有的意蕴。"人在以反身为基本方式催动自己发展的时候，最基本的营养剂是美学要素。——这就是教育的美学公理。"[①] 这条教育美学公理告诉人们，只有成为一个有理性、有理智、有知识、有文化、有品格的人，才会成为一个更美的人。教育的美学公理彰显着人的美，人的美也是一种精神境界，人因为会审美而有着更高的人生理想与人生追求，因为理想追求也是一种更为高尚的美学旨趣与美学境界，这就是一种精神境界，人成为人的精神境界，人所富有的人文底蕴与人文精神命脉。人因为需要，更因为美学需要而有着对自身发展的自觉与自为，对生命意义与人生价值的自觉与自为，人也只有有了这种人文精神的境界之后，才会有对生命意义与人生价值的自觉与自为，从而让生命焕发更加强旺的生机，人的发展动力也会因此更为强劲，人的发展需求也会因此而更加渴望、更加激增，为自我的全面发展的实现不断奋发向上，并会为之作出不懈的努力。所以说人文精神激发了人对自身全面发展的渴望与需求，点燃着人对生命意义与人生价值追寻的动力，人文精神支撑着人的生命发

[①] 张楚廷. 教育基本原理——一种基于公理的教育学 [M]. 长沙：湖南师范大学出版社，2009：16.

展，支配着人的生命旨趣，人文精神成了人的全面发展的助推器与动力源。

3. 科学精神与人的全面发展的旨趣一脉相承

人类精神的两大基本精神性力量在于科学精神与人文精神，科学精神作为人类精神的重要一支力量，对科学的发展、人的全面发展与人类社会的进步发展起着不可磨灭的作用。科学精神是完善人的精神世界的重要因素的力量所在，因为人的全面发展除了物质生活外，还要有精神生活的存在样态，也需要精神世界的充盈与丰满。人的全面发展除了人文素质，当然需要科学素质的充盈，这种科学素质涵括着科学知识，也更涵括着科学精神，科学知识教人学会掌握科学知识，运用科学技术与科学方法，科学精神则促进人对科学知识的认识的不断深化，对科学行为的认识的理性化，用美学与审美的视域来体悟人的精神境界。无论是在人文科学领域，还是在社会科学领域，抑或是在自然科学领域，都离不开科学精神的培育，也离不开科学精神对人文科学领域、社会科学领域与自然科学领域的体认，以便更好地发展人文科学、社会科学以及自然科学三大人类科学生态系统，而这些成就的获取都需要人的素质。人的素质又指涉人的全面发展，人的素质的完善需要科学精神的支撑，因为科学精神在指涉人的全面发展上起着无法估摸的作用性力量。人的全面发展能促成人的高尚的人格的养成，科学精神的目的之一就在于塑造人的高尚的人格情操。科学精神的宗旨在于改善人的精神面貌、涵养人的精神境界、锻造人的人格情操与人格形态。当代科学教育的重要性任务也在于用科学精神改善人的精神面貌、锻造人的人格情操与人格形态，这样的科学教育任务恰恰与人文教育的任务是具有一致性的，而人的全面发展也在于人的人格形态、人格情操及其精神面貌的塑造。所以说科学精神的向度是与人文精神一起"携手"来创建人的美好的精神世界，以营造良好的精神家园，促成人的物质世界与精神世界的全面发展，科学精神在其旨趣上也是为着人的全面发展而具有的精神依归。

(二) 人文教育是人的全面发展的实现的最为基本的力量

从一定意义上讲，人文教育就是教育的灵魂，是教育存在的基底。在人的全面发展过程中起着十分重要的作用，是人实现其全面发展的最为基本的教育力量，对人的人文精神的形成与塑造，对科学素养的养成以及科学精神的培育发挥着核心价值作用。

1. 人文教育是个体精神成人的主导性力量

人的全面发展离不开教育的力量，同样作为个体的人的精神成长，特别是关乎个体精神成人，在其人文精神的形成与塑造的过程中，也离不开教育的力量。大学生个体精神成人的重要场所离不开大学与大学教育。大学教育是大学生个体精神成人的重要路径，在个体的人文精神的形成与塑造过程中大学是重要的场域，大学教育为其提供了平台，尤其是大学的人文教育对作为个体的人的精神成人具有决定性作用，是个性精神成人的主导性力量，也是人文精神的形成与凝练的主导性力量。人文教育在促进人的全面发展中有着其独特的教育功能，发挥着其独有的教育功效并且在其中担负着其自身的特殊任务。人文教育的教育任务、教育功能与教育功效就在于促成个体的精神成人，提升与培育个体的人文精神，提高个体的人文素养与人文素质。如果人文教育在人的个体精神成人与人文精神的塑造与形成的主导性力量被削弱或减弱乃至消失，则会影响人的全面发展的目标的达成，从而阻碍人的全面发展。

2. 人文教育与科学教育共存于教育范畴体系之中

现当代教育学的教育内容体系包括德育、智育、体育、美育、劳育，现当代教育学的教育范畴体系包括人文教育和科学教育。从人的全面发展学说的角度来看，教育所培养的人是德智体美劳等全面发展的人才，这是从国家的方针、政策的角度来讲教育的目的，而从教育的最终落脚点的角度来讲，教育尤其是大学教育所需要培养的人，一是通过科学教育来促进学生科学素养、科学素质与科学情怀、科学精神的人的达成，二是通过人文教育来促进学生人文素养、人文素质与人文情怀、人文精神的人的达成。人文教育与科学教育二者有机结合与相互融通，更好地促进了人的全面而充分的自由的发展。人文教育与科学教育构成了现当代教育范畴体系，是教育实现人的全面发展的不可或缺的内容体系，二者共同致力于教育的完整性与统一性。

172

3. 提升人文教育的价值的落脚点就在于促进教育实现人的全面发展的目的

我国的教育方针明确规定，教育的根本目的是让人得到德智体美劳全面发展。人的全面发展的目标的实现离不开人文教育与科学教育的融合与融通。在现代教育过于倚重科学教育的背景下，人文教育在遭遇式微或者削弱的态势下，我国教育发展的困境之一就是重科技、轻人文，重科学教育、轻人文教育，所以加强人文教育是我们的教育的迫切需求，我们的教育更要彰显与提升人文教育的价值。

人文教育的职责在于将教育中的人文知识、人文素养、人文素质以及人文精神贯穿于整个教育体系与教育活动之中，从而将教育中的人文知识、人文素养、人文素质以及人文精神内化为受教育者自身应该具有的精神品质、精神品格、精神气质及精神秉性，从而促成精神境界与人生境界的提升，涵养其人生境界，促进受教育者的精神成人，达成教育的成人目的，使受教育者成为崇尚真理、向往善良、追求美德的人，使其成为德智体美劳全面发展的人。这一人文教育的任务与人的全面发展的任务是一致的，二者都是为了人的全面发展的旨趣。为了更好地平衡与消解科学主义思潮对现代社会的统摄所带来的科技主义、科学主义、物质主义而导致的人的自由度的缺失、人的发展的缺失，而人的发展的缺失与人的自由度的缺失势必会阻碍人的全面发展的进程，由此，我们有必要加强人文教育，提升人文教育的价值，用人文教育的基本理念去改观人因物质世界的富足所导致的精神世界的迷失，从而促成人的物质世界与精神世界的全面发展，达成人的整体发展水平的新的境界。

大学生在大学教育中接受较高的文化教育与文化熏染或熏陶，更加需要精神世界的补给，以充盈自身物质世界之外的不足，提高自身的人文精神，尽可能地提升自身人文素养与人文素质水平，这就对其人文精神的充盈提出了更高的要求，因为当自我的知识需求与技术需求达到满足状态时，对知识与技术需求的超越则需要人文精神作为依托，诉诸人文教育便是满足自身发展的一种需要与需求，因而需要增强人文教育的价值所在。人的全面发展需要人文教育作为依托，提升人文教育的价值在于促进教育实现人的全面发展的目标，而这一目标的实现恰恰与人的全面发展的目标是一脉相承的。

二、人文教育的作用

我们的教育目标是培养完整的新人，这种新人是全面发展的新人，这种新人是具有科学精神与人文精神的人，这种新人是具有创新思维与创新素养的人，这种新人所造就的是创新型人才。我们国家要成为创新型国家，离不开具有人文精神与科学精神及创新思维与创新素养的人，创新型人才的培养除了具有科学与技术的创新，还要有思维的创新，即创新思维。创新思维的培养与塑造除了科学教育，当然还缺少不了人文教育。因为人文教育倡导教育自由，主张人的自由度的不断增加而达致人的自由本质，主张人的精神充盈而达致人的全面发展，而创新思维需要有自由的多元文化环境与多元文化的自由环境，让人处于自由的状态之中进行自由的学习、自由的思维、自由的创造，以便自身的创新品质能够得以形塑，从而在创新精神上更加富有，在创新思维上更加活跃，以便更好地进行自由创造。大学的人文教育在人的创新精神、创新品质、创新思维的形成与塑造以及自由创造的过程之中起着重要的作用，人文教育的重要作用在于促成人的全面发展，人因全面发展而促进人的创新精神的达成，人文教育能得以促进人走向自由自觉。

（一）促成人的全面发展是人文教育最为根本的作用

人文教育给人涵养精神，使人的精神尤其是人文精神得以彰显和升华，人文教育给人以自由，使人的自由不断得到维护与发展，从而使人的自由度不断地得到跃升，走向全面发展。人的全面发展原本就是一个过程，因为人的自由不断地得以增加而更加趋近于整全人格，促进人不断走向全面发展，使人更加像人，使人更加高大、更加智慧、更加通达与自由。人文教育的作用便是发展人的自由，因发展人的自由使人自由成人，因自由成人使人获得全面的发展。因为"人文教育是赋予人以精神的教育，人文教育是维护和发展人的自由的教育，人文教育是使人更像人的教育，而不是别的"①。也就是说人文教育的目的是让人获得精神的充盈，人文教育的目的就是让人的身体得到解放，更为重要的是让人的思想得到解放，维护着人的自由。

按照哲学的视域来讲，人的全面发展就是让人解放成为人，成为自由人，即人的全面发展在于自由成人的旨归。人的自由意味着人的思想的自由，人格的独立，也就是人的全面发展的取向达成。人作为人的存在意义的崇高使命就在于促成自身的发展、自我的发展，在于促成人的全面发展。人的全面发展取决于教育的成败，教育以人本身为目的，作为实现人的全面发展的人文教育则以人本身为其直接的目的。人要自由成人，意味着人的自由发展，人的自由成人与人的自由发展存在于人的全面发展过程之中，这也就需要人的个性自由作为根基，需要让个性得到张扬，让人格得以独立。

人的全面发展程度是与人的自由状态呈正相关的，也就是说人的全面发展意味着自由度的提高。同理，人越是趋近人格独立的姿态，人的全面发展程度也就处于越高的状态。在科学技术越来越发达与物质越来越富足的今天，人们的精神世界却出现了滑坡的尴尬之地，人的自由也被遮蔽与束缚，人的自由的丢失其实也是一种自我性的丢失。人本身就拥有着思想自由，人本身也有着精神的自由，人也有独立人格，人的高贵性就在于人有自由，人能够自由地思想、自由地思考，能够独立自主，人能够人格独立，不被外界的事物所牵制，不会被外物与他人所牵制和奴役，因为被现代性的物质富足与科技发达所遮蔽而呈现着人的自由与人格独立的真空状态，这是一种自我性的丢失。

一方面，现代性促进了人的自由度的发展与提升；另一方面，现代性又给人的自由带来了限制与束缚。

首先，在自由状态与自由姿态下的人才能真正成为一个完整的人、一个整全的人、一个真正的人，而人失却了自由的状态与姿态，将会演化成为一个被奴役了的人，一个被异化了的人。人只有在自由的状态与自由的姿态下，才能更加充分地发挥他的主观能动性，从而激发他的创造性，人

---

① 张楚廷.大学人文教育与人的解放［J］.高等教育研究，2011（2）：7.

类社会恰恰是在这种自由的主观能动性的发挥与自由的创造性的激发下而走向新的发展，也就是人类社会在自由中走向前进，人类社会科技的进步与变革也助推着人的自由状态与姿态的演进与跟进。现代性包括人类科技的进步、城市化的跟进、理性化的到来等方方面面。现代性的到来，助推着人从对人自身的依附状态进入人自身的独立状态，从而成为一个有独立个性的人，成为一个个性自由与自由个性的人。科学作为人类理性的一支强大力量而存在着，科学能使人本身的理性力量更加强大，促进了人的改造自然与征服自然的能力的提升，人凭借着科学的力量把控着自身应有的自由度，进而更好地改造自然、征服自然，而不是受制于自然，这是现代性与科学对自由的助推与促进的意义，能促进人在自由的姿态与状态之下，发挥好其主观性与能动性，从而让人的自由度不断跃升，而逐步走向其个性的张扬与精神的独立，从而达成人的全面发展之目的。

其次，科学原本是一种理性的力量，是能使人本身变得更加强大的一种理性力量。可是随着科学技术与信息技术的进步与发展，使得科学技术与信息技术影响着人们的思想与价值理念，进而统摄着人的价值取向与思维方式，把关乎人类的审美、宗教、文化、艺术等领域的价值观排除在外，科学理性与技术理性成了左右人们头脑的两股力量，使人思考的自由、思想的自由与研究的自由受到科学理性与技术理性两股力量的羁绊与束缚，这是对人的自由的限制与束缚的表现。因为人是作为一个完整的人、整全的人以及一个真正的人而自由地、独立地存在着，是一个全方位的此在与彼在的存在体，而作为人类的精神文明的重要组成部分的科学与技术，不能也不可能解决人类面临的所有问题，如果要用科学理性与技术理性来解决并且指导人类所面临的所有问题，那这是不合理的，也是不科学的，尤其是会危及人的精神层面的世界，导致科学与技术对人的异化、对人的奴役，失却了作为个体的人的整全性存在，失却了人的自由与人的独立性存在。

诚然，现代性的到来，带来了科学的发达、技术的进步与物质的富足与生产水平的提升，这是从物质领域与物质层面来促进着人的全面发展，而作为以文史哲为基准的人文教育是从精神领域与精神层面来促成人的全面发展，使人不断走向自由，促成其自由度的不断跃升而进一步达成其人性的通达、个性的解放、精神的充盈。人文教育通过人文修养与人文素养来塑造人的人格的健全、知识的整全、情感的健全、意志的坚定、行动的合理、价值观的正确、人生态度的积极，从而激发人的潜能，发挥人的自觉自主性，让人成为独立自主的人、精神自由的人，不会被外界过于功利化、实用化、世俗化、物质化的欲求所束缚、所奴役。因为精神的充盈意味着是思想的自由、人格的独立。自由意味着不依附而能自觉地行动，不被束缚与抑制而能自主地行动，更意味着人的独立。正如我国著名教育家张楚廷先生所言，"自由就是不依附、不被束缚、不被抑制，自由与独立是联系在一起的。人过分依赖功利、功名，过分势利，实际上都容易形成对身外之物的依附，丧失自由。故而，无论从事何种活动，人都要从精神上把握自己"[①]。人的精神的充盈可以达到无限的可能性，这从一定意义上说成全了自由的相对性，而非绝对性，也成全了自由的有限性，而非无限性或者无边界性，因为自由不是无限制的，自由也不是绝对的，自由是要在合乎法律与道德规范以及伦理纲常的前提下才有其自由性。人的精神的充盈是具有无限的可能性的，而人的自由具有相对性、有限性，这也就决定了人文教育具有永恒性，也就是说人文教育具有永恒的意义，意味着人文教育具有两大秉性：一是人文教育的永恒性的秉性，二是人文教育的无限性的秉性。因为人文教育是从精神层面教人超越过于功利化、世俗化、物质化与实用化的欲求，促进人在精神上处于自由状态，进而达成人的自由与人格的独立，因而我们可以说，人文教育在促成人的全面发展的征程中发挥着不可或缺的作用与价值，人文教育自始至终是人的全面发展征程中重要的一环。

（二）人的全面发展在于创新精神的促成

离开人文教育，人的全面发展就无从谈起，离开了人文教育，人的精神充盈也就无从谈起，人的精神的充盈意味着人的思想的自由与人的人格的独立。如果离开人文教育，就没有人的精神的充盈，就没有人的思想的

---

① 张楚廷. 大学人文教育与人的解放[J]. 高等教育研究，2011（2）：7.

自由，也就不会有人的人格的独立，人的自由本质也就难以实现。以文史哲为基准的人文教育在文史哲领域能让人更好地趋于思想自由与人格独立，进而促成人走向精神充盈，让人因思想自由与人格独立而更富有创新精神。文学、艺术让人学会审美，人因审美而有人文素养，人文素养的提升能让人丰富并拓展自己的知识面与想象力，让其更具有创新思维与创造品质，人文素养高也就意味着人的创造力强。历史是由作为主体的人来缔造的，历史让人学会用历史观去审视问题，用历史观审视当下与未来，让人更具有创造的慧眼去缔造未来的历史，从而了解自己、审视自我，让自己具有独立的品质与独立的人格。哲学能让人学会用思维与方法去思考问题、探索问题、发现问题并解决问题。哲学在于培育人的创新思维与创新素养，哲学教育在人文教育中是不可缺失的，哲学教育让人培养哲学素养，具备科学的世界观、方法论，失却了哲学素养就不会有科学的世界观与方法论，人也就难以具备或者根本具备不了创新思维与创造力，没有了创新思维与创造力，就没有创新精神，就没有创新能力。

　　创新精神的营造是需要有宽松的环境、独立的精神、独立的人格、自由的思想，创新精神的营造对人的全面发展来说也具有促进意义。也就是说，人的精神得不到充盈，人的全面发展不能达致，创新精神也就无法存在。独立的个性意味着人的自由而全面的发展，个性独立是人的创新能力提高与发展的源泉。创新并不是凭借某一方面的素质来达成的，它需要的是人的整体素质，创新所要开发的也是人的整体潜能，这就需要依凭一定的生活、实践经验与知识储备，从而将人的知、情、意、行全部整合起来，达到最优化，促进人的发展。所以，创新离不开知识，知识为创新提供了原材料，创新对知识进行加工、再造，实现知识的转化与整合，这就意味着创新所带来的结果是对原有知识的再造与转化及整合而产生了新的知识结构、知识组织与知识系统，这就意味着创新需要依托原有的知识内容，包括原有的知识组织、知识结构、知识系统，而这些知识谱系是建立在自然科学知识、人文科学知识、社会科学知识基础之上的。这三大知识体系就彰显了一个人的素质所在，体现的是一个人的整体素质，整体素质的铺就需要素质教育作为屏障。素质教育为人的创新素质的培育奠定了坚实的基础性作用，这就脱离不了人文教育，因为人文教育为的是人的整体、全面素质的提高与提升的，人文教育不仅能使人掌握人文科学知识、社会科学知识、自然科学知识，还能使人认识人的本质，建立人与自然、社会的价值体系，锻造精神世界，建立精神家园，进而让自身的素质得以丰富并完满，这是人文教育以外的教育所不能企及的。

大学人文教育能教人学会思考、学会思想。大学又是一个特别能出思想的地方，而思想的产生几乎都源于以文史哲为基准的人文教育，因为人文教育教会人学会审美、提升人文素养，教会人学会用历史的、现时的与未来的眼光辩证地去思考、思索问题，教会人学会用大脑去思维、审思现存的问题与将来会遇到的种种问题。人文教育促进人能够思想，能够更好地思想，因为思想出新思想，新思想的出现有可能会是一种思想的创新，因为思想而产生新思想，出思想并迸发出新思想意味着能够提升人的创新能力，培养人的创新思维，从而提高人的创造性。所以说以文史哲为基础的大学人文教育会给予人以思想，人的思想的产生会让人的思想得以解放，思想的解放意味着人因思想的解放而眼界豁然开朗，思想的解放能够更好地促进着人的精神得以充盈，进而更加促进了人从思想解放走向思想自由与精神的充盈，促成人不断走向自由，促进其自由度的不断提升，进而逐步完成人不断地走向全面发展的目标。

同样，人文教育能助推创新教育，也能助推创新人才的培养与培育。德国哲学家、教育家卡尔·雅斯贝尔斯在《大学的理念》[1]一书中认为，真正的大学涵括学术性教学、科学与学术性研究以及创造性的文化生活三个部分，只有具备了这三大体系才能成为一所真正意义上的大学。其实，雅斯贝尔斯的这一大学理念观也指明了大学的精神所在，即大学精神在于其研究精神与创新精神。科学创新与创新人才培养仅借助单纯的科学与技术手段是远远不够的，创新中还需要人的人文素养、人文底蕴等，灵感的显现与创新思维的形成需要凭借人对事物的想象、构想，这种想象与构想则需要建立在广博的人文知识基础之上，需要建立合理的知识谱系，借助科学的学习方法以及运用正确的思维路径，这是创新教育与创新人才培养

---

[1] [英]约翰·纽曼. 大学的理念[M]. 郭师宁, 译. 贵阳: 贵州教育出版社, 2006.

的基本的路径依赖。所有的理念与实践的落实都需要以人文教育为依托，通过人文教育来激起主体的创新意识与创新欲望，点燃其创新火花，激发其主动的创新热情，达到创新教育的目的之所在。因为广博与厚重的人文知识、人文底蕴是人的创新力、创造力的基础和源泉，而高等学校教育的核心就在于人才培养，人才培养的目的在于促成人的科学精神与人文精神、科学素养与人文素养的有机融合，实现人的个性化、多元化、全面化的发展，使学生成为既有知识技能又有科学合理的价值观，成为和谐发展的人，使其个性与创造性得到最大限度的有效的发挥与施展。所以说，在创新教育与创新人才培养过程中，教育者需要把科学教育与人文教育有机地结合起来，使二者达到科学而有效的融合，提升学生的创新素质，培养其创新能力，实现大学创新教育和培养创新人才的目的。

（三）人文教育促进人走向自由自觉

在实质意义上讲，人文教育是为着人的教育，就是让人成为高大的人、独立的人与智慧的人的教育，是使人能够获得思想的独立、心灵的美善以及精神的充盈的教育，让人更加地自由、健全与通达，这也是素质教育最为基本的目标，从这种意义上说人文教育的最高目标就是实现素质教育所需要落实的目标与责任，也就是说人文教育的最高目标就是素质教育的最高境界。

人文教育能让人自由自在、自觉自为，也就是说，通过人文教育，人能够自觉地践行自己的思想与行为，不至于让自己的行为与思想成为空想，同时人文教育能让人为自己的所作所为承担应有的责任、履行相应的义务。人在自觉自为中不断地发现其不足之处，在不足之中进行反思、进行修正，让自己更加渐趋成熟，人在自觉自为中充分地发挥其主观能动性，发挥其主体性，使得自己的所作所为符合道德规范，符合法律法规，符合伦理纲常，进而赋予事物应有的价值与意义，让人与事物的价值能够得到更好的生成，促成人与事物的价值能得以更好地实现。

马克思曾言，"人是人的最高本质"，人的最高本质意味着人能够自由自觉地进行活动或劳动，人自由自觉的活动或劳动需要凭借以文史哲为基准的大学人文教育为依托，因为人作为自由自觉的生命体，需要有人文教育的铺垫来促进人的自由自在的生成。人进入自由自在的状态，能够行动自如而不受羁绊。人文教育能让处于自由自在的人进入自觉自为的状态，从而让人能够自由自觉地进行创造性的活动或者劳动，人能够更好地在"认识你自己"中发挥潜能，充分施展主观能动性，创造诗意的生活世界。人通过自由自在、自由自觉、自为自觉的实践来促进人的德性的锻造与养成，培养人的独立人格与人的人格自由，达致人的主体性的真正的自由自觉。真正的自由在于思想的自由与自由的思想，进而能够让自己的思想得以激越，智慧得以飞扬，使其灵魂得以升华。自由可以让我们自觉地进行深入的思考与思想，让我们能够进行充分而完满的表达，人通过自为自觉的思考与表达而让我们的意识能够被唤醒、灵魂被洗涤，进而促成独立人格与自由人格的形塑，让人更能自如地进行自由自觉的生命实践与生命活动，达致其人生价值的自觉自为的生成与升华。

人总是在不断地朝着自由自觉的状态中前进的，人同时又在走向自由自觉的征程中而更加自觉自为，让自己更加趋近自由，不断地走向全面发展，特别是精神的充盈、个性的独立，人因个性的独立与精神的充盈而更加自由、通达和整全。人的个性的独立与精神的充盈才能让其成为一个精神自由的人，只有精神自由的人才懂得如何去创造性地生活、学习与工作，从而创造其诗意的生活状态，只有精神充盈的人才能掌控如何更好地善于创造。人文教育能使人自觉觉知其成为人的本质所在。科学教育所教给人的是让其掌握科学技术、科学技术知识，运用科学方法来分析问题、解决问题。以文史哲为基准的人文教育则把人文知识传授给人，让人富有人文底蕴，因为有人文底蕴而有人文思想，进而运用人文思维与人文所形成的品格去思考问题、剖析问题的深层面，让人能够更好地认识人本身，认识人的本质所在，自觉其之所以成为人的应有价值，建立健全作为人自身应具备的价值体系。讲这些并不是否认自然科学、社会科学的作用所在，而过分地夸大了作为人文科学的人文教育的作用。毋庸置疑，社会科学、自然科学也研究人，研究人的心理（如心理学）、研究人的生理（如生理学或生命科学）、研究人的病理（如病理学）等，但并未真正地对人的本质进行深入的研究与探讨和揭示，对人的本质进行研究、探讨与揭示的工作是由作为人文学科所要承担的任务,而大学人文教育在人文学科对人的本质的探讨与研究的工作中发挥着中流砥柱的作用,能够让受教育者更好地认识人的本质,让人自由自觉地建立起生命价值体系,塑造其精神家园。人文教育促进人更好地走向自由自觉,人因为自由自觉,能更好地建立其合理的价值体系,人因为自由自觉而能自由自觉地选择其正确的人生道路,坚守其正确的世界观、人生观、价值观,使其理想追求不至于成为泡影。

(四)人文教育的作用在于直接指向人的全面发展,科学教育的作用在于间接指向人的全面发展

大学科学教育与人文教育都指向人的全面发展,都对人的全面发展有着其应有的意义。大学科学教育对于人的全面发展是间接的,比如,我们所学的微积分、物理学等,教给我们的是数理逻辑与数理推理能力等,而这有利于人的大脑逻辑的形成,进而让人的逻辑思维得以形塑,这是间接对促使全面发展的。而大学人文教育对人的全面发展的作用是直接的,并且大学人文教育对于人的全面发展具有其特殊的意义。大学人文教育与人的全面发展的关系十分密切。人文教育可以让人的知识结构得到改变,人文教育可以让人的思维结构得到改变,人文教育同样也可以让人的价值结构得到改变。人文教育直接促进着人的知识、能力与思维结构的改变与形塑。也就是说,人文教育能够使人具备良好的知识结构、能力结构与思维结构,从而促成人全方位充分发展。人文教育对人的影响是直接的而且是富有深远意义的。

学生来大学求学问是、接受教育面临着将来的职业选择(谋职)与就业走向(就业),意味着必将面对其一生的职业规划与就业导向,功利性就这样在大学里产生了,由此专业主义、职业主义的向度在大学教育中蔓延开来,进而导致大学教育遭遇了种种困境,势必给大学的人文学科的学习与传授带来了挑战,大学的人文教育也会因此面临着新的挑战。尽管如此,大学仍然不能忘却了其人的全面发展的宗旨所在,即走向"成人",使人达到自由而全面的充分发展的人,而这就必定有赖于人文教育在大学的加强与倚重。而初等教育、中等教育基本不面临就业与谋职,同样也对

182

于人的全面发展具有其作用所在，中小学教育对人的全面发展的作用主要在于使其掌握基本的生活与处事、处世能力，中小学教育使得中小学生接受的知识面也有限度，对于人的各种能力的提升有其限度，而大学教育使人的发展度达到最优化与最大化的，特别是通过大学人文教育能让人的各种能力得到最优化与最大化的提升，从而使人成为一个整全的人，成为一个自由发展的人，成为一个全面发展的人，成为一个各方面得到充分发展的人。

综上所述，我们可以毫不夸张地讲人文教育在人类的现代教育体系中发挥着不可忽视的作用，复兴人文教育也必然成为当今高等教育的趋势之所在。人文教育能够促进人的全面发展，使人能更加地自由，使人不断趋近自由，人因为自由度的不断跃升而不断获得其个性的独立与精神的充盈，达致整全人的全面发展，因为人的全面发展而能更好地促进创新，培养个性独立的人、精神充盈的人与精神自由的人，这种人是善于并且勇于创新的人，从而进行创造性的生活。人也因为其精神的充盈与个性的独立而能更加走向自由自觉，人又因其自由自觉而能更好地自觉"认识你自己"、认识人的本质，进而塑造其精神家园、建立其生命价值体系，实现生命的意义，让人自由成人，促进其"成人"品格的达成。

三、人文教育的必要性

（一）大学科学教育中融入人文教育是人的全面发展的需要

"从人的全面发展看大学科学教育，则不仅需要科学知识，而且需要人文知识，不仅要具有科学精神，而且要具备人文精神。"[①] 科学教育的目的是让人掌握科学技术并且运用科学技术提高社会的生产力，提升社会物质财富的创造力来造福人类。人文教育的目的在于让人获取人文知识，掌握人文知识，提升人文修养与人文素养，涵养人的人文精神，使其认知、情感、意念、行动得到综合发展，促成其具有良好的道德认知力、情感判断力、事物审美力，促成其树立正确的价值取向与人生选择。科学教育能

[①] 陈万柏，张耀灿. 思想政治教育学原理[M]. 北京：高等教育出版社，2015：23-24.

够让人很好地适应社会的快速变化发展，但对人的世界观、人生观、价值观、道德观、情感观、心理观等各个层面的问题是难以得到有效解决的，而这就需要人文教育。科学教育能让人从中掌握科学精神，进而涵养科学素养，人文教育能让人从中掌握人文精神，进而涵养人文素养。科学教育与人文教育二者相互融合，是人的全面发展所必需的，人文教育与科学教育的融合能够更好地促进人具备科学精神与科学涵养，具备科学情怀与科学素养，具备人文精神与人文素养，同时具有人文情怀与人文操守，达到科学与人文的统一融合。

人的全面发展是基本面的全面发展，是个性的发展、和谐地发展、自由的发展、审美的发展等多方面的发展，这种全面发展不仅仅是智力、智识的发展，还是思想情操、思想品德、道德情操等多方面的充分发展，也是人的科学精神与科学素养、人文精神与人文素养相统一、和谐地发展。由于大学过于重视科学教育，而疏忽了人文教育，致使人文教育遭遇边缘化的境地。正如美国哲学家罗兰·斯特龙伯格所言的那样，"大学成了培养工程师、医生和程序员的场所，所以使他们能够在高科技公司找到报酬丰厚的工作。"① 大学过于重视科技人才的培养，导致很多大学生成了只掌握技术，只有科学而不具备人文素养、没有人文的人，这是单向度或片面发展的人，这是不符合大学整全人培养的目的的。要想把受教育者培养成为既懂科学技术，又懂科技的人文意蕴，既会操作机械，又有人文涵养的人，那么在大学科学教育中，意味着一定要融入人文教育，只有将科学教育与人文教育二者完美并有效地结合起来，才能促成受教育者走向全方位的自由而充分地发展。

在大学科学教育中，科学教育与人文教育的统摄与整合能更有利于大学的人的全面发展的培养目的的实现。人的全面发展有赖于其完备的知识基础、广博的知识面，有赖于其良好的思维品质。完备的知识基础、良好的思维品质当然需要科学教育与人文教育的有机结合。人的全面发展也有赖于人的才能，即认识世界与改造世界的能力得到全方位的发展，也就是

---

① [美] 罗兰·斯特龙伯格. 西方现代思想史 [M]. 刘北成，赵国新，译. 北京：中央编译出版社，2005：589.

说人的才能得以全方位发展的基础是人的身体素质与心理素质以及人的物质世界与精神世界能够得到协调且全方位的发展,这些都离不开科学教育与人文教育的有效融合。人的全面发展意味着人的发展不是仅仅懂得科学技术而不具备科学精神,只会运用科学技术手段与方法,而不懂得人文的人。否则只懂科技,而不具备人文的人将会是单向度的人,将会是有技术而没有内涵与涵养,更没有人文的人,也会是灵魂空洞的"空心人"。同样,如果不懂科学技术,排斥科学教育,也不会运用科学技术手段与方法的人,也会是单向度的发展的人,是片面发展的人,是有人文而乏科技的人,终将会成为游离并落后于当今信息与人文共存的时代的"边缘人"。懂科技而不晓人文的"空心人"以及不懂科技而奢谈人文的"边缘人",都不是真正意义上的全面发展的人。全面发展的人是集科学技术与科学精神、人文知识与人文精神以及科学修养与人文修养于一体的人,所以,大学科学教育与人文教育的融合是实现人的全面发展的必然要求,也只有更好地融合了科学教育与人文教育的大学教育,人的全面发展才能得以真正地实现,人的全面发展才会有根基。

大学科学教育与人文教育就像"鸟之两翼,车之两轮"一样,二者相互关联着,缺一不可,二者相互融合、相辅相成,无法割裂开来。大学要实现其培养全面发展的人才的使命与职责,就必须将科学教育与人文教育结合起来,将二者融入培养人才的各个环节之中。既让学生掌握科学技术,领会科学知识,又能促进学生科学精神、科学素养与人文精神、人文素养的形成与塑造,从而使其得到全方位的发展,让学生既有合理的知识谱系、知识结构,又有着良好的道德情操、人文修养,使其成为健全人格的人才。这才是全面发展人才的应有之义,也是高等教育发展人、培养人的目的所在。故而,我们可以毋庸置疑地讲,大学科学教育中融入人文教育是高等学校的责任,也是高等学校所需要承担的任务与职责所在,更是实现高等学校的培养全面发展的人才的使命与责任的需要。

(二)大学科学教育中融入人文教育是教育回归本真的需要

教育的本真在于促进人的个性化发展,促进人由个性化发展走向全面全方位的发展,促进其人性的完满,使其形成健全、独立的人格以及自由的思想，从而促使其走向全面的发展，让其个性得到张扬，达成其个性的独立、思想的独立以及精神的充盈，这样的教育才可以真正地使人的个性得以充分展现，人的自由度不断得到跃升，由自由逐步走向人的全面发展，从而实现人的自由而全面的充分发展的目的。教育的本真就是以全面地塑造人、陶冶人、培养人为中心任务，培养全面发展的人。

科学教育与人文教育共同构成了教育内容的两大体系范畴。科学教育与人文教育在教育上培养人、发展人的着力点不一样。科学教育侧重于向受教育者传授科学文化知识，通过科学文化的符号特征、概念表达、符号释义等外部形态特征来使受教育者掌握科学文化知识与科学真理，进而运用科学技术来揭示自然世界的奥秘而改造自然世界。人文教育侧重于将科学中蕴含的人类智慧与科学的创造性以及在科学探索中所蕴含的人性价值内化为人的心理品质与思维品质，赋予科学的人文文化意义与人性价值，摒弃科学教育中的唯理性向度，这是科学教育所不能企及的。科学教育发展的是人的科学理性、技术理性，人文教育发展的则是人的人文理性，也同样发展着人的价值理性，所以在科学教育中，融入人文教育才能促进科学理念与人文理念、技术理性与价值理性、科学理性与人文理性这三方面相得益彰，促成科学与人文的高度融合，达致人的科学与人文的完美而协调的发展。

然而在科学教育日益成为主导的当下，人文教育处于边缘或者失落的境地，致使科学理性与技术理性以及工具理性成了人的主导性力量，人的人文理性、价值理性、人性理性成了人的非主流性力量。这是不利于人的全方面发展的。因此，在科学教育中，教育需要探讨的是人文精神，培养科学中的人性与人文情怀，科学评判科学中唯理性的因素，摒弃唯理性的倾向，致力于弘扬人的认知、情感、意念、行动等非理性因素。科学教育中融合人文教育，为的是提升人的人性价值，彰显科学的社会功能与价值，并且能够标榜科学的伦理规范，等等，这些都是科学教育所无法企及的，只有在科学教育中融入人文教育，这些才能真正地得以实现。

人文教育不但对受教育者传授人文知识，还能够将受教育者所吸收的人文知识内化为自身的人文素养、人文情怀与人文精神，起到提高人的人文素养、人文情怀的作用,以提升其人文精神,从而外显为人的行为习惯,形成自身较为稳定的思维品质及其品质结构。在科学教育占据主导地位的当今社会,科技与信息的迅猛发展是一把双刃剑,给人类带来物质文明与科技富足的同时,使人的精神文明与精神修养出现缺失的现状,导致人文精神空乏,人的物质生活与精神生活很难在同一轨道面上同步前进和同步发展,导致人的物质生活与精神生活的张力失衡。如何把人的物质世界与精神世界达致平衡状态成为当今科学教育与人文教育所需要面临的一个艰深的课题,科学与技术的迅猛发展迫切地需要破解科学与人文的相处之道,从而实现在科学教育中弘扬人性、重建并塑造好人文精神。科学教育融合人文教育,为的是让科学文化与人文文化能够得到很好的整合,以科学文化与人文文化的整合为基底,更好地促进科学教育与人文教育的整合与融通。

教育的本真在于培养学生健全的人格、独立的个性与自由的思想以及独立的人格,使其得到全面而充分的个性发展。教育的本真当然离不开科学教育与人文教育二者的相互融通与融合。科学教育与人文教育是本真的教育的统一体,二者缺一不可。如果只是注重科学教育或人文教育,会给学生的发展带来片面性、狭隘化。科学教育和人文教育是统一体,偏向哪一方面的教育都会使学生片面发展。同样,在教育中淡漠培育人文精神与道德价值观,会给科学教育带来片面化发展的恶果。在当今科学教育发达的时代,同样也需要人文精神注入科学教育之中,让科学教育与人文教育融合融通,使二者并重,更好地回归教育的本真,即培养的人既懂科学知识、科学技术,又懂人文知识与人文文化,既懂科学精神与科学素养,又懂人文素养与人文精神,使人做到科学与人文、理性与灵性的合一,促成其全方位的发展,实现教育的本真目标旨趣,即促进人的全面、自由而充分的发展。

(三)大学科学教育中融入人文教育是科学不断发展的需要

科学技术的迅猛发展,既推动了人类物质文明的进步,也推动了人类精神文明的进步,科学技术改变着人类的生活方式、生产方式以及思维方式等各个方面。科学技术成了人类解放生产力与发展生产力并造福人类社会的工具性技术，要求人们按照科学技术所具有的工具性系统的程序性、机械性、自动性的运行机制进行生产实践活动，人因而被科学技术所操控，人成了科学技术的工具性动物，导致了人的工具化，人也就失去了其主观能动性与主动创造性，这势必造成了科学与人的背离乃至科学与人的异化，人成了片面发展的人。

为了让科学技术不与人文相背离，让科学技术具有人文价值，使科学技术的人文性得以彰显，这就需要科学技术与人文价值的合一，即科学技术需要人文价值的回归。

科学技术只有着力在人的立场上，才能真正地实现其本身具备的科学价值、技术价值以及科学本身所具有的人文价值与人文意蕴。科学技术原本具有人文文化的价值与意义所在，科学技术也只有以人文为依托，以人文为基准，才能真正促进科学技术的社会功能的实现以及科学精神的科学功能的达成。因此，在科学教育中，让科学呼唤人文价值的回归，让科学教育中融入人文教育是解决科学技术的两面性的有效的渠道，科学教育中融入人文教育是科学不断发展的迫切需要。

第三节 理念：复兴人文教育

一、自由教育、通识教育、人文教育之间的关联

（一）自由教育与通识教育的关联

自由教育多半是作为一种教育理念在教育领域里提出来的，它反对教育的技术化与教育的职业化倾向，所以自由教育不是职业教育，也不是技术教育。自由教育在西欧国家表述为"liberal education"，可以看出，自由教育是一种培养自由人的教育，通过自由人的培养而达致人的博识与文明、雅致，所以自由教育在西方国家又被称作博雅教育或者文雅教育。自由教育，我们可以把它作为一个偏正结构来理解，即自由的教育，这就说明自由教育是特别重视教育领域里的自由性的东西，这种自由性的东西主

要含涉自由知识或自由学问以及自由学术。也就是说自由教育是特别着重强调自由知识或自由学问以及自由学术的教育，是以探究、探索自由知识或自由学问以及自由学术为要义的教育。正因为自由教育是以自由知识或自由学问与自由学术为基准而展开的教育形式，所以自由教育所探索的是事物的因和故，是原理性的探究，所倡导和体现的是自由、理性的教育精神，所摆脱的是功利和实用，并不以实用学术为自己的研究对象，而是以自由学术、自由知识或自由学问为自己的研究谱系，因此自由教育才被视作为培养自由人的教育，使人自由成人，使人更加富有个性，从而具有独立人格与健全的思想品质。

自由教育与大学相伴相随，并伴随着大学的始终，自由教育在大学里呈现旺盛的生命力。当职业教育与专业教育以及技术教育在大学里蔓延时，总是有一大批捍卫自由教育的学者来为自由教育辩护并力促自由教育在大学生根发芽，如纽曼、赫钦斯、列奥·施特劳斯等都在大力倡导自由教育在大学的推行并反对大学过于专业化、职业化与技术化的教育存在。所以说自由教育的精神影响着大学教育的办学与治学以及人才培养，并且影响着我们整个大学教育的全部过程。

关于通识教育的界说，我国学者、教育家张楚廷教授认为"通识教育是指传授给大学生的非专业的、普遍修读的那部分知识的教育，其目的是直接指向人的发展的，对于学生在专业上的发展的作用则是相对间接的"[1]。从张楚廷教授关于对通识教育的界定，我们可以看出通识教育是与专业教育相对的，是在本科教育的前半段（主要是在大一、大二期间）进行，是大学生进入专业学习（大三、大四期间）的前提，与通识教育相契合的是通才教育，与专业教育相契合的是专才教育。这也就构成了大学本科教育的两大部分，一是通识教育，二是专业教育。也就是说通识教育或通才教育培养的是通才的人，即自由个性、全面发展的人才，而专业教育或专才教育所要培养的是掌握某门专业的技能与技艺性的职业性、专业性与技能型人才。通识教育不是为了培养知识人、工具人、技术人，而是为了培养具有博识而通达的综合素质全方面发展的素质型人才，通识教育着

---

[1] 张楚廷. 高等教育学导论[M]. 北京：人民教育出版社，2010：74.

重于给学生传授具有普遍性、普适性价值的知识，促进学生掌握具有普遍性、普适性价值的知识体系，促成其把握知识的整体性与全面性，而不是掌握知识的单一化，这有利于学生的全方面发展。这与人文素质教育的观念是一脉相承的。通识教育指向的是人的知识面，是由通识课程来实现通识教育的目标的，通识教育虽与专业教育相对，但通识教育并不否定专业教育，而是为专业教育作铺垫，是为了让专业教育能够顺利、健康、有序运行，因为通识教育是进行专业学习的前提，为专业教育的发展保驾护航。

从以上对自由教育与通识教育的辨析，我们可以知晓自由教育与通识教育的关联。自由教育是作为一种教育理念在大学而存在的，它是由古希腊柏拉图、亚里士多德等一批圣贤率先提出，在古希腊时期就已经存在，自由教育的出现早于欧洲近代大学的诞生。自由教育是针对实用教育、专业教育与职业教育而言的，与自由知识、自由学问以及自由学术的教育相关联。通识教育是在自由教育的基础之上而发展起来的，是自由教育在遭遇了专业教育、技术教育、职业教育的挑战后，出来调和自由教育与专业教育、技术教育与职业教育的对立。通识教育的出现是为了调和自由教育与专业教育以及职业教育的矛盾，从时间节点上可以看出，自由教育产生在通识教育之前，也就是说通识教育在欧洲近代大学诞生之后才出现。

通识教育是针对知识的识通与通识两个知识维度或知识层面的教育，自由教育是针对原理性知识的教育问题。自由教育贯穿着大学本科教育的全过程，而大学本科教育的前半段是进行通识教育，只有后半段才是进行专业化学习的，通识教育是大学本科进行专业学习的前提，通识教育无法替代自由教育。所以说自由教育是通识教育的灵魂，自由教育是大学的一颗"童心"。关于自由教育与通识教育在大学的耦合关系，张楚廷先生认为，"重视自由教育的大学自觉地推行通识教育，较高水平的大学一般比较容易重视自由教育并推行通识教育，但实行通识教育的大学不一定充分意识到自由教育的意义与价值"[1]。

---

[1] 张楚廷. 高等教育学导论 [M]. 北京：人民教育出版社，2010：76.

(二) 人文教育与通识教育的关联

关于人文教育与通识教育的概念等解析，前面部分已经述及，本部分就不详述其差异所在，只对二者的关联性进行阐述。人文教育与通识教育都是人们对教育行为的体认，人文教育由文史哲作为基准而展开，以人文科学为主，通识教育则是由通识课程来实施。所以人文教育所直接指向的是人本身，直接关注人的发展，涵养人性，提高人的人文精神与人文素质，所体现的是一种人本位教育理念。通识教育则直接指向的是知识层面，依托课程知识结构，注重的是知识分类，体现的是以知识为中心、以知识为本位的教育观。人文科学课程、社会科学课程与自然科学课程构成了通识教育课程的三大课程体系，通识教育课程是以这三大课程体系的基础性原理知识为准绳的，所体现的是这三大课程体系的原理性知识结构，而人文教育则是涵括着人文科学教育、自然科学教育与社会科学教育的三大教育体系，通识教育以经典教育课程与文理综合课程为核心课程来实施，强调文史哲课程的教育学习，融合文理课程，注重自然课程、文理课程的人文性理念，为的是打通文理界限，让文理互融互通，突出学生的知识的融通性，旨在培养学生的全面的人格精神，所以说通识教育是一种体现人文的教育，人文教育则是通识教育的核心所在。这是从通识教育的理念、课程设置及其精神实质来看人文教育与通识教育的关系的，说明了通识教育是为人文教育赋形，是一种体现着人文精神的教育，人文教育是通识教育的核心之所在。

另外，人文教育与通识教育都关注人的发展，关注人的全面而自由的充分发展，只是二者关注度不一样。通识教育所关注更多的是人的知识结构或知识谱系，通过知识的掌握来促进人的知识素养等各方面的全面发展，而人文教育更加关注的是人的精神与人的素养以及人文素质的全方面发展。二者的共同的目标都是为了人的全面与整全性的发展。这是从教育培养人的目标上去看人文教育与通识教育的关联的。人文教育为的是提高人的精神，塑造人的人格，培养人的人文精神、人文素质与人文素养，是为了超越功利与超越欲望的教育，让人的人格更加健全、人格更加独立，从这个角度上讲人文教育是素质教育的一个组成部分，而素质教育是通识教育得以健康发展的关键，是通识教育的灵魂之所在。通识教育让素质教育更加可行与实在，反过来，素质教育能够增强通识教育的生机与活力。因而，人文教育与通识教育的目标都是相同的，都是为着人的全面发展的促进，都是为着人的素质的全面提升，也都是为着人能走向自由的发展，促进人格的独立与个性的解放，人文教育与通识教育以及人文素质教育三者共同为了人的全面发展与人的全面素质的提升与发展以及整全人的培养而致力于大学教育这一宏伟的事业当中去。

通识教育体现着人文教育的理念，人文教育也体现着通识教育的应有之义。通识教育是由通识课程来实施，意味着通识教育是大学课程体系的重要组成部分，通识教育是面向全体学生的非专业性教育，坚持人文教育的理念，通过人文科学知识、社会科学知识以及自然科学知识的教育，来获取这三大知识体系的一般性原理知识内容，让学生掌握具有普遍性、共同性与共通性的教育知识，促进其人文视域的拓展、人文情怀的增进、人格的塑造、人性的发展，达到其自由而全面充分发展的依归。通识教育的内容要宽泛于人文教育的内容，通识教育的内容指涉着人文社会科学方面的知识内容，指涉着自然科学方面的知识内容，也指涉着社会科学方面的知识内容，而人文教育主要是以文史哲为基准的内容体系，主要是以人文社会学科为主的内容体系。所以人文教育在通识教育中也是非常重要的，自由教育与人文传统的传递是通识教育的核心要义所在，要达成通识教育的目的，也就必须坚持人文教育，人文教育与通识教育二者之间相互更好地融合与融通才能更好地为着人的素质的提升与自由的维护与发展，进而发挥二者之间的作用与价值。

（三）人文教育与自由教育的关联

人文教育就是以人文社会科学知识为主，以人文科学的文史哲为基准的教育，以培养人文精神，提升人文涵养，提高人的人文知识和能力，增强人文素质为目的的教育。人文教育与人文精神、人文素养、人文知识、人文价值等有关，即人文教育是关乎人文价值、人文精神、人文素养、人文知识、人文修养的教育，主要指涉人文学科的教育，与认识自然、改造自然为目的的科学教育相对。人文教育是为着人的充分的全面发展而教育的，是为了促进人的自由度的不断增加，从而促成其个性独立，达成人的全面发展。自由教育是以探究自由学术为己任的教育，它以自由知识为基点来开展对学术的探究与探讨，是反对职业主义、专业主义的一种教育；自由教育是一种张扬人性的教育，以人的心灵自由为依托，达到人性精神的自由、通达，彰显人的理智与理性，反对功利性、实用性，显明教育的人文性、全面性。自由教育也是为着人的自由教育，让人达到自由的思想、自由的思维、自由的个性与独立的个性，为日后从事更多的职业做准备，自由教育也是为着人的自由而全面的发展而进行的教育。简单地讲，自由教育是为着人的理智的提升、修养的养成，为着人的个性的发展和自由的维护而进行的教育，自由教育与职业教育（实用教育）相对。

凡主张自由教育的学者，都强调自由教育要以人文学科的学习或研究为重，都主张要重视古典教育、经典名著教育的"永恒学科"的学习与研究，以复兴古典人文学科教育为主，因为人文学科更注重人，张扬人性精神。自由教育是反专业主义、功利主义、职业主义的教育。当自由教育遭遇专业主义、职业主义、功利主义、实用主义教育的挑战时，通识教育开始出来调和，自由教育与通识教育二者都强调大学教育在进行专业教育、科学教育、职业教育的同时，也要加强大学的通识教育与人文科学教育，以免大学所培养的人成为单向度的人，通过通识教育、人文科学教育与科学教育的有机融合，达致人的整全，使大学教育所培养的人更加全面，更加通达。凡主张大学的通识教育、自由教育的学者都重视大学的人文科学教育，都强调以人文学科为基点来进行大学人文教育，因为人文学科的旨归就在于培养人的人性、发展人的理智、注重人的智性美德。

自由教育与人文教育是相关联的，在教育理念或在教育哲学层面上都是一致的。自由教育为的是人的自由度的跃升，为了能够获得更多的自由，掌握更多的自由，自由教育为着发展人的德性，培育人的理性，人文教育也是为着提升人的美德，涵养人的德性，提升人的人文素养与人文素质，二者都是为着人的素质的提高，为着人的素养的提升，人文教育是为着维护人的自由的教育，人文教育也是为着发展人的自由的教育，自由教育是为着人的人文性与人文修为更加健全、通达，也为着发展人的自由。

自由教育与人文教育在最终的目的上都是为着人的自由而全方位的充分的发展，促成人具有独立个性，让人更加自由、人格独立与健全，促成人精神的充盈与个性的独立，最终实现人的自由与人的全面发展的目的。

二、守护自由教育

（一）教育自由：保障自由教育的实施

教育自由是一种实际存在的状态，自由教育是一种价值理念。自由教育与教育自由有区别但二者的目的是相同的，二者之间的价值取向也是一样的，即都是为了彰显并稳固人的自由本性，都是为着维护人的自由与发展人的自由而进行自由教育与教育自由的活动，从而让人的自由本性能够得到更好的发挥，进而能更好更充分地解放人的个性，使其获得精神的充盈、人性的完满与通达。那么教育自由要如何保障自由教育的实施，以促进自由教育的现实发展呢？

首先，还教育以自由。教育需要超越过多的物质欲求来提升人的精神生活、塑造人的精神，以重建其精神生活世界，教育需要超越过于功利的奢望，摆脱科学给予的压迫与压制，这就需要还教育以自由，以重建教育自由，为自由教育的实现与发展而铺就坦途。当今社会，物质越来越富足，经济越来越发达，人们对物质与经济的追逐则也会越来越高，以至于人在追求物质与经济的路途中迷失了自我，成了物质与经济的"高贵人"，沦为了精神与心灵的"空壳人"，也成了教育的一种"空心病"，人也因此而成了"空心病"的人。人因为被各种物质追求与经济利益欲望所束缚而失去了自我，不知道该选择什么样的教育方式，也不知道采取什么样的教育形式，更不知道取舍什么样的教育形态，人没有了教育自由，以至于人没有了教育信仰。在科学技术发达的今天，科技理性、技术理性占据了上风，人们唯科技是从，唯技术是从，成了科技与技术的奴隶，在教育领域里的自由度越来越式微而得不到彰显。重建教育信仰，提升教育领域里的自由度，还教育以自由，是教育的必然选择，也是为自由教育的实施提供保障。

其次，给权利以自由。权利自由意味着人人具有接受教育的权利，受教育是上天赋予的人的权利，任何人不能剥夺，犹如每个人都有着自由发展的权利一样，外界力量无法干预也无法剥夺。人可以消除外界的不合理的束缚而可以自由地选择教育的权利，同时在闲暇教育问题上，不管是经济富足还是经济贫乏，不管是时间充足还是时间受限，人人都有享受闲暇教育的权利，人不会因为经济的多寡与时间的松紧而放弃闲暇教育及其自由价值，这是自由教育所赋予人的教育自由。自由教育理应成为人人都可以接受并享受的教育形态，让每个人能够更加地自由，由自由而通达，进而走向个性的独立、思想的独立以及精神的充盈。权利自由意味着让人具有自由选择权，自由选择什么样的教育方式、教育形态与教育形式，这就回归了人的主体性，彰显了人的个性，这也是自由教育的要义所在，即回归人的主体性，强调与尊重个体的主体性，尊重人的个性，提升人的价值。权利自由意味着教师与学生的权利的彰显，教师赋予学生更多的自由权利，教师不再是个人权威，也不是权威的存在，学生享有充分的学习自由权，包括选择什么样的学习方式、方法与途径，学生能够充分尊重自我，以便发挥自我性与施展个体性，让其教育自由得以更好地实现，为其自由教育的享有与实现能够得到保障。因为教育自由的前提是人的权利自由的显明，享有自由教育并使自由教育落实在行动上的前提条件也是要权利的自由，这就需要还权利以自由，让权利自由得以更好地彰显。

最后，赋内容以自由。自由教育涉及的是自由知识、自由学问与自由学术的教育，这些当然涉及了自由教育的内容，而自由教育又是以自由内容为媒介的教育，这就意味着自由内容所涉及的知识与内容是必须自由的，而不能被实用的学科知识体系所束缚、所拘泥，这就要达到知识的自由度与广度，即知识的自由性、融通性与综合性。知识内容既包括了人文科学知识，也包括社会科学知识，又包括自然科学知识，同时还包括实践知识与理论知识。自由内容意味着不会拘泥于单纯的课程体系或知识体系，而是给予知识的融合性，赋予内容的自由精神旨意，知识内容以自由精神为导向，让自由教育不会拘泥于单一的课程形态，而是强调课程的综合性、完整性与融合性以及融通性。内容自由意味着人能选择学习内容的自由，既可以选学人文科学内容，也可以选学社会科学内容，又可以选学自然科学内容，但是为了达到实现自由教育的目的，就必须达到这三者内容学习与应用的综合性、融通性，因为内容自由是教育自由的关键与核心所在，只有做到了内容自由，教育自由才能得以实现其教育领域的综合性与融通性，也就是通过内容媒介的自由选择来促成知识结构的完整性，从而达致自由教育的目的，即人本身的通达与整全，让人的自由度不断增加与提升，促成其心智与精神以及人性的独立。

（二）自由学术（自由知识/自由学问）：实施自由教育的灵魂

自由教育的目的在于提升人的理智，涵养人的修养，塑造人的个性，维护与发展人的自由，促进人因自由个性的增长而达致精神的充盈、个性的独立，为了这些目的的达成，自由教育必然要依凭特定的路径或渠道来实现，这一特定的路径便是自由学术（自由知识、自由学问）的落实、开展与实施。从某种意义上讲，自由学术是实施自由教育的灵魂之所在。自由教育是以探究自由学术、传承自由学术为其使命与职责的教育。在当下大学，自由学术的传统被遗忘，更多的是追求实用学术或实用知识，而自由知识与自由学问被冷落，因为带来不了当下的实际价值与功用利益，这显然是不利于大学教育的发展的。那么作为以传承与探究自由学术为己任的大学学术组织机构，应该怎样做才能更好地去维护与发展自由学术呢？

其一，重视原理性知识，营造大学理性文化。是发现更重要还是发明更重要？是思辨更重要还是实用更重要？发明固然重要，但在发明与发现中当然是发现更为重要。实用固然重要，但在实用与思辨中当然是思辨更为重要。任何发明都是从发现中获取的，只有原理性的发现才能推动一个又一个发明，发明只有在发现中才能找到事物的源与本，只有发现，发明方才得以更好地发明。只有去思辨问题的源头，才可能找到其问题的关键，从而分析问题并解决问题，这才是实用，实用只有在思辨中才能得以更好地实用。任何技术的背后必然隐藏着技术的原理与技术的原理性文化，任何发明与创造的背后也同样隐藏着原理与原理性文化，所以原理性知识的重要性在技术、发明与创造中是不能低估的，原理性知识的重要性是无法估量的，故而在教育中，要重视原理性知识，因为原理性知识是普遍性的知识，具有普遍性意义与价值。不管是在纽曼时期的教学单一职能的中世纪大学，还是在洪堡时期的教学与科研相结合的近代大学，抑或是在范·海斯时期的教学、科研与社会服务并重的现代大学，大学本身就是守持理性的学术组织机构，大学坚守着其学术理性，这一学术理性是为了传承知识、探究知识、发现知识。大学坚守着其使命理性，大学不管在何时何地都有其本身所具有的使命与责任担当，大学坚守着的使命理性是为了人才的培养、科学的探究以及社会的服务工作。大学本身就是不同于其他任何机构的学术组织，它坚守着其组织理性，这一组织是为了学问而学问、为了知识而知识、为了学术而学术，也为了真理而真理。从大学诞生的那天起，大学的组织理性、大学的使命理性与大学的学术理性等就相伴于大学，并为大学的事业发展指明了道路。要真正回归高等教育的人文教育、通识教育、素质教育、自由教育等大学要坚守的教育场域，就理应回归大学理性。因此倡导大学理性的回归，营造大学理性文化，对于大学自由教育与自由学术的维护与发展是极其重要的。

其二，为自由学术的营造建立体制机制。自由学术是学术中的一种，与实用学术相对应，是关注着原理性知识的学术，意味着自由学术所关注的是事物的来龙去脉，以探究其因与故。教学自由、学习自由、发表自由、出版自由等都属于学术自由的内容范畴。自由学术与学术自由二者之间不能混为一谈。自由学术当然指涉的是原理性的知识与原理性的学问，也可以说是原理性的学术，自然而然包括原理性的研究、原理性的教学、原理性的课程等，相应的需要有基础性的学科研究与基础性的学科教学以及基础性的课程来作支撑，这就要求大学重视原理性的研究与教学以及基础性的学科研究与教学，即重视基础性的研究与教学，而不是重点倾斜在立竿见影的应用性的研究与教学上，没有基础性的研究与教学的支持，应用性的研究与教学是很难维持长久的，只有原理性的研究与教学以及基础性的研究与教学的根基扎实，才能更好地让应用性的研究与教学得以顺利、平稳运行，大学的教学与科研才能碰撞出更多的智慧成果，用于服务社会、造福社会。这就需要大学，不管是应用型大学还是教学型大学抑或是研究型大学都要把原理性的研究与教学放在重要的位置来抓，不能掉以轻心，鼓励大学教师从事原理性的教学与研究以及基础性的教学与研究，申报此类课题与相关项目，拨付一定的经费为这些研究做好支撑，建立体制与机制来确保原理性的教学与研究以及基础性的教学与研究能够顺利平稳地进行，助推自由学术在大学能得到重视，促进自由学术之花在大学普遍开花，让自由学术在大学中有其根基，为自由教育在大学的顺利推行提供保障。

（三）制度落实：自由教育的制度支撑

第一，为自由教育在大学的开展与实施建章立制。人的自由发展是自由教育的出发点与落脚点，自由教育体现着其民主、自由、理性的教育精神，这就意味着在大学的教育中要贯彻自由教育的民主、自由、理性的教育精神，这一自由教育精神的体现要求管理部门要为自由教育的落实提供制度支撑，也就是说需要管理部门制定相应的制度、工作章程以及给予一定的经费来保障自由教育在大学平稳有效地开展。比如，激励制度或奖励制度的落实，对教师从事基础的原理性的教学与研究工作设立相应的奖励、激励制度。用制度激励他们申报与自由教育相关联的课题和项目，同时给予相应的配套经费，以便进一步挖掘自由教育对当下教育本真的借鉴与启示，揭示自由教育的教育价值所在。又如，为教师在高校实施自由教育建立工作章程。用专门的工作章程来鼓励教师在高校开设自由教育的课程，让学生能积极主动参与到自由教育的课程学习与研讨中来，比如，人文经典课程的开设等。

第二，学术自由制度的扎根为自由教育提供屏障。自由教育与学术自由是密不可分的，离开自由的学术环境，学术便难以真正得以进步，学术自由不仅仅是学术得以传承、创新与发展的保障，同时又是实施与开展自由教育的有效保障。教学自由、研究自由、发表自由、出版自由、思想自由等都属于学术自由的内容体系范畴，当然学术自由也包括学生的学习自由、交流自由等等。自由教育意味着教师自由地教学、自由地探究与自由地思想，自由教育也意味着学生自由地学习、自由地探讨与自由地交流。自由教育是与自由学术、自由知识以及自由学问紧密联系在一起的，这也说明了学问需要自由、学术需要自由、知识也需要自由，这些自由学术、自由学问与自由知识要走向自由教育，就意味着大学需要有其自由的学术环境，只有这样，我们的大学的自由教育及其完整、整全人才的培养目标才能得以真正地实现，因此，建立学术自由制度，让学术自由制度在大学扎根，能够为大学自由教育的有效实施提供保障。

第三，建立健全学生自由选择、自主选择的机制。自由教育的旨归在于促进学生成为自由发展的人与个性发展的人，让学生自由而全面地发展，使其个性得到张扬，促成其个性解放、思想独立以及精神充盈，从而让其自由度跃升而走向人的全面发展。因此，高校需要建立健全学生自由选择与自主选择机制，这就意味着作为教育者的教师要让学生不被权威所束缚与羁绊而能自由地、自主地进行选择其所学与所研，学生在自我自由、自主选择而进行的行动所获取的结果、经验及能力才能真正地在自由教育中发挥学生的主体性价值与主体性作用。

三、复兴通识教育

自由教育在古希腊时期就已经产生，是诞生在西欧近代大学产生之前，而通识教育是在西欧近代大学产生之后才倡导起来的思想，它是源于自由教育，建立在自由教育基础之上的，既是对自由教育的继承，同时又是对自由教育的发展和超越，但通识教育依然保存着自由教育的核心思想与灵魂所在，所以说自由教育是通识教育的灵魂也是不足为过的了。通识教育也是一种全人教育理念，为的是培养整全的人，为了人的自由而全面发展的教育理念。通识教育对于学生的健全人格与独立人格的培养、高尚品质的锻造、广博学识的增进、人文素养的提升有着不可轻视的作用，有利于弥补专业教育所带来的不足，匡正大学教育中的专业主义、职业主义、实用主义以及功利主义的倾向，因此，复兴通识教育对人文教育在大学的推进是有着举足轻重的作用的，以达成人的全面发展，促进人的整全发展，推进大学人才培养的使命与责任的实现。故而，为了更好地彰显通识精神，复兴大学通识教育，可以从以下三方面作为着力点。

（一）教师是通识教育实施的关键

教师是决定通识教育能否在大学得以实施与开展的关键性力量，教师的通识教育状况也决定了大学通识教育的实施是否顺利。因此，在大学实施并开展通识教育，建设一支具有通识精神，能够胜任通识教育的师资队伍是十分必要，也是迫在眉睫的。

首先，加强教师自身的通识修养，提高教师自身的通识底蕴。教师作为通识教育课程的实施者与承担者，要求自身加强通识修养，以提高其通识底蕴。教师的通识修养的广博和通识底蕴的深厚与否事关通识教育的质量。教师需要有广博的知识面、深厚的哲学理论功底，特别是要具备文史哲功底，教师除了自己的专业发展与专业化领域知识，还需要修习与非专业性的知识内容来打通自己的知识涵养，作为专业化的大学教师不但要有自然科学知识涵养，还需要兼备人文科学与社会科学知识涵养，这就势必要求教师需要通过学习、研究、钻研、研修等路径来知晓不同的知识领域所具有的普适性与通用性的知识体系与价值理念，打破原本固化的知识面，突破过于精深化、专门化的知识局限，拓宽知识涵养，提升自身的通识底蕴。

其次，加强师资队伍建设，提升通识教育的教师素质与教学质量。通识教育意味着需要具备多学科、多领域的知识储备，同时又要有多学科与多领域的交叉和融合的能力与水平，这就要求大学教师需要有多学科、跨学科，多领域、跨领域的教育知识与教育能力。大学通识教育的实施需要通识教育的师资队伍，他们具有通识教育综合素质和实践经验，以更好地促进学生全方位的成才的目的，加强通识教育的师资队伍建设对于通识教育的落实是十分必要的。第一，培养通识教育课程教师。大学是人才高地，拥有着十分丰富的人力资源、学术资源、专业资源等资源优势，而大学教师又掌握着学术资源、课程资源、教学资源等，大学有必要培养其通识教育的课程教师，让那些具有广博的知识视野、具备学科融合与具有通识教育综合素质与实践经验的教师从事通识教育教学与研究工作，从源头上培养通识教育课程教师。第二，打造通识教育课程教师团队。通识教育实施与开展的根本在于有一支高水平、高素质的通识教育课程教师团队，这就要求加强通识教育课程教师师资力量建设，加强师资培训，加强师资管理，多渠道深化师资，以打造一支综合素质高、学科知识广博的教学团队，为通识教育在大学的实施与开展提供坚实的人力资源保障。第三，提高通识教育课程教师的教学质量。鼓励教师利用学校人才资源、学术资源、学科资源等优势,多与具有通识教育综合素养的教师交流或者利用资源优势进行通识教育课程进修与培训,来提升自身通识教育教学水平与质量,教师不但向学生传授基本知识与技能,同时又让学生领悟知识以外的科学素养与科学精神,树立其科学情怀,让学生既有科学精神又有人文情怀,以便形成通达与健全的人格,使学生朝向整全人的方向发展。

最后,教师要以通识精神来评价并促进学生发展。作为教师,评价学生的发展潜能不能单纯地以专业知识学习与获取进行,而是需要通过多方位的、多方面的能力来评价并促进学生的发展,也就是以通识精神来评价学生的发展,促进学生的发展。通识精神所要求的是学生不但要掌握专业知识与跨学科、跨领域的知识,还要具备学科与知识的融会贯通能力,同时还要具备观察世界、体悟世界与改造世界的综合能力,让学生提升其智慧水平与价值水准,促成其人格养成。

(二) 课程是通识教育实施的核心

我国的课程体系与教学模式是以专业教育为核心,课程的教学与研究都是围绕着专业而进行。我国的课程包括公共选修课、公共必修课、专业选修课、专业必修课四大课程类型,专业课程的比例大大高于通识课程,公共必修课也只是思想品德修养课程、法律基础课程、外语课程、计算机课程等,通识课程的开设只能以公共选修课的形式进行,而且学分又少,导致通识课程在大学难以得到有效落实,通识教育的独立性在大学被专业教育所挤占,所以课程是实施通识教育的核心所在,有必要加强大学的通识课程建设。

首先,要明确好通识教育课程的核心要义。通识教育课程的核心主旨在于培养人,培养学生的全面而健康富有个性的自由发展,促成学生整全人格的培养以及独立人格的塑造。培养人是通识教育课程的首要目标,其次才是丰富学生的知识和能力水平。正如美国教育家约翰·杜威先生所言:"教育必须首先是人类的,然后才是专业的。"[1] 也就是说教育的要义

---

[1] [美]约翰·杜威. 民主主义与教育[M]. 王承绪,译. 北京:人民教育出版社,1990:204.

就在于整全人的培养，只有把人培养成了整全、通达、了解并把握整体的人，才能进入专业领域进行相关工作、服务社会，通识教育的课程目标也是如此。因此，通识教育的实施首先需要明确通识课程的目标与要义之所在，才能更好地实施通识教育，比如，通识教育的课程体系、教学内容等的设置。

其次，利用资源优势，建设好通识教育课程。大学具有良好的学术资源、师资资源、教材资源以及课程资源等，校际也有学术、课程、教材、师资等资源优势，大学可以利用好这些资源优势来整合资源，让有通识教育课实践经验与综合素养的教师参与到课程资源、教材资源建设中来，教师利用好学术、教材、课程、师资等资源优势进行课程资源整合，让课程集人文科学知识、社会科学知识与自然科学知识于一体，促进课程资源的整全化，建设好通识教育课程。

再次，增加通识教育课程的比重。通识教育课程所反映的是人类的具有永恒意义与普适性理念的核心价值，因此在大学教育中可以增加通识教育课程比重来提升大学生的核心素养与核心价值。这些通识教育课程主要有哲学与社会科学、艺术与人文科学、语言与历史文化、跨学科领域以及数学与自然科学，其对于学生打破固守的原有学科局限、增扩知识面具有重要的作用，能够为学生未来发展奠定广泛而坚实的基础。这些通识教育课程有利于培养学生的情感，陶冶学生的情操，塑造学生的整全人格；更有利于促进学生形成文理兼容、学科素养综合的能力，培养学生的人文精神，达到人文教育培养自由而全面发展的人的目的。因此，在大学教育中增加通识教育课程的比重是非常重要的。

最后，设立实施通识教育课程的专门机构。大学为了更好地开展通识教育，可以设立专门的机构或中心来开展通识教育。比如，哈佛大学的哈佛学院、复旦大学的复旦学院、中山大学的博雅学院等，这些专门的通识学院可以建立专门的教师队伍与课程体系，以便更好地开展通识教育，促进通识教育在大学的顺利进行。

（三）哲学自觉是通识教育实施的理念践行

通识教育的哲学自觉意味着作为教育者和受教育者都要自觉地研究与

修习通识教育，使自己达到自觉自为的状态，以促成自我对通识教育的把握，提升自我修养和修为，使自己自觉自为地走向自由而整全的人的发展。

首先，要阅读经典。经典凝聚了人类思想的精华，承继了人类的优秀文化遗产，经典中孕育着博大的人文主义精神、人文思想品格以及深邃的哲学思想，通过阅读能够让人从经典中汲取人类思想的精华，吸收并悦纳高尚的人文思想品格，来照亮自我的心灵，浸润人的精神世界，提升知识品位与思想境界，照亮人性之光，以更好地让人性走向人性的整全，促成人自由"成人"。

其次，要与师交往。这里的师，不仅仅是大学优秀教师群体，特别是那些富有通识精神的教师群体，还有那些先贤圣哲也是我们的老师。这些老师有着深厚的人文思想底蕴，具有广博的知识面与扎实的知识素养和知识根基，与他们交往，我们能够更好地把握事物的本真，看到事物的全面，从而领悟教育的本真意义。与师交往，对我们的生命成长而言也是一种历练。因为与师交往，能通过与师的心智碰撞来丰富我们的内心世界，提升我们的生命品质。

最后，要通过通识教育的研习，通过通识教育的哲学修为来使自己"成人"。哲学自觉是沉思的美德，通过沉思而自觉地走向行动，这是哲学自觉的实践性。通识教育的最终落脚点也在于通过通识教育的研习来指导自身的人生与职业、事业实践，促成个体超越片面性的发展，超越局限性的发展，走向自由而全面的发展，让自身走向哲学自觉，从而自觉自为地追求人性的高贵，锻造心性并塑造灵魂，让人成为个性独立的人、人格健全的人，达致人性的完满，使人"自由成人"。这便是通识教育所需要做到的哲学自觉的依归所在。

第四节　教育：落实人文课程与教学

一、大学教育中的人文课程

（一）人文课程的特性

1. 人文课程的人本性

大学人文教育的落脚点在教育的本质上，即求得人的发展，求得人性的完满。大学人文教育实施的载体是课程，尤其是以人文课程为重，所以人文课程当然更加体现人性，更加关注人、发展人。人文课程是以人文学科为主导的，即主要是以文史哲为主导的课程体系。文学或文艺学科教人审美、爱美、珍视美，教会人学会美的需要，进而追求美；史学学科教会人用历史的眼光，客观公正地分析问题与解决问题，教会人学会将历史与现在以及未来更好地联系起来，深思过去的同时反观当下并借鉴未来；哲学教会人智慧，哲学是智慧之学，让人用睿智的眼光看待周遭的世界，教人学会辩证地分析问题与解决问题。这些都是以文史哲为主的人文学科所体现的以人为本的向度。教会人审美也罢，教会人审思历史也罢，教会人学会哲思走向智慧也罢，都是以人为中心的。所以以人文学科为主导的人文课程是彰显人的本性的，向着人出发的，人文课程因为以人为本而彰显着人文课程的人文性、人本性。

2. 人文课程的导引性

人文课程给人以精神导引与价值导引，人文课程不仅仅教给人人文知识、人文学识、人文学术，更能够教人认识事物的本质，通过现象来揭示事物的本质进而改造主观世界与客观世界，从而建立正确的价值体系，建造健康、良好的精神家园。人文课程的价值在于体现人的自由精神，形塑人的独立与健全的人格。人文课程是传承着人类的优秀文化的，是人类文化的结晶，是建立在宽厚的人文文化背景基础之上而建立起来的课程，也是在人类健康、有序的价值体系结构上发展起来的课程。人文课程是在人文的世界里传授着人类的人文精神财富，所以它更注重的是人文精神，让学生受人文精神的熏陶，在人文的世界里享受精神的洗礼与荡涤，从而树立自己崇高的人文素养与人文秉性，提升自我的人文价值，为自己的人生与职业发展提供精神与价值积淀，促成其人性的闪光与人生价值的升华。人文课程汲取着人类的思想精华与精神品格，塑造的是人文精神，彰显的是人性的光辉，人文课程能使人树立正确的世界观、人生观、价值观，让人有着正确的义利观，超越功利与欲望而用超越的精神来塑造自我、提升价值、形塑人生。这便是人文课程的精神导引与价值导引。

3. 人文课程的引领性

大学课程主要由人文科学课程（人文课程）、社会科学课程（社会课程）、自然科学课程（科学课程）三大课程范畴体系构成，这三大课程体系中，人文课程是引领性的课程，它引领着社会课程与科学课程的发展，为科学课程与社会课程提供人文思想，让这两类课程更加具有生命力与活力。人文是先导，没有一流的文，就没有一流的理，没有一流的理，也就没有一流的工，一所大学没有文和理，走不了多远，也难以使大学走向一流。人文科学课程、自然科学课程以及社会科学课程的关系可以用"文理工"的关系来形容，就像"文理工"三者在大学教育中的关系一样，一所大学如果没有人文课程作为引领，这所大学终将也难以发展成为一所好的、卓越的大学。正如张楚廷先生所讲的那样，"真正意识到了自己的历史使命的大学，应当是特别自觉地看重人文教育、加强人文教育的。没有人文大师的大学，难以有科学大师；没有人文大师的国度，也难以有科学大师"[1]。

（二）人文课程的作用

1. 人文课程有助于大学人文素质教育的顺利开展

大学人文素质教育在大学的开展至今有 20 余年的历程了，主要是针对大学生人文素养缺乏、人文精神缺失、人文素质低下而提出来的，也是针对大学生懂科技而缺乏人文、重应用重操作、轻基础轻原理等而倡导在

---

[1] 张楚廷. 论文、理、工关系 [J]. 大学教育科学, 2011 (1): 110.

大学教育中开展与实施人文素质教育。人文素质教育的开展与实施首当其冲的要数人文课程在大学课程的落实了。实施人文素质教育的有效载体当然要数意义非凡的人文课程了。人文课程是素质教育实施的核心，也是素质教育得以实施的灵魂，因为大学的人文素质教育主要是以人文科学为主的，提升人的精神与人文素质，促进人的全面而自由发展的教育，而人文科学离不开以文史哲为主的课程体系，这就意味着大学人文素质教育的有效开展与实施需要人文课程的落实与人文课程的教学，所以说人文课程有助于大学人文素质教育的顺利开展，人文课程是大学人文素质教育的助推器、动力源。

2. 人文课程能提升人的价值、彰显人性的光辉

大学是对人的精神进行塑造与人性进行锻造的场所，大学要对人性进行锻造，对人的精神进行塑造就要通过人文课程来进行。大学通过人文课程来提升人文素养，从而提升人的素质。人文课程彰显了人文教育的旨归，即提升人性，培养人性，塑造人格，促成人自由而全面的发展，人文课程也是为了大学人文教育目标的落实而设置的。人文课程是以人文科学课程为主，以经典名著的学习与阅读的方式，以经典文化与经典文明或者古典文化与古典文明作为课程的核心与灵魂，这些经典文化与经典文明是人类精神的精华与思想的精髓，更是人类智慧的结晶，能够锻造人的心性，塑造人的灵魂，升华人的人性，能够进一步彰显人的价值，促成人的智慧生成。这些人文课程又是综合性的课程，涵括了文学、语言、艺术、历史、哲学等学科，而这些课程同时又是多元性的，能够拓宽人的视野，增扩人的胸襟，养成人对美好事物的追求的良好情怀，促进人追求真理、向往善良、追求美好，能够培育人的心智的健全与人性的通达，以及完美的人格，人文课程能够让人的人性的光辉与人性的明达，让人的价值能够得到体现与显明，进而进一步闪耀人性，所以人文课程对于人的价值的跃升、人性光辉的彰显与显明的作用是其他课程难以替代的。

3. 人文课程能够促进大学的人才培养目标更好地得以完善

众所周知，大学主要有人才培养、科学研究、为社会服务、国际交流合作、文化传承创新五大职能，而人才培养是大学最为根本的职能，也是

大学的核心任务。人才培养主要是通过教学来进行，教学当然又与课程紧密联系在一起。大学的人才培养目标是培养专才还是通才？学界对于培养通才，即培养整全人，已经达成了共识。在大学充斥着各种专业主义、职业主义、功利主义与实用主义下，大学的人才培养也走向了功利化、实用化、专业化以及职业化，致使学生来大学求学问是不是为了学问，也不是为了自己真正的人性的整全与通达而学，而是为了谋取一份收入不错的工作而进行学习，导致大学中以人文学科为主的人文课程遭遇冷落。学生来大学求学问是为了将来就业做准备本无可厚非，但只一味地为谋求就业把以提升人的价值、彰显人性的光辉的人文课程给搁置一边也是不合理的，这样不利于自己全面而自由富有个性的发展。人文课程能使人学习专业的同时，对于其理想的人格、高尚的审美力、明晰的生活目标具有良好的导向与引领作用，因为大学的培养目标关键在于把人培养成为整全的人、人格健全的人、独立个性的人以及生命情怀厚重的人，这也是大学的"全人"教育目标，而人文课程对于这一"全人"教育目标的实现具有决定性的促进作用，人文课程对于完善大学教育的目标追求具有决定性的作用。

（三）人文课程的永恒意义

赫钦斯是永恒主义课程的杰出代表，他竭力捍卫通识教育，并倡导经典名著阅读，所以在美国掀起了"名著运动"。名著是人文经典著作，可见人文经典与人文著作的永恒意义。人文课程的永恒意义也不例外，主要体现在以下两个方面：一是人文课程统领自然科学与社会科学课程的真善美意义。在三大课程范畴体系中，每一个课程体系的着力点都不一样。但三者又是相互融合关联在一起的。自然科学课程是通过自然科学课程的学习与研修，让人掌握技术、技艺，让人懂得科技技能，能够操作科技技能，从而用科技来改造自然界；自然科学课程给予人去把握、领悟自然世界的真实性存在，所以自然科学课程的着力点在于使人崇尚真理、追求真理；社会科学课程就是通过社会科学课程的学习与研习，让人掌握在社会中为人处世的能力与技巧，让人在社会中与人为善，达成人与人之间的和谐相处，增进人性的美好，从而促进社会的进步与发展，使社会与人和谐发展、向善发展，让人感受并体悟到社会的善的存在，所以社会科学课程的着力点在于使人向善、求善。

人文课程是让人通过人文科学课程的学习与研修，特别是对人类经典文明的学习，进而了解人性之美，教人学会思想、学会思考，让人领会思想之美，进而使自己有灵魂，通过启发思想而提高自己的思想、提高修养、锻炼心性、净化心灵。科学离不开人文，人文为科学提供指引。另外，人文课程使人之为人的永恒性意义。人文课程是人的课程，体现着人的神性，人文也是人的神性的彰显，体现着人的地位，所以人文课程体现并彰显着人的地位。人文课程让人更像人，让人更加高大、更加智慧、更加自由。

二、加强人文课程与教学

人文教育与人文课程在大学教育中是紧密关联的，对于大学教育也是起着举足轻重的作用。人文教育的旨归在于实现人的自由而全面的发展，促成人的全面发展，加强人文教育也意味着必须落实人文课程与教学，因为人文课程对于这一目的的达成发挥着不可磨灭的作用。

（一）明确人文课程理念

理念是行动的先导，课程建设、理念先行，人文课程建设也是如此。人文课程建设需要明确其应有的课程理念。人文课程建设与人文教育的实施理念是并行不悖的，是合一的，即都是为了彰显人，为了张扬人性的光辉而进行课程建设的。

首先，要在多种课程中融入人文理念。理工课程的基础知识与原理性知识，也是具有人文性知识的，同样人文课程中的文史哲等人文知识也是具有理性思维的，这就需要大学教育中的多种课程之中要融合人文理念，也就是说要让理工科的学生在课程学习中接受人文科学教育，使其具备一定基础的人文知识。文科的学生在课程学习中要具备理工科学生的理性思维方式并掌握理工科的基础知识，这样在多种课程中融合多种知识，使受教育者融会贯通，促成其全面发展，个性能够得以彰显。

其次，要在专业教育中融入人文课程。高等教育是需要培养全面发展的综合素质的高级专门人才，德智体美劳全面发展的人才的培养不能仅仅依靠专业教育来实现，专业教育如若不融入非专业教育，如若不融入人文教育，培养出来的人只能是单向度的人，这是大学教育培养人才所不提倡的。社会不但需要科技人员，更需要集科技与人文于一体的人，这样的社会才会朝着良性的方向发展。因此，需要在专业教育中融入人文课程。人文课程学习能弥补专业教育中带来的不足，促成学生从综合的、全面的视域来接受专业教育，进而丰富并提升专业教育的内涵、内蕴及其质量。在专业教育中要将专业课程与人文课程有效地融合起来，做到互为补充、互为渗透，进而更好地实现大学教育培养自由而全面发展的高级人才的目标。

最后，让人文课程理念扎根于大学这片沃土上。大学是人才培养之所，是高深知识学习与探究之所，所以人文课程不仅仅是受教育者需要掌握与学习的，同时也是教育者需要研习的，只有师生具有人文课程的基本知识与常识，才能使人文理念扎根于他们的灵魂深处，这样才能更好地为人才培养、科学研究、社会服务、国际交流合作、文化传承创新做更好的服务工作。所以需要让人文课程理念扎根于大学师生群体，扎根于大学的沃土之上，让人文理念与人文精神遍染于整个大学，让大学教育更加具有活力，更加具有生命力，助推大学教育自由而全面的整全人的培养目标的实现。

（二）完善人文课程体系，加强人文课程教学

1. 人文课程建设全过程的一体化

大学教育要尊重人才培养规律，作为大学教育的实施载体的课程来说，课程建设当然也要遵循人才培养规律，人文课程建设也不例外。因此，人文课程建设要以人才培养的全过程为着力点，注重人文课程建设的过程一体化与全程化的课程建设目标，保证学生的教育全程能够接受人文课程的熏陶，以促进学生的整全人格与独立人格的发展。所以，在大学教育的课程设置上，应要保证人文课程贯穿于大学教育的各个阶段，课程设置要由零散化、零星化、碎片化向整合性、综合性、连贯性与系统性转变，确保人文课程设置的综合化、系统化与全程性，以贯穿于大学教育的全过程，保证学生的课程学习的系统性、整全性。

2. 人文课程内容的综合化

人文教育所涉及的知识面十分宽泛，这就需要有选择地进行人文教育的学习，对于人文教育的学习可以做到"通识"与"识通"两个方面。也就是说，并不是让不同专业的学生学遍所有知识，而是有选择地学习具有普遍价值与普适性的知识，这就要求大学教育要打造核心的人文课程，让学生有时间有精力有兴趣进行学习。因而，大学教育机构要优化人文课程，使人文课程内容综合化，打造成优质的课程群或者课程模块。如打造数学与自然科学、艺术与审美、语言与文学、历史与文化、哲学与伦理等课程模块或课程群，从课程模块或课程群中建设一系列人文核心课程，达到课程内容的综合化与精品化，实现课程内容的普适性与综合性，将基础性知识内容、原理性知识内容、技能性知识内容以及人文知识内容做到融会贯通与有效地耦合，只有这样学生才能将所学转化于自身生命理论与实践中，发展成为一个全面的人。

3. 完善人文课程师资队伍

一所大学的人文教育水平如何，取决于是否有着高水平的教师，一所大学的人文教育能否得以有效开展与实施也取决于是否有教师愿意去为之躬亲践行。人文教育在大学遭遇边缘化或者说人文教育在大学式微的原因之一也在于大学的人文课程教师缺乏，未能得以建立一套完整的人文教育课程师资队伍体系，这就需要有一批具有厚重的人文知识素养与人格魅力的教师来推进大学人文教育的开展与实施。也就是说这批人文教育课程师资队伍既需要有扎实、较高的专业与学术水平，同时也要有广阔的知识面，还要有厚重的人文底蕴与人文素养，能知晓人文课程的要义，设计好人文课程目标体系。为了这一教师队伍的建设，大学教育机构要选拔一批有人文底蕴与较高学术水平的教师专门研习人文教育的相关课程、课程体系、课程结构等，建立一支精干的人文课程师资队伍，开发出一系列优良的人文课程，以更好地实施并开展大学人文教育。

4. 加强人文课程教学

有了明晰的人文课程理念、人文课程体系、人文课程目标与内容以及人文课程教师师资队伍来加强人文教育的开展与实施以外，还需要加强人文课程的教学，因为大学人才培养的主要路径还是离不开教学。人文课程的课堂教学为的是让学生学习广泛的人文知识，掌握广博的人文知识，接受人文情怀与人文情操的陶冶，让学生具有更好的人文素养与人文精神。人文课程教师在教学过程中要用自己深厚的人文功底，用激情来引导学生进入人文曼妙的世界中，同时也要改变传统的教学方式，在课堂中与学生一起诵读经典进而领悟经典，与学生一道探讨、研读经典，走入经典，激发学生自主自觉的人文阅读兴趣与激情，从人文阅读中领略人文的博大与精深，建构自觉的人文思想体系，塑造自己正确的世界观、人生观、价值观，同样还要开展课外教学活动和课外实践活动，助推学生在现实情境中感悟人文情怀，体悟人文精神，还可以举办经典名著读书会，举行人文与哲学类的讲座或学术沙龙，真正让人文知识的传扬进入学生内心深处，以更好地促进学生人文精神的提升，使其人格得到自由而整全的发展，使其成为自由而全面发展的人。

结语　人的全面发展：大学人文教育的旨归

　　以"人的全面发展：大学人文教育的旨归"为本书的结语的标题，也正是本书研究的主旨所在，这也是本书的基本命题，即人的全面发展是大学人文教育的旨归。本书的主旨在于阐发大学人文教育如何能够达致人的全面发展，通过人文教育何以达致人的全面发展，人文教育通过什么样的路径能够促成人的全面发展。

　　人的全面发展是一个过程，是人越来越走向全面的过程，是人的自由度的不断跃升，让人成为自由人，也就是促进人自由成人。人因为自由成人而不会被现实中过于物质与过于功利的东西所束缚与限制，人因为自由成人而能自由地思考，从而发展与维护人的自由，人更因为自由成人而让自己更能积极主动地融入社会，更好地谋划职业与人生，让自己的人生更加富有生机与生命力，不但有眼前的苟且，还有诗与远方。人的全面发展也意味着人性的通达与健全，是人不断走向自由而又充分富有个性的全面发展的人，能够超越功利与欲望，摆脱无知与无能，拓展灵性而走向灵性智慧，进而能够达到自我的认知、自我的认同、自我的欣赏，让人走向学会审美、学会独立思考、学会求知、学会做事、学会生活、学会生存，这也是人的全面发展的表征所在。

　　西方先哲说过，真正的教育不是把篮子装满，而在于把灯点亮。也就是说教育在于点亮人的心灯，让人的心灵更加通达，人性能够走向整全，让人不断向自由度攀越而不被世俗与现实所奴役，即教育确实是能够达致人的全面发展。这也恰恰与古希腊哲学家、教育家西塞罗先生的有关教育的至理名言"教育乃是摆脱现实的奴役，而非适应现实"有着异曲同工之妙。既然教育能达致人的全面发展，那么何种教育能够达致人的全面发展呢？也许有人会问，难道科学教育就不能使人达致人的全面发展吗？只有人文教育才能使人达致人的全面发展吗？诚然，人文教育并不是人的全面发展的唯一的路径，科学教育也能使人达到人的全面发展，这种发展是间接地指向人的全面发展，而人文教育对于人的全面发展是更为直接的，人文教育是使人达致人的全面发展的最好的途径。

当今时代，科技越来越发达，物质也越来越富足，科学技术也充斥着整个大学教育，科学教育在大学教育中占有一席之地无可厚非，科学教育与人文教育在大学教育的争衡而达致二者的融合，才是大学教育之途，但是科学教育挤压人文教育已成为一个不争的事实。科学教育在大学的挤占导致了人文教育在大学遭遇旁落，遭遇式微的境地。大学的人文学科不被重视，人文课程开设率不高，特别是理工类高校的人文学科、人文课程遭遇失落，人文教育在大学教育的式微与失落，导致人掌握了科技而缺乏人文，懂得操作机器而缺乏科学素养，人便成为只懂科技而不懂人文的"空心人"，这是单向度发展的人，这显然与大学教育的目标相悖，因为大学教育的最终目标在于培养成为的自由而全面充分发展的人，而不是畸形发展、片面发展的人，使人的人性不断得到完整，进而达致人的自由与整全，大学人文教育为这一目标的达成提供了最好的途径。

人文教育是关乎人文价值、人文精神、人文素养与人文知识的教育，人文教育给人以精神，使人的精神特别是人文精神得以彰显和升华；人文教育给人以自由，使人的自由不断得到维护与发展，从而使人的自由度不断地得到跃升；人的自由度的跃升能更好地促进人不断走向全面发展。人的全面发展原本就是一个过程，是一个自由度不断增加的过程，更是一个自由度跃升的过程，人因自由度的跃升促进人达到思想的自由与人格的独立，进而不断走向全面发展，使人更加高大、更加智慧、更加通达与自由。人文教育的作用便是发展人的自由，促进人创新精神的达成，人文教育因发展人的自由而使人自由成人，使人自由自觉地走向哲学自觉，进而达致人的全面发展。因此，我们也可以说人文教育也是人的全面发展的教育。

参考文献

一、著作、辞书（典）、文集类

[1] 石中英. 教育哲学 [M]. 北京：北京师范大学出版社，2007.

[2] [英] 阿伦·布洛克. 西方人文主义传统 [M]. 董乐山，译. 北京：生活·读书·新知三联书店，1997.

[3] [美] 约翰·S. 布鲁贝克. 高等教育哲学 [M]. 王承绪，等译. 杭州：浙江教育出版社，2001.

[4] [英] 约翰·亨利·纽曼. 大学的理想 [M]. 徐辉，等译. 杭州：浙江教育出版社，2001.

[5] [美] 罗伯特·M. 赫钦斯. 美国高等教育 [M]. 汪利兵，译. 杭州：浙江教育出版社，2001.

[6] [美] 亚伯拉罕·弗莱克斯纳. 现代大学论——美英德大学研究 [M]. 徐辉，陈晓菲，译. 杭州：浙江教育出版社，2001.

[7] [英] 怀特海. 教育的目的 [M]. 庄莲平，王立中，译. 上海：文汇出版社，2002.

[8] [美] 玛莎·纳斯鲍姆. 培养人性：从古典学角度为通识教育改革辩护 [M]. 李艳，译. 上海：上海三联书店，2013.

[9] [美] 哈佛委员会. 哈佛通识教育红皮书 [M]. 李曼丽，译. 北京：北京大学出版社，2010.

[10] [美] 哈瑞·刘易斯. 失去灵魂的卓越：哈佛是如何忘记教育宗

旨的［M］．侯定凯，等译．上海：华东师范大学出版社，2012.

［11］［德］恩斯特·卡西尔．人文科学的逻辑［M］．沉晖，海平，叶舟，译．北京：中国人民大学出版社，1991.

［12］［美］艾伦·布鲁姆．走向封闭的美国精神［M］．缪青，等译．北京：中国社会科学出版社，1994.

［13］［美］克拉克·克尔．高等教育不能回避历史——21世纪的问题［M］．王承绪，译．杭州：浙江教育出版社，2001.

［14］联合国教科文组织国际教育发展委员会．学会生存——教育世界的今天和明天［M］．北京：教育科学出版社，1996.

［15］［美］安东尼·克龙曼．教育的终结：大学何以放弃了对人生意义的追求［M］．诸惠芳，译．北京：北京大学出版社，2013.

［16］张楚廷．大学人文精神构架［M］．长沙：湖南师范大学出版社，1996.

［17］许苏民．人文精神论［M］．北京：人民出版社，2011.

［18］张楚廷．高等教育学导论［M］．北京：人民教育出版社，2010.

［19］张楚廷．高等教育哲学通论［M］．北京：高等教育出版社，2010.

［20］张楚廷．教育哲学［M］．北京：教育科学出版社，2006.

［21］刘献君．文化素质教育论［M］．北京：高等教育出版社，2009.

［22］杜时忠．人文教育论［M］．武汉：华中师范大学出版社，1999.

［23］杜时忠．人文教育与制度德育［M］．长沙：湖南教育出版社，2012.

［24］张祥云．大学教育回归人文之蕴［M］．广州：中山大学出版社，2004.

［25］［英］齐格蒙特·鲍曼．流动的现代性［M］．欧阳景根，译．上海：上海三联出版社，2002.

［26］［巴西］保罗·弗莱雷．被压迫者教育学［M］．顾建新，等译．上海：华东师范大学出版社，2001.

[27] [意大利] 维柯. 维柯论人文教育——大学开学典礼演讲集 [M]. 张小勇, 译. 桂林: 广西大学出版社, 2005.

[28] 顾明远. 教育大辞典 [M]. 上海: 上海教育出版社, 1990.

[29] 钱源伟. 社会素质教育论 [M]. 广州: 广东教育出版社, 2001.

[30] 许苏民. 人文精神论 [M]. 武汉: 湖北人民出版社, 2000.

[31] 郭齐勇, 汪学群. 钱穆评传 [M]. 南昌: 百花洲文艺出版社, 1995.

[32] 张光忠. 社会科学学科辞典 [M]. 北京: 中国青年出版社, 1990.

[33] 尤西林. 人文科学导论 [M]. 北京: 高等教育出版社, 2002.

[34] 张楚廷. 课程与教学哲学 [M]. 北京: 人民教育出版社, 2003.

[35] [德] 卡尔·雅斯贝尔斯. 什么是教育 [M]. 邹进, 译. 北京: 生活·读书·新知三联书店, 1991.

[36] 杜时忠. 人文教育论 [M]. 南京: 江苏教育出版社, 1990.

[37] [法] 卢梭. 社会契约论 [M]. 北京: 商务印书馆, 1980.

[38] 冯建军. 生命与教育 [M]. 北京: 教育科学出版社, 2004.

[39] [巴西] 保罗·弗莱雷. 被压迫者教育学 [M]. 顾建新, 等译. 上海: 华东师范大学出版社, 2014.

[40] [美] 玛莎·努斯鲍姆. 告别功利: 人文教育忧思录 [M]. 肖聿, 译. 北京: 新华出版社, 2010.

[41] [美] 詹姆斯·杜德斯达. 21世纪的大学 [M]. 刘彤, 屈书杰, 刘向荣, 译. 北京: 北京大学出版社, 2005.

[42] 中国大百科全书出版社《简明不列颠百科全书》编辑部. 简明不列颠百科全书 [M]. 北京: 中国大百科全书出版社, 1985.

[43] 冯契. 哲学大词典 [M]. 上海: 上海辞书出版社, 1992.

[44] [美] 克拉克·克尔. 大学的功用 [M]. 陈学飞, 等译. 南昌: 江西教育出版社, 1993.

[45] 眭依凡. 大学的使命与责任 [M]. 北京: 教育科学出版

社，2007．

[46]［英］约翰·亨利·纽曼．大学的理念［M］．高师宁，译．杭州：浙江教育出版社，2003．

[47]［美］希拉·斯劳特，拉里·莱斯利．学术资本主义——政治、政策和创业型大学［M］．梁骁，黎丽，译．北京：北京大学出版社，2008．

[48]简明不列颠百科全书：第8卷［M］．北京：中国大百科全书出版社，1986．

[49]［英］安东尼·史密斯，弗兰克·韦伯斯特．后现代大学来临？［M］．侯定凯，赵叶珠，译．北京：北京大学出版社，2010．

[50]［英］迈克尔·欧克肖特．人文学习之声［M］．孙磊，译．上海：上海译文出版社，2012．

[51]［英］休谟．人性论（上册）［M］．关文运，译．北京：商务印书馆，1980．

[52]［德］马克斯·韦伯．经济与社会（上卷）［M］．林荣远，译．北京：商务印书馆，1997．

[53]眭依凡．理性捍卫大学［M］．北京：北京大学出版社，2013．

[54]［美］克拉克·克尔．大学之用［M］．高铦，高戈，汐汐，译．北京：北京大学出版社，2008．

[55]阎光才．识读大学：组织文化的视角［M］．北京：教育科学出版社，2002．

[56]董泽芳．大学的理念与追求［M］．武汉：华中师范大学出版社，2003．

[57]现代汉语词典［M］．北京：商务印书馆，1996．

[58]贺麟．文化与人生［M］．北京：商务印书馆，1988．

[59]［德］卡尔·雅斯贝尔斯．时代的精神状况［M］．王德峰，译．上海：上海译文出版社，2013．

[60]国际21世纪教育委员会．教育——财富蕴藏其中［M］．北京：

教育科学出版社，1996.

[61] 任建东. 道德信仰论 [M]. 北京：宗教文化出版社，2004.

[62] [德] 卡尔·雅斯贝尔斯. 大学之理念 [M]. 邹立波，译. 上海：上海人民出版社，2007.

[63] 张楚廷. 张楚廷教育文集（第4卷）[M]. 长沙：湖南人民出版社，2007.

[64] [美] 唐纳德·肯尼迪. 学术责任 [M]. 北京：新华出版社，2002.

[65] [加] 约翰·范德格拉夫，等. 学术权力——七国高等教育管理体制比较 [M]. 王承绪，等译. 杭州：浙江教育出版社，2001.

[66] 柏拉图. 柏拉图对话七篇 [M]. 戴子钦，译. 沈阳：辽宁教育出版社，1998.

[67] 亚里士多德. 政治学 [M]. 吴寿彭，译. 北京：商务印书馆，1965.

[68] 华东师范大学教育系，杭州大学教育系. 现代西方资产阶级教育思想流派论著选 [M]. 北京：人民教育出版社，1980.

[69] [加] 比尔·雷丁斯. 废墟中的大学 [M]. 郭军，等译. 北京：北京大学出版社，2008.

[70] [美] 伯顿·克拉克. 探究的场所——现代大学的科研和研究生教育 [M]. 王承绪，译. 杭州：浙江教育出版社，2001.

[71] [意] 维柯. 论人文教育 [M]. 王楠，译. 上海：上海三联书店，2001.

[72] 孙志文. 现代人的焦虑和希望 [M]. 陈永禹，译. 上海：生活·读书·新知三联书店，1994.

[73] 高德胜. 道德教育的时代遭遇 [M]. 北京：教育科学出版社，2008.

[74] [德] 赫尔巴特. 普通教育学—教育学讲授纲要 [M]. 李其龙，译. 杭州：浙江教育出版社，2001.

[75] 李德顺. 价值论 [M]. 北京：中国人民大学出版社，2007.

[76] 秦晓. 当代中国问题：现代化还是现代性 [M]. 北京：社会科学文献出版社，2009.

[77] [法] 雅克·勒戈夫. 中世纪的知识分子 [M] 张弘，译. 北京：商务印书馆，1996.

[78] [法] 雅克·韦尔. 中世纪的大学 [M]. 王晓辉，译. 上海：上海人民出版社，2007.

[79] 辞海编辑委员会. 辞海 [M]. 上海：上海辞书出版社，1980.

[80] [德] 阿尔伯特·爱因斯坦. 要使科学造福于人类 [C] //张泉君. 著名教育家演讲鉴赏. 济南：山东人民出版社，1995.

[81] [美] 欧内斯特·L. 博耶. 学术水平的反思：教授工作的重点领域 [A] //当代教育改革著名文献（美国卷·第二册）. 北京：人民教育出版社，2004.

[82] 中国大百科全书总编委会. 中国大百科全书：哲学 II [M]. 北京：中国大百科全书出版社，1987.

[83] 中国大百科全书总编辑委员会《教育》编辑委员会. 中国大百科全书：教育 [M]. 北京：中国大百科全书出版社，1985.

[84] 顾明远. 教育大辞典 [M]. 上海：上海教育出版社，1998.

[85] 金耀基. 大学之理想 [M]. 北京：生活·读书·新知三联书店，2001.

[86] 陈万柏，张耀灿. 思想政治教育学原理 [M]. 北京：高等教育出版社，2003.

[87] 博伊. 学院一美国本科生教育的经验 [M] //国家教育发展与政策研究中心. 发达国家教育改革的动向和趋势（第二集）. 北京：人民教育出版社，1987.

[88] [美] 约翰·杜威. 民主主义与教育 [M]. 王承绪，译. 北京：人民教育出版社，1990.

[89] [美] 罗兰·斯特龙伯格. 西方现代思想史 [M]. 刘北成，译.

北京：中央编译出版社，2005.

[90] [美] 德里克·博克. 走出象牙塔——现代大学的社会责任 [M]. 徐小洲，陈军，译. 杭州：浙江教育出版社，2001.

[91] [德] 伊曼努尔·康德. 论教育学 [M]. 赵鹏，等译. 上海：上海人民出版社，2005.

[92] 张楚廷. 教育基本原理——一种基于公理的教育学 [M]. 长沙：湖南师范大学出版社，2009.

[93] 陈洪捷. 德国古典大学观及其对中国的影响 [M]. 北京：北京大学出版社，2002.

[94] [美] 罗兰·斯特龙伯格. 西方现代思想史 [M]. 刘北成，赵国新，译. 北京：中央编译出版社，2005.

[95] [英] 罗纳德·巴尼特. 高等教育理念 [M]. 蓝劲松，译. 北京：北京大学出版社，2012.

[96] [英] 乔伊·帕尔默. 教育究竟是什么？100位思想家论教育 [M]. 任钟印，诸惠芳，译. 北京：北京大学出版社，2008.

[97] [西] 奥尔特加·加塞特. 大学的使命 [M]. 徐小洲，陈军，译. 杭州：浙江教育出版社，2001.

[98] [加] 约翰·范德格拉夫，等. 学术权力——七国高等教育管理体制比较 [M]. 王承绪，等译. 杭州：浙江教育出版社，2001.

[99] 杨自伍. 教育：让人成为人 [M]. 北京：北京大学出版社，2010.

[100] [印] 克里希那穆提. 教育就是解放心灵 [M]. 张春城，唐超权，译. 北京：九州出版社，2010.

[101] 董成龙. 大学与博雅教育 [M]. 北京：华夏出版社，2015.

[102] 杨伯峻. 春秋左传注（第3卷）[M]. 北京：中华书局，2009.

[103] 黎凤翔. 管子校注 [M]. 北京：中华书局，2004.

[104] [美] 伊丽莎白·基斯，J. 皮得·尤本. 反思当代大学的德育使命 [M]. 孙纪瑶，段妍，译. 北京：人民出版社，2017.

二、学位论文类

[1] 刘亚敏. 大学精神探论[D]. 武汉：华中科技大学，2004.

[2] 常艳芳. 大学精神的人文视界[D]. 长春：东北师范大学，2004.

[3] 黄帝荣. 马克思人的解放理论及其当代意义[D]. 武汉：华中师范大学，2003.

[4] 李金奇. 被学科规训限制的大学人文教育——一种学科规训制度的视角[D]. 武汉：华中科技大学，2005.

[5] 张金福. 论大学人文教育与科学教育的结合[D]. 上海：华东师范大学，2003.

[6] 谭伟平. 大学人文教育与人文课程[D]. 武汉：华中科技大学，2005.

[7] 王建平. 中国现代语境下的科学教育与人文教育融合问题研究[D]. 武汉：华中科技大学，2008.

[8] 高晓清. 自由：大学理念的回归与重构[D]. 上海：华东师范大学，2003.

[9] 伍远岳. 知识获得及其标准研究[D]. 武汉：华中师范大学，2015.

[10] 曾维华. 地方大学教学学术问题与对策研究[D]. 南昌：江西师范大学，2011.

[11] 朱红文. 人文精神与人文科学——人文科学方法导论[D]. 北京：中央党校，1994.

三、期刊报纸报告类

[1] 张楚廷. 人文科学与大学教育[J]. 现代大学教育，2011（2）.

[2] 张楚廷. 文理渗透与教学改革[J]. 高等教育研究，1998（5）.

[3] 张楚廷. 人文教育何以格外重要[J]. 当代教育论坛，2001（2）.

[4] 杨叔子. 现代大学与人文教育 [J]. 高等教育研究，1999（4）.

[5] 杨叔子. 人文教育：现代大学之基——关于大学人文教育之我感与陋见 [J]. 南京邮电大学学报（社会科学版），2001（1）.

[6] 顾明远. 人文教育在高等学校中的地位和作用 [J]. 高等教育研究，1995（4）.

[7] 杨德广. 人文教育就是做人的教育 [J]. 江苏高教，2003（3）.

[8] 张楚廷. 教育学属于人文科学 [J]. 教育研究，2011（8）.

[9] 彭正梅. 解放教育的历史发展 [J]. 华东师范大学学报（教育科学版），1999（1）.

[10] 张楚廷. 全面发展的九要义 [J]. 高等教育研究，2006（10）.

[11] 李其龙. 解放教育 [J]. 全球教育展望，2001（8）.

[12] 张楚廷. 大学思想的独特性 [J]. 高等教育研究，2010（12）.

[13] 张楚廷. 大学人文教育与人的解放 [J]. 高等教育研究，2011（2）.

[14] 杨叔子，姚启和. 对知识、能力、素质三者关系的探讨 [J]. 煤炭高等教育，1998（3）.

[15] 柳斌. 关于素质教育问题的思考 [J]. 人民教育，1995（21）.

[16] 杨叔子，余东升. 坚持"以人为本"，走素质教育之路 [J]. 中国高等教育，2010（7）.

[17] 郭红，曹建华. 人文素质教育刍议 [J]. 江西社会科学，2001（5）.

[18] 高瑞泉，袁进，张汝伦，等. 人文精神寻踪 [J]. 读书，1994（4）.

[19] 邹诗鹏. 人文教育怎样才能成为"做人之学" [J]. 高等教育研究，2000（4）.

[20] 文辅相. 我对人文教育的理解 [J]. 中国大学教学，2004（9）.

[21] 张应强. 论科学教育与人文教育的整合 [J]. 高等教育研究，1995（3）.

[22] 潘洪建. 教师解放：从制度规约到自由发展 [J]. 中国大学教学, 2010 (1).

[23] 眭依凡. 大学理念建构及其现实问题思考 [J]. 中国高教研究, 2011 (6).

[24] 张家. 自由教育：大学的一颗童心 [J]. 大学教育科学, 2009 (6).

[25] 杨叔子. 是"育人"非"制器"——再谈人文教育的基础地位 [J]. 高等教育研究, 2001 (2).

[26] 强海燕. 世界一流大学人文课程之比较——以哈佛大学、斯坦福大学、多伦多大学为例 [J]. 比较教育研究, 2012 (11).

[27] 李辉, 林亦平. 大学精神的人文解读与回归 [J]. 高等工程教育研究, 2004 (1).

[28] 威廉·詹·贝内特. 必须恢复文化遗产应有的地位——关于高等学校人文学科的报告 [J]. 金锵. 译. 外国教育动态, 1991 (5).

[29] 葛红兵. 论人文教育的实质——兼及大学人文教育问题 [J]. 杭州师范学院学报, 2003 (1).

[30] 中外校长、教育专家谈本科教育 [N]. 中国教育报, 2005-4-1.

[31] 李醒民. 思想的迷误 [J]. 自然辩证法通讯, 1999 (2).

[32] 王锐兰. 人文教育的定位 [J]. 上海高教研究, 1996 (6).

[33] 谭光兴. 论高等教育主客体评价观的对立与统一 [J]. 江西财经大学学报, 2010 (5).

[34] 眭依凡. 大学的使命及其守护 [J]. 教育研究, 2011 (1).

[35] 曾维华, 刘洪翔. 张楚廷大学教育思想探析 [J]. 教育探索, 2015 (1).

[36] 张楚廷. 大学：一个大写的"学"字 [J]. 高等教育研究, 2005 (10).

[37] 刘宝存. 何谓大学精神 [J]. 高教探索, 2001 (3).

[38] 王冀生.大学精神与制度创新［J］.有色金属高教研究，2001（1）.

[39] 曾维华，王云兰，刘洪翔.大学内部两种权力的共存、失衡与制衡［J］.当代教育科学，2016（1）.

[40] 刘献君.高等学校个性化教育探索［J］.高等教育研究，2011（3）.

[41] 张家.大学的自由与独立：首先是国家的需要——兼论对自由的误读［J］.大学教育科学，2008（4）.

[42] 曾维华，王云兰，刘洪翔.作为高深知识的高等教育［J］.黑龙江高教研究，2015（10）.

[43] 曾维华，王云兰.浅议大学内部学术治理［J］.淮南师范学院学报，2010（1）.

[44] 郭元祥.知识的教育学立场［J］.教育研究与实验，2009（5）.

[45] 郭元祥.知识的性质、结构与深度教学［J］.课程·教材·教法，2009（11）.

[46] 张楚廷.论文、理、工关系［J］.大学教育科学，2011（1）.

[47] 刘铁芳，刘艳侠.精致的利己主义症候及其超越：当代教育向着公共生活的复归［J］.高等教育研究，2012（12）.

[48] 曾维华，刘洪翔，王云兰.略论"四美"大学观［J］.牡丹江大学学报，2016（1）.

[49] 蒋冀骋.论教育功利的三个层次［J］.大学教育科学，2013（1）.

[50] 侯长林，张新婷.论大学之灵性［J］.教育研究，2016（7）.

[51] 王建华.大学变革的双重逻辑［J］.中国高教研究，2011（8）.

[52] 金生鈜.自由是教育的构成性价值［J］.教育发展研究，2015（6）.

[53] 刘亚敏.大学精神探论［J］.未来与发展，2000（6）.

[54] 陈洪捷.论寂寞与学术工作［J］.北京大学学报（哲学社会科

学版），2002（11）.

[55] 张应强．把大学作为学术组织来建设和管理［J］．中国高等教育，2006（19）.

[56] 张楚廷．学术自由的自我丢失［J］．高等教育研究，2005（1）.

[57] 张志勇，高晓清．寂寞的能力——关于学术自由的另一种思考［J］．现代大学教育，2009（4）.

[58] 郭平．大学去行政化研究现状与当下之思［J］．黑龙江高教研究，2011（11）.

[59] 季飞．大学为什么要"去行政化"［J］．现代教育管理，2010（9）.

[60] 金久仁．教授治学的应然性与实现路径研究［J］．黑龙江高教研究，2015（11）.

[61] 郝文武．自由教育的价值和实现方式［J］．高等教育研究，2009（9）.

[62] 曾维华，王云兰，蒋琴．大学去行政化的拐点：优化大学内部治理结构［J］．广西社会科学，2017（1）.

[63] 朱江．高校辅导员立德树人的内涵与任务论析［J］．辽宁大学学报（社会科学版），2018：167.

[64] 黄荣杰．坚持立德树人，切实加强高校宣传思想工作［J］．中国高等教育，2015（17）.

[65] 靳诺．立德树人：高等教育的根本任务和时代使命［J］．中国高等教育，2017（18）.

[66] 王群瑛．把立德树人作为教育的根本任务［J］．中国高校社会科学，2018（6）.

[67] 方德志．德性复兴与道德教育——兼论亚里士多德的德性论对德性伦理复兴的启示要求［J］．伦理学研究，2010（3）.

[68] 习近平主持召开学校思想政治理论课教师座谈会强调：用新时代中国特色社会主义思想铸魂育人 贯彻党的教育方针落实立德树人根本任

务［N］．人民日报，2019-03-19（1）．

［69］习近平．青年要自觉践行社会主义核心价值观——在北京大学师生座谈会上的讲话（2014年5月4日）［N］．人民日报，2014-05-05（2）．

［70］习近平．决胜全面建成小康社会夺取新时代中国特色社会主义伟大胜利——在中国共产党第十九次全国代表大会上的报告［M］．北京：人民出版社，2017．

四、外文文献类

［1］PROCTER P. Cambridge International Dictionary of English［M］. London: Cambridge University Press, 1995.

［2］BOK D. Universities in the Market Place: The Commercialization of Higher Education［M］. Princeton: Princeton University Press, 2003.

［3］JASPERS K. Reason and Existenz: Five Lectures［M］. Milwaukee: Marquette University Press, 1997.

［4］LEWIS H R. Excellence Without a Soul: Does Liberal Education Have a Future［M］. New York: Public Affairs, 2007.

［5］CONANT J B. Committee on the Objectives of a General Education in a Free Society, General Education in a Free Society: Report of the Harvard Committee［M］. Cambridge: Harvard University Press, 1945.

［6］NEWMAN J H. The Idea of A University: Defined and Illustrated［M］. Routledge: Thoemmes Press, 1994.

［7］FLEXNER A. Universities: America, English, German［M］. Oxford: Oxford University Press, 1930.

［8］MURDOCH J, PRATT A. Rural. Studies of Power and the Power of Rural Studies: a Reply to Philo［J］. Journal of Rural Studies, 1994, 1 (10).

［9］JACKSON M R. Arts and Culture Indicators in Community Building:

Project Update [J]. Journal of Arts Management, 1998, 3 (28).

[10] R M Hutehins. The Conflict in Education in a Democratic Society [M]. London: Hurperk Brather, 1953.

[11] R M Hutchins. The higher learning in America [M]. London: Transaetion Publishers, 1995.

[12] WILSON L. The Academic Man: A Study in The Sociology of a Profession [M]. New Brunswish: New Jersey, 1995.

后　记

在学习、学问、学术"三学"的林中路感恩相遇的人和事

从某种意义上说，选择在高校从事教学科研工作就意味着学习、学问、学术"三学"与自己结下了某种缘分。高校便是与这"学"字有着天然缘分的学术与人才培养的场所。虽然我本人在学习、学问、学术"三学"上很浅薄，有诸多不足之处，需要努力的方面还有很多，但我喜欢学习、学问、学术在生活中、学习中以及工作中与我相伴，因为我总是相信，对一个生活在大学校园里的人来说，有"学"的人生，才是有趣的人生，才是有味的人生，更是有意义与价值的人生。

我的博士导师，湖南师范大学老校长，如今88岁高龄的张楚廷先生依旧笔耕不辍、著书立说。他曾用"学"字给大学做了一个定义，他认为"大学是一个大写的'学'字"。学时、学费、学问、学术……一切为"学"而展开，关键在于要做到"人为学者先、钱为学所花、时为学所用、物为学而在"。从张楚廷先生这个大写的"学"字的定义里面，我们可以读到，选择从事高校教师这个学术职业，也是与这个"学"字有很大的关联度与契合度的，意味着高校教师也要为"学"而来，为学问而来，为学术而来。北京大学博雅学者陈洪捷教授在《德国古典大学观及其对中国的影响》一书中指出了德国古典大学的四大核心理念在于"修养、科学、自由、寂寞"，这四大古典大学的精神在当今时代的大学也适用，学术研究也需要与这四大核心精神紧密联结在一起，这就意味着从事学术研究工作需要有着学问的修为与修养、科学研究（探究）的勇气与底气、自由的思考（思维）与自由思想的睿智以及甘受寂寞的秉性。这也将是我今后工

作、学习以及教研中所需要恪守的！

此书是在我的基础上修改完善而成的，2017年6月我从湖南师范大学高等教育学专业博士毕业，至今已有八年之久的时间了。我的毕业后就让它"沉睡"了近八年之久，终于决心沉下心来在书房里将其整理修改完善予以出版问世，以此来为我的学术研究工作树立信心，并且我以此书的出版为动力，激励我今后在学术研究中要不断地通过自己不懈的努力来收获属于自己的学术研究果实。

我博士毕业至今已经有八年之久的时间了，在这八年的时间里经历了很多的事情，也让我不断走向成熟，不断地去承担着一份份沉甸甸的责任。

此书的出版，在后记中，我要用一定的笔墨来记录这八年来的心路历程。

在学习、学问、学术"三学"的林中路感恩相遇的人和事。

此书的出版，凝聚了我的爸爸妈妈的心血。

我的爸爸、妈妈，给予了我世界上最伟大而又最无私的关爱，无论是物质上还是精神上都给了我扎根于内心深处的爱与温暖，父母的爱是我一辈子需要去回报的，父母的爱也是一辈子都还不清的。人们常说，父母情、父母爱是不图子女回报的。

2006年开始妈妈双眼几近失明，加之平常在田间劳作不分昼夜，长年累月致使身体出现了各种问题，导致2008年开始妈妈再也不能那么卖命地干重体力、劳力农活了，但妈妈还是硬扛着身子去田间劳作，为的是给家里贴补家用，妈妈为了我们全家把自己的身子都搭进去了，各种病痛缠身……但我的妈妈从没有半句怨言，她总是说只要儿子有出息，她一辈子也很值得！……每每想到妈妈，我总会潸然泪下。妈妈虽然没有像其他女性一样在外上班工作，但妈妈在家操持家务、忙种庄稼、抚养孩子等把家里打理得井井有条，创造了一个很好的家庭生活环境已经是一项最不容易、最大的"工程"，且是一项最伟大的工作。特别是对没有在体制内工作的家庭来说，这项繁重的家庭工作没有做好的话，男人也没办法在外面务工赚钱。所以对一个家庭来说，妈妈是伟大的。

还有我的爸爸，爸爸是一个不善于在子女面前直接流露爱的人，总是一个人早出晚归地去工地上干活，以自己短小的身板来支撑整个家，2010年3月22日，爸爸在建筑工地上不小心踩空桥梁而摔下，致使右腿粉碎性骨折、大小肠断裂等，危及生命，在医院抢救近六个小时才脱离危险……，爸爸自那以后右手不灵活，肠胃也不如以前了，但是爸爸还是去工地上看工地，帮老板打理工地，为的是能够赚点钱来维持家里的开销……爸爸总是任劳任怨地早出晚归，总是说只要儿子争气，将来有所作为，他也心甘情愿！……没有爸爸妈妈的关爱、鼓励与温暖，我是难以完成我从专科到本科到硕士再到博士的学业的。在我的人生中，爸爸妈妈也是在我努力奋斗求学路上给予我最多的，太多的言语难以言说，我愿意用我将来的工作与事业业绩来给予父母最好的答复！

2017年我博士毕业的时候，我选择来到铜仁学院工作，也得到了爸妈的支持，这也足以见证了爸妈的伟大，这份伟大不只在于对家庭的爱，说得高尚一点，也是对国家的爱与情怀！我告诉爸爸妈妈，不仅仅西部的基础教育需要教师，西部的高等教育也需要教师，如果每个人都想着往大城市跑、往北上广深跑、往中东部跑，那西部怎么办？西部的高等教育的人才培养工作也需要我们接受过博士学术规训的教师来工作，为西部高等教育贡献我们应该有的贡献，所以这也是我选择来铜仁学院工作的原因，即便是时至今日中东部也有不少的本科高校联系我让我过去工作，我没有同意，因为西部高等教育需要我们，虽然我个人力量是弱小的，但我相信只要更多的人愿意扎根西部，西部一定会发展起来的！

时间转瞬到了2018年，那年有条晴天霹雳的消息，妈妈也是因此与病魔抗争一年多时间而撒手人寰。2018年1月寒假期间，我们休假在家中，妈妈说乳房处周边有些硬一点的东西，有几天了不见消散，不知怎么回事。于是爸爸带着妈妈坐班车到县城医院做个检查，结果是乳腺恶性肿瘤。我们一直坚持认为是医院搞错了，是误诊，毕竟妈妈还年轻，我们作为子女的还没有来得及好好孝顺妈妈呢，怎么可能是这样的检查结果？……于是第二天到市医院检查也告知与县城医院判断一致。回来后立马收拾东西到省城医院检查治疗。于是妈妈在省城医院接受了漫长而又让常人难以煎熬的治疗过程，做手术、化疗、放疗……妈妈没有叫过一声痛，没有诉过一声苦……妈妈以坚强的毅力与忍受力与化疗、放疗作斗争……

在住院治疗期间，我三番五次说要请假回家照顾妈妈，但总是被妈妈拒绝。妈妈说"你不用请假，请假就耽误你工作，上班地方离家远，坐火车要中转，也不方便，长途跋涉，又不是在本地本省上班，你还可以周末双休抽时间回来看，你好好上班就是，不用担心妈妈……"妈妈还说"自古忠孝难两全，如果你要完全孝，就会影响你对工作的忠、对单位的忠，如果你要对单位、对工作忠，你就很难做到完全孝，这些妈妈都理解，你安心工作吧，妈妈会照顾好自己的……"我执拗不过妈妈的劝说就安心在学校上班，我也只能将我每个月的工资的大部分寄往家里，用以维持妈妈的治疗费用。经过一年时间的放化疗等各种治疗，2019年1月医生告知妈妈的乳腺肿瘤已经消失，各种检查指标都在正常值范围之内，以后定期复查就可以了。我们听到此消息很是欣慰。近半年的复查中，各项指标都在正常范围之内，我们家人很是高兴，在妈妈坚强的抗癌的坚持下，终于有了好的消息。我还在家跟妈妈说等明年（2020年）我把房子装修好了，到时候接妈妈来与我一起生活。妈妈说"我要去你那，帮你打理家里，你只管好好上班，你下班回来就有饭吃，有干净的屋子休息就好了，我还要等着你结婚，给你带孩子的……"可妈妈都还没有来我的新房子看一眼，我还没有真正地好好孝敬妈妈，我还没有尽到我做儿子的责任，我还没有让妈妈享一天福……妈妈就永远地离开了我，这也成了我对妈妈最深的愧疚，也是一生的遗憾……

万万没有想到的是在2019年9月妈妈说脖子处有硬硬的一点东西，不知道怎么回事，于是来到治疗的省城医院检查，主治医师告知是乳腺癌发生转移了，现在是淋巴癌了，前期乳腺癌放化疗做了十几二十次，这次的淋巴癌还需要继续进行放化疗治疗十几二十次，这种放化疗对于病人来说很难承受，也比较难度过。从主治医师的话语里，我们知道淋巴癌的致死率比较高，我们也知道留给妈妈的时间也许可能也不多了。于是妈妈在医院接受放疗化疗等各种治疗，经过2个多月的再度抗癌治疗，妈妈还是没有扛过这艰难的治疗过程，因体力透支无法扛过这无情的病魔，没有赛过死神，在2019年11月26日早上7时36分，妈妈在医院永远闭上了双眼，离开了我们，离开了她留恋着并深爱着的世界，离开了她留恋着并深爱着的家人，特别是离开了她留恋着并深爱着的孩子们……从那以后，我也是一个没有妈妈的孩子，再也不能喊妈妈了，妈妈也再也不能喊着我的乳名（维维）了……没有等到我结婚，妈妈就离开了我。妈妈的离世，给了我很沉重的打击，在夜深人静的时候经常要看看留存不多的些许照片与视频来表达对妈妈的思念，也经常在梦中与妈妈相遇……

在此，感谢在我妈住院治疗时我工作单位的发展规划处以及所属党支部的领导同事们的关心与问候、关怀！也感谢我妈妈去世后亲朋好友、硕士博士同学和我曾经在江西工作过的同事以及现工作单位铜仁学院的领导、同事们对我妈妈最后一程的慰问与关心！

可惜，我这本书的出版，我的妈妈再也没有办法看到了，但愿本书的出版能够告慰母亲的在天之灵！

此书的出版，也离不开我的爱人与岳父岳母的付出与支持。

2021年12月我与我的妻子喜结连理，正式组建了家庭。我们的爱得到了妻子父母的支持，如果不是他们的支持，我今生可能遇不到这么好的妻子，所以今生遇见我的妻子，是我一生的幸福，我也要用我的实际行动去诠释这份爱并承担这份沉甸甸的责任。我是一个不善言辞的人，也不喜欢甜言蜜语，也就是外界常说的嘴笨，但我喜欢通过指尖用文字来表达来流露，更喜欢用实际行动来诠释责任与担当，因为我认为一个个能付出的实际行动，要比一句句无法实现的甜言蜜语强多了，也来得实在。遇到了我的妻子是我的一笔财富。妻子对我嘴笨的理解与包容、对我工作的支持等都是我在事业上不断攀登的动力！

我原本是准备在单位举办婚礼的，新冠疫情报备的各种手续都办好了，前前后后忙碌酒店酒宴等都落实好了，可临近婚礼的前三天被通知市里有新冠病毒感染病例，接到通知要求婚礼等一切聚集性活动取消。为了响应市委、市政府的号召，服从上级组织的安排，我们也取消了在单位这边的婚礼。只是在妻子的乡下老家简办了下妻子的出阁宴，将我的妻子迎娶到工作单位的家里。在妻子乡下举办出阁宴前期的所有的前前后后的事务都是岳父岳母一家不辞辛苦地准备的，因我是江西的，对这边习俗各方面不懂，加之有些时候方言沟通存在一些困难，上班也没什么精力去打理，也十分感谢岳父与岳母的宽宏理解与对我工作的支持，他们在利用忙完活路（当地方言）的时间来为妻子的出阁宴而操持着、辛劳着、奔波着，任劳任怨，没有给我带来负担，让我很是感激。如果没有岳父与岳母的前前后后的辛苦操持，妻子的出阁宴，也不可能办得那么顺利。在我的老家江西农村，也是因跨省的疫情管控等各种原因没举办婚礼，也因疫情因素导致我的亲人没有出席在贵州这边的出阁宴，这些方面岳父与岳母及其亲友都通情达理，也没有因此怪罪于我和我的亲友，这也体现了他们的大度。所以我至今还记得我给岳父发的微信的内容，大概是这样发的，"爸，今生能够遇到你们这么好的岳父母作为我人生新的旅程的爸妈，是我的宝贵的财富，感谢你们对我的接纳、理解、包容等，我会做到我作为女婿应该有的本分和责任"。

　　2022年9月12日晚上11时30分，我们可爱的女儿出生了。女儿的出生。是我与妻子爱情的结晶，也是我们幸福的见证！在妻子坐月子期间，我要感谢岳母在家里种烤烟、忙活路十分需要人手的情况下，还抽手来照顾我的妻子与我们刚出生的女儿。在这一个月的时间里，岳母真的是不辞辛苦、任劳任怨地照顾我的爱人与我的女儿，给我们洗衣做饭等等，岳母是一个不善言辞的人，是勤勤恳恳、朴朴素素、淳朴善良的一个伟大的女性，她也是不愿给子女增添麻烦与负担的人，所以此生何其有幸，遇到了一位这么好的岳母。女儿满月后，因家里种烤烟急切需要人手，岳母不得不回到老家继续忙活路。

　　月子后，女儿的照顾，我除了忙完工作之余腾出时间陪娃抱娃外，其他大部分时间都是我的妻子来承担，喂奶、换尿不湿、洗澡等事无巨细的都是贤惠的妻子来承担的。因我白天要忙工作，大部分晚上的起夜时间都是爱人来完成的，几乎都不打扰我睡觉，为的是让我第二天白天有精力忙工作……所以女儿的成长，我的妻子付出了很多心血，放弃了去诊所上班或者去考各县区的护士招考，而把心思放在了家庭上，这是我的妻子的无私奉献，更是我妻子的伟大之处，如果说我的工作与事业算作有一一点点成绩或者起色的话，其中一定离不开我的妻子背后默默的付出与支持，感谢我的妻子，我会好好地用实际行动去做好我应担负起的责任！

女儿的到来，给我们的家庭增添了很多快乐、增添了很多温暖，每每下班回来看着一天天长大，可爱而又懂事乖巧的女儿就把我一身的疲惫都卸掉。爸爸妈妈永远爱你！愿我们的宝贝女儿健康快乐茁壮地成长！

如今，女儿也快3岁了，此书的出版也算是她3岁的"礼物"，希望她会读书识字后看到此书，也算对她的一种读书成长的激励！

此书的出版，得到了我的博士导师张楚廷先生与任教博士专业课的常思亮教授、高晓清教授等老师们的帮助，得到了我硕士导师王云兰教授与任教硕士课程的博士生导师张意忠教授与班主任谢美华老师等的帮助，得到了我的硕士与博士同学罗雪松、邹显林、杨波、袁海瑛、习恒珍、王雅敬、刘洪翔、胡朝阳等同学以及硕士、博士师门兄弟姐妹的帮助，还得到了我大学班主任林君、匡凤、肖鸣旦（已故）等的帮助，也得到了我所在工作单位铜仁学院的侯长林教授、陈元教授等的帮助、指导与支持！

此书的出版，得到了吉林大学出版社的领导与编辑部的老师们的大力支持，没有他们的编校、审校等的辛苦付出与认真工作，这本书也难以出版。在此，对吉林大学出版社的辛苦付出表示深深的感谢！也祝愿吉林大学出版社越办越好，事业蒸蒸日上！

所有给予我不管是读书还是生活抑或是工作上帮助的人都是值得我感谢的，也要感谢在本书中参阅了的国内外学者的论著的作者们！

因爱人工作在铜仁学院一直是承诺解决，但却一直得不到落实，我不得不在2025年3月正式向曾经工作的8年的学校提出离职，学校最终于2025年6月10日正式下文批复同意我离职。人生又有几个8年时光？可以说这8年时光，我对铜仁学院的每一寸土地与每一个角落都倾注了深深的情感……虽要离开，但我也要衷心地祝愿铜仁学院的教育事业蓬勃发展，再谱华章！感谢新单位萍乡学院教育学院院长王旭焕博士及相关领导与老师及人事处的相关领导和老师对我求职应聘期间事无巨细的关心、帮助与指导！新单位、新工作、新领导、新同事、新环境……新的起点，我将会在以后的工作时间里与萍乡学院的领导、同事们一道致力学校的教育事业发展，我会更加努力，投身家乡的高等教育事业，产出更多的教学科研成果，用更多更好的业绩为家乡的高等教育事业发展贡献自己的绵薄之力！

  此书的出版意味着我的学术研究的新的开始，也是新的起点，将激励着我以此为动力，不断在教学科研事业上收获新的果实！我深知在学习、学问、学术"三学"上还有很长的路需要走，还有很多不懂的需要我不松懈并努力去钻研。我将会继续努力，在将来的工作、学习、生活中去努力，不负此生！

  愿爱我的人和我爱的人一生平安幸福！

曾维华

2025 年 6 月 24 日凌晨